JN444513

헤겔 철학과 **학문의 본질**

헤겔 철학과
학문의 본질

이광모 지음

용의 숲

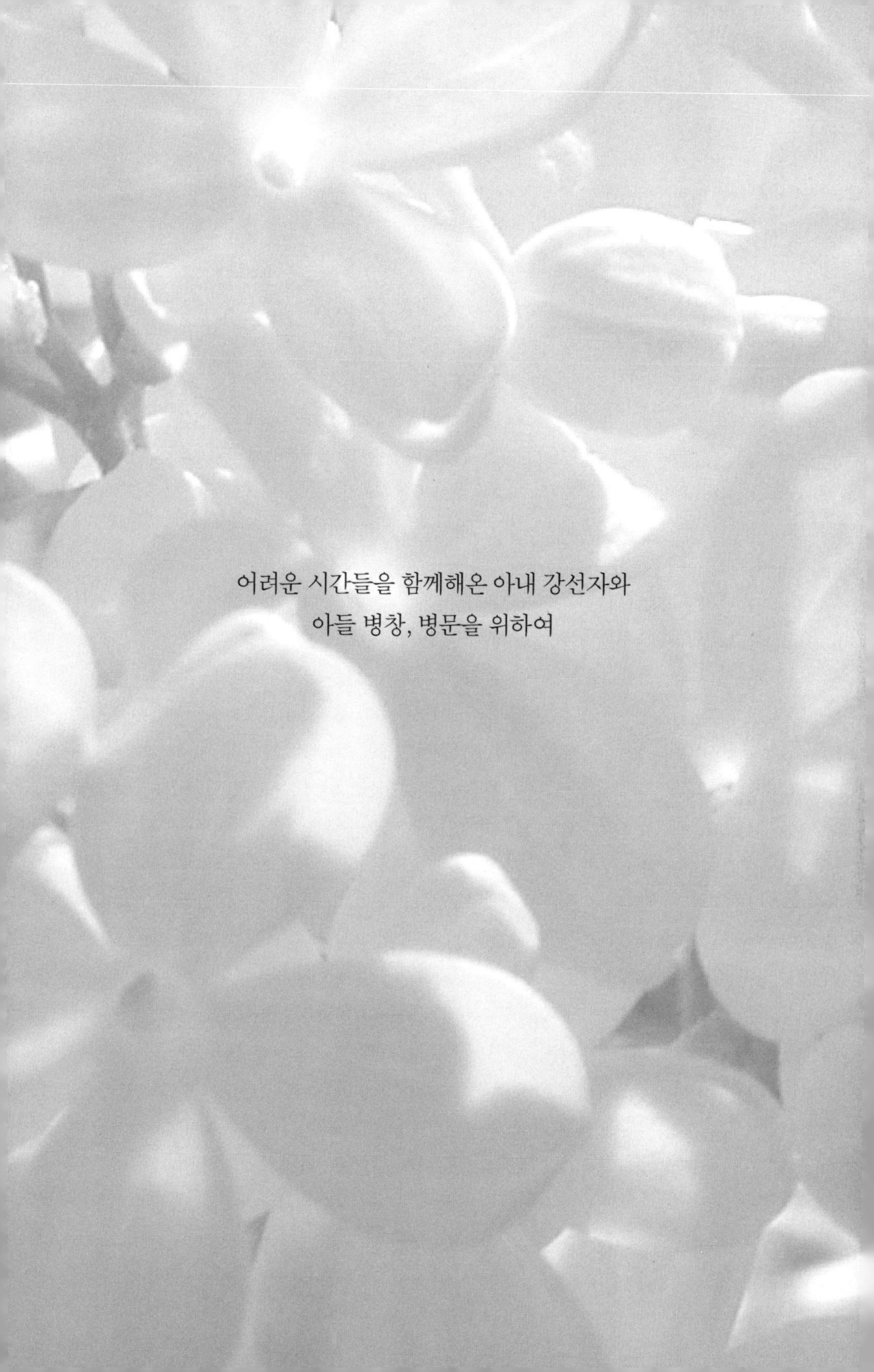

어려운 시간들을 함께해온 아내 강선자와

아들 병창, 병문을 위하여

머리말

I

헤겔은 자신의 '논리학'을 사변철학(die spekulative Philosophie)이라 부르며, 제목을 '논리학의 학'(Wissenschaft der Logik)이라고 붙인다. 이때 사변철학이 무엇인가라는 물음은 잠시 접어둔다고 할지라도, 먼저 눈에 띄는 것은 일단 논리학이 학문(Wissenschaft)이라는 점이다. 따라서 다음과 같은 물음이 제기된다. 학문이란 무엇인가?

아리스토텔레스 이래 근대까지 서양 철학의 전통 속에서 학문은 증명된 지(Wissen)의 체계(System)로 이해되었다. 이때 지를 증명하는 대표적인 방법은 공리 연역적 방법이다. 공리 연역적 방법이란 공리로 간주되는 자명한 앎으로부터 증명되어야 할 지를 도출하는 것으로서 기하학 및 대수에서 가장 일반적으로 사용한다. 특히 근대 이후 수학이 학문의 기초가 되면서 이 방법은 자연과학으로부터 철학에 이르기까지 대부분의 영역에서 학문의 방법으로 받아들여지게 된다. 이 방법에 따르면, 공리란 증명의 원리로서 전제되며 같은 공리로부터 도출된 지는 같은 학문에 속하게 된다.

그렇다면 헤겔이 '논리학'을 학문이라고 할 때 그것은 어떤 의미에서 학문이며 그 방법은 무엇인가? 헤겔도 마찬가지로 학을 '증명된 지의 체계'로 생각한다. 따라서 헤겔에게도 증명의 원리인 공리가 전제되어야 한다. 하지만 바로 여기에 문제가 있다. 왜냐하면 공리 연역적 방법을 사용하는 여타의 학문에서는 증명의 원리인 공리가 자명한 것으로 전제될 수 있지만, 모든 것의 궁극적 원리를 묻고자 하는 철학에 있어서는 어떤 원리도 사전에 전제될 수 없기 때문이다. 이런 이유로 헤겔은 "철학이 학문이려면, 그 방법을 수학과 같은 하위 학문으로부터 빌려올 수 없다"고 말한다.[1] 그렇다면 철학은 그 원리를 어디로부터 구해야 하며, 또한 그 원리에 대한 정당화는 어떻게 이루어질 수 있는가?

제1장 1절인 '철학의 학문으로서의 가능성'에서 사변철학이 어떤 의미에서 학문인지가 체계적으로 고찰된다. 이 고찰을 위해 우리는 먼저 칸트의 학문 개념을 살펴볼 것이다. 왜냐하면 '학문으로서의 철학〔형이상학〕의 가능성'에 대한 물음은 애초 칸트로부터 시작되었으며, "칸트에게 결과인 것은 철학〔사변철학〕함 속에서는 직접적인 출발점을 이룬다"[2]고 헤겔 스스로 말하고 있기 때문이다. 사변철학이 어떤 의미에서 학문인지를 밝힌 후, 우리는 그렇게 밝혀진 학문이 성립되기 위한 원리는 무엇이며, 그것에 대한 정당화는 어떻게 이루어지는지를 서술한다.

제1장 2절인 '철학의 원리'에서 우리는 사변철학의 원리와 그 정당화를 상세히 고찰한다. 헤겔은 『논리학의 학』 서론에서 "학문의 원리는 무엇이어야 하는가"(Womit muß der Anfang der Wissenschaft gemacht werden)[3]라는 물음과 함께 철학의 원리와 그 정당화에 대한 문제를 제기한다. 그에 따르면 사변철학의 원리는 순수 사유이며 이 순수 사유에 대한 정당화는 『정신현상학』에서 이루어진다. 하지만 만일 사변철학의 원리인 순수 사유에 대한 정당화가 『정신현상학』 속에서 주어진다면, 그

---

1) Logik I, *Die Lehre vom Sein*, hrg. Hans Jürgen Gawoll, S. 6.
2) 같은 책 48쪽.
3) 같은 책 55쪽.

순수 사유는 진정한 의미에서 철학의 원리일 수 있는가 하는 물음이 제기된다. 왜냐하면 철학의 원리는 무전제적이어야 하는데, 그 경우는 『정신현상학』을 통해서 매개된 것이기 때문이다. 여기서 알 수 있듯이 철학의 원리를 밝히고 그것을 정당화하는 작업은 단순한 문제가 아니다. 이 문제를 상세하게 그리고 심층적으로 이해하기 위해, 먼저 아리스토텔레스의 『분석론 후서』를 고찰한다. 왜냐하면 『분석론 후서』에서 다루어지는 것이 바로 학의 원리들과 그에 대한 정당화 문제이기 때문이다. 아리스토텔레스에 대한 인식을 토대로 헤겔의 논의를 심층적으로 분석하고, 결과적으로 헤겔의 사변철학은 증명된 학으로서 정당화될 수 있다는 것을 밝힌다.

II

사변철학이 증명된 학으로 정립된다면, 그 내용을 전통 형이상학 및 비판철학인 칸트 철학과 비교해서 살펴볼 필요가 있다. 왜냐하면 헤겔은 사변철학인 '논리학'은 전통 형이상학에 대한 진정한 의미의 '비판'(Kritik)이라고 말하기 때문이다. 일반적으로 전통 형이상학에 대한 비판이라고 하면 칸트를 떠올리게 된다. 칸트는 『순수이성비판』 속에서 진리를 인식하려면 먼저 인식능력의 한계가 무엇인지를 고찰해야 한다고 말한다. 하지만 칸트에 따르면 전통 형이상학은 이러한 인식능력의 한계에 대한 고찰을 하지 않고 진리를 인식하려고 하였으며, 바로 거기에 문제가 있다.

헤겔은 전통 형이상학에 대한 칸트의 이러한 비판은 올바른 것이라고 생각한다. 하지만 칸트의 문제는 그 비판을 전개하는 방법에 있다. 즉 우리의 인식능력의 한계를 고찰하려면 인식을 가능케 하는 "사유규정들"

자체가 내재적으로 어떻게 정당화될 수 있는지를 먼저 검토해야 하는데, 칸트는 그 규정들의 정당성을 이미 전제하고, 단지 '선천적'(apriori)과 '후천적'(aposteriori)이라는 구분에 근거해서 그 규정들의 경험적 사용에 관한 문제만을 고찰한다는 것이다. 따라서 헤겔에게 칸트의 비판은 진정한 의미의 비판으로 이해되지 않는다. 오히려 "진정한 비판"은 범주들의 내재적인 규정성과 그 타당성을 검토하는 헤겔 자신의 '논리학'에서 이루어진다.

우리가 헤겔이 말하는 "진정한 비판"의 의미를 이해하려면 세 가지 관점에서 그 내용을 살펴보아야 한다. 첫째, 전통 형이상학의 문제가 정확히 무엇이며, 그 문제를 칸트는 어떻게 비판하는지, 둘째, 전통 형이상학에 대한 헤겔의 비판은 무엇이며, 그 비판은 칸트의 비판과 어떤 차이점을 지니는지, 그리고 셋째, 칸트의 선험철학과 헤겔의 사변철학에는 어떤 차이가 있는지 드러내야 한다. 우리는 이러한 세 가지 관점에서 고찰한 내용을 토대로 사변철학의 의미를 밝히고자 한다.

제2장 1절 '라이프니츠-볼프학파 형이상학 비판'에서 우리는 전통 형이상학은 어떤 철학적 전제를 갖고 있는지 또한 이 형이상학이 이해하는 범주들은 어떤 특성과 한계를 지니는지를 고찰한다. 특히 이러한 고찰은 '범주', '판단', 판단의 총체들로서의 '이성적 대상'이라는 관점에서 서술된다. 그리고 이에 대한 헤겔의 비판을 칸트의 비판과 비교해서 설명하고 그 차이점을 서술한다.

제2장 2절 '칸트 철학 비판'에서는 칸트의 선험철학과 헤겔의 사변철학의 궁극적인 차이를 설명한다. '선험적인 것'(das Transzendentale)과 '사변적인 것'(das Spekulative)의 근본적인 차이는 '선천적 종합판단'을 어떻게 이해하는가에 달려 있다. 칸트에 의하면 종합판단이 형성되기 위해서는 반드시 감성과 오성의 결합이 주어져야 한다. 만일 오성이 독자적으로 종합적 인식을 산출하게 되면, 그때 나오는 인식이란 사변적

인식으로서 변증법적이게 되며 그런 한에서 참다운 인식이 될 수 없다. 참된 인식의 한계를 경험 내에 묶으려고 한 칸트에게 사변적 인식이 올바른 인식이 될 수 없다는 것은 당연하다. 이런 관점에서 볼 때 선험철학이란 경험을 근거 짓는 인식의 체계로 이해된다.

이에 반해 헤겔은 경험을 근거 짓는 인식의 체계인 선험철학의 근본 원리들 자체의 정당성을 문제 삼는다. 다시 말해 헤겔에 따르면, 선험철학의 원리들은 칸트에게서 그 자체로 증명되는 것이 아니라 전제된다. 왜냐하면 그 원리들이 증명된다는 것은 매개된다는 것을 의미하며, 그런 한에서 그 원리들은 종합적인 것이 되는데, 이때 선험적 인식이 경험을 통해서가 아니라 그 자체에 있어서 종합적이 된다고 하면 그것은 이미 사변적인 것으로서 올바른 인식이 될 수 없기 때문이다. 헤겔의 사변철학은 바로 칸트 철학이 도달하는 이 점으로부터 시작된다. 즉 칸트가 불합리한 것으로 간주했던 사변적 인식이 바로 진정한 의미에서 철학적 인식의 출발이라는 것이다. 이런 이유로 헤겔은 자신의 철학을 사변철학이라 부른다.

'사변적 인식'이 칸트에게 단지 부정적 의미만을 지녔다고 한다면, 헤겔에게는 이성적 인식의 참된 본성이며, 경험을 근거 짓는 선험철학의 원리들을 정당화하는 것으로서 참된 철학의 본령이 된다. 다시 말해 헤겔에 따르면, 올바른 인식의 '의미'는 경험과 더불어 비로소 주어지는 것이 아니다. 왜냐하면 경험 이전에 이미 우리는 경험의 토대가 되는 선험적 원리들의 '의미'를 파악하고 있으며, 이러한 의미의 파악은 경험 독립적으로, 순수 이론적(사변적)으로 주어지기 때문이다. 따라서 사변철학이야말로 모든 것의 궁극적 의미를 해명하려고 하는 철학의 본래적인 모습이 된다.

III

사변철학이 전통 형이상학과 칸트 철학에 대한 비판으로부터 성립된다면, 다음으로 밝혀져야 할 것은 그 철학의 구체적인 내용이다. 사변철학인 『논리학의 학』은 크게 두 부분으로 이루어진다. 하나는 '객관적 논리학'(objektive Logik)이며 다른 하나는 '주관적 논리학'(subjektive Logik)이다. 이때 '객관적 논리학'은 '존재'와 '본질'로 구성되며, '주관적 논리학'은 '개념'으로 이루어진다. '존재'와 '본질'로 이루어지는 '객관적 논리학'의 의미를 헤겔은 다음과 같이 말한다. "객관적 논리학은 이전의 형이상학의 위치에 해당된다. 그 형이상학이란 사상을 통해 이끌어진 세계에 대한 학문적 건축물이다. 만일 우리가 이 학문 형성의 마지막 형태를 고려한다면 객관적 논리학이 나타내는 부분은 바로 존재론이다."[4] 여기서 분명하게 드러나듯이 '객관적 논리학'은 전통 형이상학의 존재론에 해당한다. 그에 반해 '주관적 논리학'은 개념을 고찰하는 것으로서 일반적인 의미의 논리학에 상응한다. 그렇다면 사변철학은 존재론과 논리학의 통일로 이루어져 있다고 할 수 있다. 문제는 존재론과 논리학의 통일 아래서 우리는 무엇을 이해하는가이다.

사변철학의 내용인 '논리학'에 대해 헤겔은 다음과 같이 말한다. "논리학은 전체적으로 개념을 고찰한다. 한 번은 **존재하는** 개념(seiender Begriff)으로서 다른 한 번은 개념으로서의 개념을 고찰한다. 전자에서 개념은 단지 즉자적인 개념(Begriff an sich), 즉 실재성 혹은 존재인 개념이며, 후자에서 개념은 그 자체로서의 개념(Begriff als solcher), 즉 대자적으로 존재하는(für sich seiender) 개념이다."[5] 이러한 설명에 따르면 사변

---

4) 같은 책, 50 쪽.
5) 같은 책, 47 쪽.

철학의 내용, 혹은 같은 말이지만 '논리학'의 대상은 하나이며 동일한 개념이다. 단지 이 하나인 개념이 즉자적인가 아니면 대자적인가에 따라 '존재', '본질', 혹은 '개념'으로 불리는 것이다. 따라서 사변철학의 내용을 해명한다는 것은 결국 하나인 '개념'이 왜 존재, 본질, 개념으로 불리는지를 해명하는 작업이 된다.

제3장 1절 '개념의 개념과 '논리학'의 구조에서 우리는 '개념'이 무엇인지를 해명한다. 이 해명 속에서 '객관적 논리학'과 '주관적 논리학'의 관계가 설명될 것이다. '객관적 논리학'의 내용을 이루는 '존재'와 '본질'은 스스로를 개념으로 형성하는 '개념'의 계기로 밝혀지게 된다. 다시 말해 '존재'와 '본질'을 내용으로 하는 '객관적 논리학'은 개념인 바 그것(das, was der Begriff ist)이 드러나는 과정이며, 그런 한에서 개념의 발생(Genesis)이라고 할 수 있다. 하지만 이 발생은 애초의 개념이 자신을 개념으로 드러내는 과정인 한에서, 단순한 발생이 아니라 개념인 바 그것의 현시(Exposition)가 된다. 요약하자면 '객관적 논리학'은 "개념의 개념"(der Begriff des Begriffs)에 대한 '발생적 현시'가 된다.

다음으로 "개념으로서의 개념"(der Begriff als solcher)을 고찰하는 논리학이 왜 '주관적 논리학'이 되는지가 덧붙여지게 된다. 일반적으로 우리가 '객관적', '주관적'이라는 말에서 인식론적 함의를 얻는다면, 결코 사변철학의 의미는 드러나지 않는다. 헤겔은 다음과 같이 말한다. "주관적이라는 것이 의식의 형식에 놓이게 되는 규정들이라든가 혹은 우연적이고 자의적인 것이라는 오해를 가지고 있기 때문에 여기서 주관적인 것과 객관적인 것의 차이에 대해서는 어떤 무게도 놓아서는 안 된다."[6] 이러한 맥락에서 헤겔은 '주관적'이라는 말을 "자기가 자신을 규정한다"는 의미로 이해한다. 이렇게 본다면 사실 '객관적 논리학'과 '주관적

6) 같은 책, 51 쪽.

논리학'은 '객체적 논리학'과 '주체적 논리학'이라고 번역하는 것이 더 타당하다. 다시 말해 '객체적 논리학'이란 주체로서의 개념이 아직 대자적으로 드러나지 않았으며, 그런 한에서 단지 주어진 것으로 간주되는 규정들을 고찰한다는 의미에서 '객체적'이며, '주체적 논리학'이란 스스로 개념으로 드러낸 개념을 다루기 때문에 '주체적'이라고 불릴 수 있는 것이다.

제3장 2절 '존재, 본질, 개념'에서는 존재론과 논리학의 통일 문제가 고찰된다. 즉 '존재'와 '본질'을 고찰하는 '객관적 논리학'은 전통 형이상학의 존재론에 해당되는 반면, '개념'을 고찰하는 '주관적 논리학'은 일반 논리학에 해당된다면, 어떻게 이 둘이 통일을 이루어 하나의 학으로 형성되는지가 설명된다. 좀더 구체적으로 말하자면 '존재'란 사유와 존재의 동일성에 근거한 '진리존재'(Wahrsein)로 밝혀지게 되며, 그로부터 도출되는 범주들이란 판단 속에서 주어와 술어가 결합되는 방식으로서의 진리존재의 내용으로 설명된다. 그리고 '존재'의 진리인 '본질'이 '반성'이라는 것은 진리존재로서의 사유가 활동 속에서 대자적으로 됨을 의미하게 되고, 이 과정에서 나오게 되는 반성규정들은 직접성으로서의 사유규정들인 존재 범주에 대한 반성적 통찰이 된다. 마지막으로 존재와 본질의 통일로서 개념이라는 것은 반성 속에서 사유가 스스로 존재론적 원리였음을 파악한다는 것(das begreifen)을 의미하게 된다. 이러한 고찰 속에서 결국 '존재', '본질', '개념'으로 전개되는 헤겔의 사변철학이란 근대적 주관성 속에서 새롭게 구성된 전통적 존재론이라는 것이 드러나게 된다.

IV

사변철학의 원리와 그 구조가 서술되었다면, 이제 그 방법에 대하여 이야기하지 않을 수 없다. 이미 말했듯이 증명된 학으로서의 사변철학의 방법은 단순히 외부적으로 주어질 수 있는 것이 아니라 "내용의 본성 자체로부터" 주어져야 한다. 이때 학의 대상인 사태(Sache) 자체의 진행을 헤겔은 '변증법'이라 부르며, 이 변증법의 특징을 "대립적인 것을 통일 속에서 파악하는 것"으로 규정한다. 이렇게 본다면 변증법은 모순과 깊은 관련을 갖게 된다. 왜냐하면 하나의 규정과 그에 대한 대립적 규정이 통일 속에 놓이게 된다는 것은 곧 그 둘이 모순적이게 된다는 것과 같은 의미가 되기 때문이다. 따라서 사변철학의 방법에 대해 언급하는 것은 궁극적으로 모순의 문제를 언급하는 것과 마찬가지가 된다.

제4장 1절 '모순율과 의미론적 논리학'에서 모순에 대한 헤겔의 견해가 고찰된다. 여기서 헤겔은 모순을 인정하는지, 그리고 모순에 대한 인정은 곧바로 모순율의 부정으로 이어지는지 혹은 모순율이 타당성을 지닌다면 그 타당성은 어디에 근거하는지가 설명된다. 또한 이러한 설명과 더불어 모순을 고찰하는 '논리학의 학'은 궁극적으로 어떤 의미를 지니는지 밝혀진다. 이러한 설명을 위해서 먼저 아리스토텔레스, 칸트, 현대의 기호논리학 및 스트로슨이 말하는 모순개념이 고찰되고 그들이 말하는 모순율의 타당성이 어디서 성립하며 그 한계는 무엇인지를 지적한 후, 이렇게 지적된 것을 헤겔의 모순개념과 비교함으로써 '논리학의 학'의 의미를 드러내고자 한다. 이 과정 속에서 모순을 고찰하는 '논리학의 학'은 모순율의 타당성을 단적으로 전제하는 형식논리학에 대해 그 토대를 제공하는 '의미론적 논리학'으로 이해될 수 있다는 결론이 도출된다.

제4장 2절 '논리학의 체계 내 위상과 자연철학과의 관계'에서는 논리

학을 총체적으로 해석하는 다양한 견해들 가운데 올바른 해석은 어떤 것인지, 그리고 그렇게 해석된 논리학은 자연철학과 어떤 관계를 갖는지가 밝혀진다. 이때 출발점은 사변철학은 형이상학이라는 관점인데, 문제는 이 형이상학이 무엇을 의미하는가이다. 형이상학을 아리스토텔레스에 따라 '존재자로서의 존재자(to on he on)에 대한 탐구'로 이해한다면, 형이상학은 두 가지로 구분될 수 있다. 하나는 존재자를 그것이 존재자라는 측면에서 고찰하는 것으로서 이때 형이상학은 존재자를 존재자로 규정하는 범주들을 탐구하는 것으로서 존재론이 된다. 다른 하나는 참으로 존재하는 것이 무엇인지에 대한 탐구로 이해된다면 이때 형이상학은 모든 존재자의 근원인 참된 존재자, 즉 신에 대한 탐구로서 신학이 된다. 그렇다면 사변철학인 '논리학'은 어떤 형태의 형이상학인가?

헤겔은 분명히 '논리학'의 대상은 개념들 혹은 사유규정들로서의 범주들이라고 주장한다. 따라서 '논리학'은 범주적 존재론으로 이해된다. 하지만 헤겔은 또한 "이 논리학의 내용은 자연과 유한한 정신의 창조 이전에 그 영원한 본질 속에 있는 바의 신에 대한 서술"[7]이라고 말한다. 이 말에 따르면 '논리학'은 초월적 신학이 된다. 이처럼 '논리학'이 일반 형이상학(metaphysica generalis)인 존재론으로, 동시에 특수 형이상학(metaphysica specialis)인 신학으로 이해된다면, '논리학'에 대한 일관된 해석은 과연 가능한 것일까 하는 의문이 제기된다.

또한 '논리학'이 범주적 존재론이든 아니면 신학(Theologie) 또는 신지학(Theosopie)으로 이해되든 마지막으로 남는 문제는 체계 전체와의 연관성이다. 헤겔 철학의 체계는 '논리학' '자연철학', '정신철학'으로 이루어져 있으며 이 가운데 '논리학'은 체계의 출발점이면서 동시에 종착점이 된다. 셸링에 따르면 이러한 위치에 놓여 있는 '논리학'은 완결된

7) 같은 책, 33~34쪽.

학이라고 볼 수 없다. 왜냐하면 논리적인 것은 그 서술의 끝에서 자연으로 외화하게(entäußert) 되고 그 결과 '논리학'은 '자연철학'으로 이행하게 되는데, 그렇다면 '논리학'은 그 자체 완결된 것으로는 볼 수 없기 때문이다. 다시 말해 '논리학'이 완결된 학문이라면 왜 논리적인 것은 자연으로 외화되어야 하는가라는 물음이 제기된다는 것이다.

'논리학'이 완결된 학문이 아니라는 것은 곧 헤겔 체계가 완결된 체계가 아님을 의미하게 된다. 이때 '논리학'에서 '자연철학'으로의 이행을 신의 영원한 본질의 영역에서 자연의 창조로의 전개로 이해한다고 할지라도 문제는 해결되지 않는다. 왜냐하면 이 경우 자연의 창조는 신의 불완전성에 대한 표현 외에 다른 것이 아니게 되기 때문이다. 결국 사변철학인 '논리학'을 제대로 이해한다면 다음의 두 가지를 설명할 수 있어야 한다. 즉 그것이 범주론이든 신지학이든 일관된 해석이 가능해야 하며, 동시에 이 해석이 체계 전체에 대한 설명에 부합되어야 한다. 다시 말해 논리학과 자연철학 및 정신철학의 관계가 설명되어야 한다. 바로 이러한 두 가지 문제에 대한 해답이 마지막 절에서 주어진다.

차례

제4장 사변철학의 방법과 자연철학에 대한 관계

제1장

철학의 학문으로서의 가능성과 그 원리

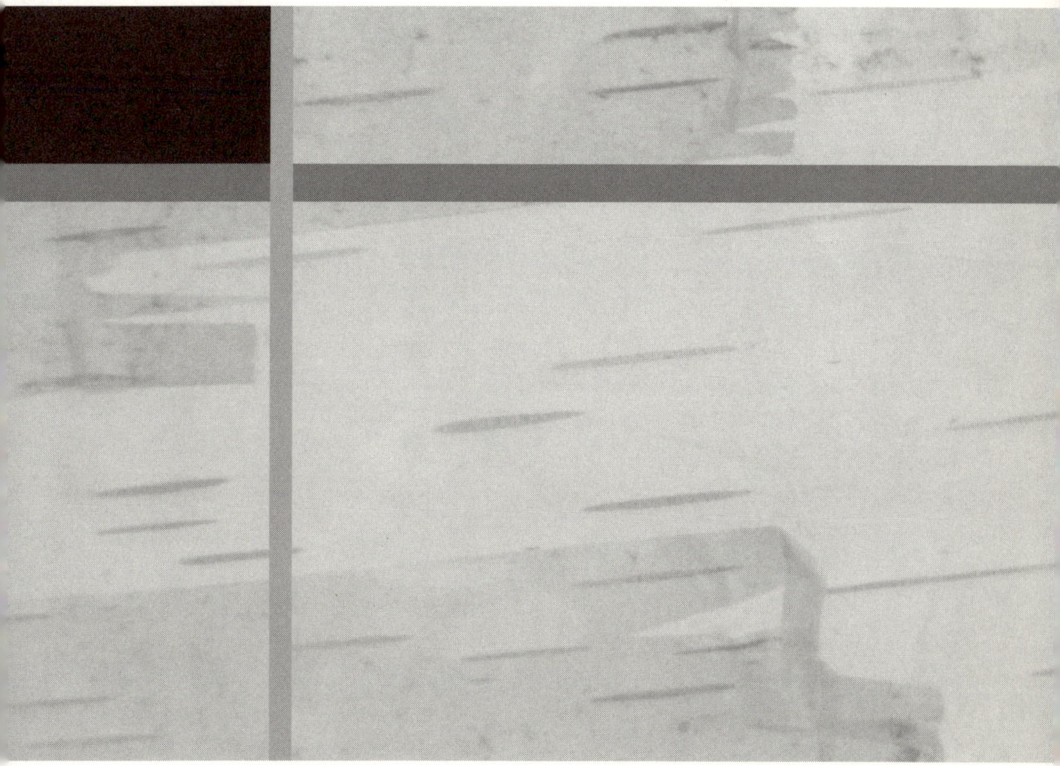

1...
철학의 학문으로서의 가능성

1. 학문과 철학에 대한 아리스토텔레스와 칸트의 이해

철학사 속에서 볼 때, '철학이 학문인가'라는 문제는 끊임없이 다양한 형태로 제기되어왔다. 학문이 어떤 보편적인 것인 한, 이 문제는 이미 소크라테스와 소피스트가 고민한 문제이며, 근대의 낭만주의 논쟁의 핵심에 놓여 있던 문제이다. 하지만 '철학은 학문이다'라는 관점에서 본다면, 철학은 플라톤 이래 모든 다른 학문의 원리를 탐구하는 제일 학문으로 간주된다.

우리는 이에 대한 분명한 증거를 아리스토텔레스에게서 찾을 수 있다. 아리스토텔레스는 '학문'(Wissenschaft)의 일반적인 형식을 고찰하는 『분석론 후서』에서, 학문을 증명을 통해 획득된 지(Wissen)로 규정한다.[1] 이때 증명이란 추론(apodeiksis)을 의미하므로, 결국 학은 추론의 전제로부터 결론에 이르는 지의 체계를 일컫게 된다. 이렇게 이해된 학문에는 추론의 출발점으로서, 즉 증명의 전제(das Erste)로서 항상 원리들(Prinzipien)이 선행하게 되는데, 이때 원리들이란 각각의 학문들을 다른 학문들과 구분되게 하는 것일 뿐만 아니라 각각의 학문들이 고찰하고자 하는 대상으로서의 유(Gattung)가 된다.[2] 이러한 원리들은 결코 그 해당 학문 내에서는 증명될 수 없는 것이며,[3] 그렇기 때문에 학적 탐구란 해당 학문들에게 전제된 고유한 원리로부터 이루어지는 추론 과정 외에 다른 것이 아니게 된다.[4] 문제는 여기서 우리가 이와 같은 아리스토텔레스의 학문 이론을 '철학은 학문인가'라는 물음에 답하기 위한 토대로 받아들일때, 다음과 같은 의문이 생긴다는 점이다. 만일 각 학문들의 고유한 원리들이 그 학문 내에서는 증명될 수 없는 것이라고 한다면, 각 학문들에게 전제되는 고유한 원리들 자체를 다시 고찰하는 학문이 있는가? 그리고 있다면 그 학문은 앞서 말한 '증명된 지'의 의미에서 학문이라고 할 수 있는가?

아리스토텔레스에 따르면 증명의 첫 번째 원리들을 해명하는 학문은 다름 아닌 철학(Philosophie)이다.[5] 그렇다면 철학은 증명된 지라는 의미에서 학문인가? 사실 이 물음은 그 자체 풀리지 않는 딜레마를 함축한다. 왜냐하면 한편에서 철학이 학문이라고 한다면 철학은 고유한 학문의 원리를 가져야 할 것이고, 그 경우 다시 이 원리의 정당성을 탐구하는 '철학의 철학'이 전제되어야 하며, 결국 그것은 증명의 무한 퇴행(regress ad infinitum)으로 나아가게 될 것이며, 다른 한편에서 철학이 학문이 아니라고 한다면 '어떻게 학문이 아닌 것이 학문의 출발점이자 증명의 전제

1) Z. A, 71b, 15.
2) 같은 책, 76 b 1-15.
3) 같은 책, 76 a 15.
4) 같은 책, 77 a 35-40.
5) Aristoteles, *Metaphysik* 1005b 5-11 H. Bonitz 번역, Hamburg 1994.

인 원리를 정당화할 수 있는가'라는 물음이 제기되기 때문이다.[6)]

사실 철학이 학문인가라는 물음 속에 놓여 있는 이러한 근본적인 문제는 철학의 출발점에서부터 제기된 것은 아니다. 오히려 이 문제는 증명을 수행하는 인식능력의 한계에 관계되는 것이기 때문에, 철학적 활동을 증명 체계로 이해하고 그 체계를 수행하는 인간 지성에 대한 반성이 시작되면서 던져진 것이다. 철학사를 볼 때, '철학이 학문인가'라는 물음이 궁극적으로 인식능력의 한계에 관련된다는 것을 우리는 칸트 철학에서 분명히 알 수 있다. 칸트는 어떤 대상을 인식하기 이전에 먼저 우리의 인식능력 자체를 비판해야 한다고 주장하며, 그 비판의 문제란 다름 아닌 '학문으로서의 형이상학은 가능한가'라는 물음이라고 요약한다. 그에게 있어 철학이 형이상학이라는 것을 이해한다면,[7)] 결국 이 물음은 바로 위에서 던져진 '철학은 학문일 수 있는가'라는 물음과 동일한 것이 된다.

칸트는 『자연과학의 형이상학적 원리』(Metaphysische Anfangsgründe der Naturwissenschaft)의 서문에서 '학문'(Wissenschaft)에 대한 자신의 견해를 밝힌다. 그에 따를 때 어떤 인식이 학문적 인식이 되기 위해서는 두 가지 조건을 충족시켜야 한다. 첫째, 그 인식은 "필증적 확실성"(die apodiktische Gewißheit)을 지녀야 한다. 만일 그 인식이 "필증적 확실성"을 지니지 않고 단지 "경험적 확실성"만을 지닌다면 그 인식은 결코 학문적이라 할 수 없고, 단지 "교설"(Lehre)이라 불러야 한다.[8)] 그렇다면 하나의 인식이 어떻게 필증적 확실성을 지닐 수 있는가? 칸트에 의하면, 어떤 인식이 필증적 확실성을 지니기 위해서는 반드시 "선천적 원리들"

---

6) "증명된 지"로서의 학의 규정에 따른 『형이상학』의 이해를 위해 T. H. Irwin의 논문 "Aristoteles's Discovery", *The Review of Metaphysics*, 31. 1977/78 참조.

7) MAdN, S. 12.

8) MAdN, S. 12.

(Prinzipien apriori)에 근거해야 한다.[9] 다시 말해 경험적으로 주어진 어떤 사실에 대한 인식이 학문적 인식이 되려면 그 사실을 설명하는 설명의 근거들이 "선천적 원리들"이어야 한다. 물론 이때 이 선천적 원리들은 경험적으로 주어질 수는 없다.

그렇다면 철학은 경험적 사실에 대해 필증적 확실성을 제공하는 선천적 원리들과 어떤 관계를 갖는 것일까? 칸트에 따르면 어떤 사실에 대해 필증적 확실성을 제공하는 선천적 원리들 자체를 고찰하는 것이 바로 '철학' 혹은 '형이상학'이다.[10] 칸트에게 있어 경험적으로 주어진 사실들을 학문적 인식이게끔 하는 근거로서의 "선천적 원리들"이란 바로 『순수이성비판』(Kritik der reinen Vernunft)에서 주어지는 "순수오성개념들"이다.[11] 따라서 그에게 '철학'이란 필연적 인식을 위한 원리들로서의 "순수오성개념"에 대한 고찰이 된다.[12]

둘째로 어떤 인식이 학문이기 위해서는 그 인식이 "필증적 확실성"을 갖는다는 것 외에 또 다른 조건을 충족시켜야 한다. 그 조건이란 다름 아닌 '체계'이다. 즉 학문이란 인식들의 단순한 집합(ein Aggregat von Erkenntnissen)이 아니라 "질서 지어진 인식들의 체계"라는 것이다.[13] 인식들이 체계를 이루려면 먼저 그 체계의 원리(Prinzip)가 선행되어야 한다. 이때 이 원리란 아리스토텔레스가 말하는 '증명된 지'로서의 학문에서 증명의 전제와 같은 것이다. 따라서 학문이 체계라는 것은 이 증명의 전제로부터 필증적으로 도출된 결과들의 연관이 학문이라는 것이다. 물

9) 같은 책, S. 12.
10) 같은 책, S. 13. 칸트에게 철학은 "개념으로부터의 이성 인식"이라고 할 수 있다.
11) 같은 책, S. 19.
12) 이에 상응해서 칸트는 자신의 '선험철학'을 "모든 순수이성의 원칙들의 체계"로 규정한다. KdrV, B27.
13) MAdN, S. 11.

론 교설도 시간적인 혹은 공간적인 질서에 따라 "체계적으로 배열된 사실들"(systematisch geordnete Facta)을 포함할 수 있다. 하지만 그럼에도 불구하고 그렇게 정렬된 사실들을 학문이라 하지 않고 교설이라 부르는 이유는 바로 그 체계화의 방법에 문제가 있기 때문이다. 그렇다면 어떤 인식들을 학문으로 만드는 체계화의 방법은 무엇인가?

칸트에 의하면 필연적 인식들이 '이성적인 학문'(rationale Wissenschaft)이 되려면 그 인식들은 "근거-결과의 연관"(ein Zusammenhang von Gründen und Folgen) 속에 놓여야 한다.[14] 이때 근거 관계는 단지 '이성'을 통해서만 가능하므로[15] 필연적 인식을 체계로 만드는 것은 결국 이성이라고 할 수 있다. 그렇다면 이미 말했듯이 순수오성개념을 고찰하는 철학이 학문으로 규정될 수 있기 위해서는 결국 순수오성개념들이 이성에 의해 하나의 체계로 형성되어야 한다. 이때 순수오성개념들을 체계로 만드는 이성에 대하여 칸트는 다음과 같이 말한다. "이성은 추론함 속에서 오성인식의 많은 다양성을 가장 적은 수의 원칙들로 가져가며 그러한 방법으로 오성인식에 통일을 부여한다."[16] 그렇다면 이렇게 형성된 오성개념들의 통일은 근거, 결과로 이루어진 체계, 즉 학문으로 이해될 수 있는가? 사실 이 물음은 칸트가 『순수이성비판』에서 던졌던 '학으로서의 형이상학은 가능한가'라는 바로 그 물음이다. 형이상학을 "개념으로부터의 이성인식"으로 간주하는 칸트는 『순수이성비판』 속에서 범주들에 기초한 순수오성인식들의 체계가 하나의 학문으로서 가능한가라는 물음과 함께 특히 이성의 순수 '사변적' 사용에 관한 문제를 집중적으로 검토하고자 한다.[17]

14) 같은 책, S. 12.
15) 같은 책, S. 11.
16) KdrV, A 305.

칸트는 먼저 경험적 인식들의 필연성을 가능케 하는 선천적 순수오성 개념들은 무엇이며 그 정당성은 어디에서 주어질 수 있는지를 해명한다. 특히 그는 필연적 인식으로서의 순수오성개념의 발견과 그 타당성에 대한 해명을 위해 '형이상학적 연역'을 전개시키는데, 형이상학적 연역은 이미 '연역'이라는 말이 함축하듯이 단순히 순수오성개념들을 발견하는 것이 아니라 그 범주들의 체계가 사유의 통일 속에서 완전하게 주어진 것들임을 정당화하는 작업이다. 즉 이 연역의 핵심은 "선천적인 범주들의 근원을 사유의 일반적이며 논리적인 기능들과의 완전한 연관을 통해서 해명하는 것"이다.[18] 이러한 형이상학적 연역을 통해 범주들은 우연히 발견되고 경험적으로 조합된 것이 아니라 필연적인 것임이 밝혀짐으로써 철학이 학문이 되기 위한 첫 번째 조건, 즉 그 대상은 "필연적 인식"이어야 한다는 조건을 충족시킨다.

다음으로 나오는 문제는 선천적 원리인 순수오성개념들이 근거와 결과로 이루어진 체계인가 하는 점이다. 칸트는 순수오성개념들에 대한 형이상학적 연역을 시도한 후, 계속해서 이 오성개념들이 어떻게 객관적 타당성을 지닐 수 있으며, 더 나아가 이 오성개념들에 기초한 인식들이 어떻게 필연적 통일성을 지닐 수 있는지를 다룬다. 특히 오성개념들의 객관적 타당성을 고찰하는 문제가 '선험적 연역'에서 다루어진다고 한다면, 그것을 통해 성립된 인식들의 체계적 통일의 문제는 '선험적 변증론'에서 다루어진다. 여기서 철학의 학문으로서의 가능성과 관련해서 우리의 관심을 끄는 것은 '선험적 변증론'의 문제이다.

'선험적 변증론'에서 나타나는 칸트의 설명에 따르면, 오성은 규칙(Regeln)의 능력으로서 잡다한 현상들에 통일을 주려고 하는 반면, 이성

17) KdrV, 재판 서문 참조, B XXII.
18) KdrV, B 159.

은 원리(Prinzip)의 능력으로서 오성인식들을 하나의 원리 아래로 통일하고자 한다. 이때 제약된 것으로서의 오성인식들이 통일을 이루기 위해서는 원칙(Grundsatz)이 전제되어야 하는데, 이 원칙이 바로 이성개념으로서 '선험적 이념들'이다. 이러한 선험적 이념들에 대해 칸트는 다음과 같이 말한다. "선험적 이성개념들이란 다름 아닌 주어진 제약된 것들에 대한 제약들의 총체성의 개념 외에 다른 것이 아니다. 이제 무제약자만이 제약들의 총체성을 가능하게 만들며, 제약들의 총체성은 항상 그 자체 무제약적이므로, 순수이성개념은 그것이 제약된 것들의 종합의 근거를 포함하는 한 단지 무제약자의 개념을 통해 설명될 수 있다."[19]

제약된 인식인 오성인식들이 이성개념에 의해 통일되는 한, '철학은 학문인가'라는 문제는 이 통일이 필연적 체계인가 하는 물음으로 귀결된다. 그러나 이 문제에 대한 칸트의 결론은 회의적이다. 다시 말해 이성개념에 의해 성립된 오성인식들의 통일은 필연적 체계가 아니라는 것이다. 그 결정적인 이유는 오성인식에 통일을 부여하는 '원리의 능력' 즉 '추론하는 능력'으로서의 이성의 사용에 문제가 있기 때문이다. 그렇다면 이성이 어떻게 사용되기에 오성인식의 체계로서의 철학은 필연적 체계가 될 수 없으며 그 결과 학문으로서의 철학은 불가능하다는 것인가?

이성개념에 의해 이루어진 오성인식들의 통일이 필연적 체계가 되기 위해서는, 그 통일의 근거인 이성개념은 추론의 근거로서 원리가 되어야 하고, 오성인식들은 그 원리로부터 도출된 결과가 되어야 한다. 이때 어떤 인식들이 근거와 결과의 관계를 갖는다는 것은 하나의 인식이 다른 인식에 의해 매개된 것과 동일한 의미를 지니는데, 이렇게 매개된 인식이 바로 종합적(synthetisch) 인식이다.[20] 문제는 바로 여기에 놓이게 된다. 왜냐하면 칸트에 따를 때, 선천적인 개념들이 종합명제를 이루는

19) KdrV, B 379.

것은 유일하게 경험을 매개로 해서만 가능하며, 결코 순수개념들로부터는 가능치 않은데,[21] 그럼에도 불구하고 이성개념은 근거로서 오성인식들을 매개하는 한, 종합적인 것으로 이해될 수 있기 때문이다. 칸트는 다음과 같이 말한다. "그러나 순수이성의 그와 같은 원칙은 분명히 종합적이다. 왜냐하면 제약자들은 그 어떤 제약하는 것에 대해서는 분석적으로 관계하지만 무제약자에 대해서는 그렇지 않기 때문이다."[22]

칸트는 이미 '선험적 감성론'과 '선험적 분석론' 속에서 수학적 인식과 경험적 인식이 어떻게 종합적 인식일 수 있는지 설명했다. 그에 따를 때, 종합적 인식이 가능한 것은 오로지 선천적 개념이 감성적 직관을 통해 매개될 때이다. 그렇다면 이미 "철학적 인식이란 개념들로부터의 이성인식이며 수학적 인식이란 개념들의 구성으로부터의 인식"이라고 주장하는 칸트에게 있어서는,[23] 출발 자체부터 철학적 인식은 학문으로서 불가능한 것일지 모른다. 특히 칸트는 "개념으로부터 직접적으로 이루어지는 종합명제"를 도그마(Dogmata)라 부르며,[24] '선험적 변증론'에서 도그마는 결코 현실적인 인식이 될 수 없음을 역설한다. 다시 말해 순수이성은 그 사변적 사용에 관해서 결코 이러한 "도그마"를 포함할 수 없다는 것이다. 그가 '비판'이라는 이름 아래서 수행하고자 한 것은 바로 이러한 도그마를 현실적 인식으로 주장하는 기존의 '독단적'(dogmatisch) 형이상학에 대한 문제점을 제시하는 것이었다. 그렇다면 이제 다음과 같은 물음이 나올 수 있다. 만일 이성개념이 추론의 원리로 사용될 때 도그마가 산출된다면, 오성인식들의 체계적 통일을 위해 이

---

20) KdrV, A 308.
21) KdrV, B 765.
22) KdrV, B 364.
23) KdrV, B 741.
24) KdrV, B 764.

성개념은 전혀 사용될 수 없다는 것인가?

칸트에 따를 때, 이성개념인 이념들은 결코 경험 속에서 확증될 수 있는 것은 아니지만, 그럼에도 불구하고 오성인식들의 통일을 위해 모든 경험적 인식 속에서 전제되어야 하는 규칙이다. 만일 이념들을 오성개념들처럼 경험인식을 규정하는 규칙들로 사용한다면 변증법적 모순이 발생한다. 따라서 이념들은 경험을 규정하는 원리로 사용되어서는 안 되며, 단지 '무제약자'로서 제약적 인식인 오성인식들의 체계를 위해 '요청'될 수 있을 뿐이다.[25] 칸트는 이성개념의 이러한 사용을 오성개념의 '구성적'(konstitutiv) 사용과 구분하여 '규제적'(regulativ) 사용이라 부른다.[26] 하지만 여기서 중요한 것은 이념이 오성인식들을 체계로 통일하기 위한 요청으로서 규제적으로 사용된다는 것은 곧 그 이념에 의해 이루진 체계가 객관적이며 현실적인 것이 아님을 의미한다. 이에 대해 칸트는 다음과 같이 말한다. "이성 통일이란 체계의 통일이다. 그리고 이와 같은 체계적 통일이란 객관적인 것이 아니라 격률로서 단지 주관적인 것일 뿐이다."[27] 이처럼 체계의 통일이 주관적인 것이라면 그것은 "주어진 것으로서가 아닌(nicht als gegeben) 문제로서(als Problem) 고찰해야 할 단지 기획된 통일(nur projektierte Einheit)"이 된다.[28]

이제까지의 고찰 속에서 우리는 철학이 학문으로서 가능한가라는 물음에 대한 칸트의 대답을 분명히 정리할 수 있다. 즉 학문이란 칸트에게 있어 '필연적인 인식들의 체계'이다. 이때 필연적인 인식들이란 순수오성개념들이다. 따라서 순수오성개념들을 고찰하는 철학은 학문의 첫 번째 조건인 그 대상이 필연적 인식들이어야 한다는 것을 충족시킨다. 하

25) KdrV, B 537.
26) KdrV, B 765.
27) KdrV, B 708.
28) KdrV, B 765.

지만 철학은 학문의 두 번째 조건인 필연적 체계라는 개념을 충족시키지 못한다. 왜냐하면 순수오성개념들에 근거한 오성인식들을 체계로 통일하는 이성은 단지 규제적으로만 사용될 수 있기 때문이다. 결론적으로 칸트에게서 철학은 현실적이며 객관적인 체계가 아니라 단지 기획된, 따라서 주관적인 체계이므로 학문이라 불릴 수 없다. 칸트의 이러한 결론은 분명히 학문으로서의 철학의 한계가 무엇이며 동시에 그 의미가 어디에서 주어질 수 있는지에 대한 탐구의 이정표가 되기도 하지만, 반대로 많은 철학자들의 비판 대상이 되기도 한다. 특히 칸트의 뒤를 이은 피히테나 헤겔에 의해 집중적으로 학문으로서의 철학의 가능성 문제는 새롭게 탐구되기 시작한다.

2. 학문으로서 철학의 가능성에 대한 헤겔의 이해

그렇다면 헤겔에게서 철학은 학문인가? 그리고 학문이라면 어떤 근거에서 그런가? 이미 앞서 말했듯이 칸트 철학의 결과가 헤겔 철학의 출발점을 이룬다면 학문으로서의 철학의 가능성에 대한 문제는 결국 헤겔에게는 이성의 '구성적 사용' 문제로 나타나게 된다. 왜냐하면 칸트는 '비판'이라는 이름 아래서 이성이 '구성적'으로 사용될 때 그 결과가 변증법적임을 보여줌으로써 인식의 한계를 제시했기 때문이다. 하지만 학문으로서의 철학의 가능성에 대한 문제가 우선 이성의 구성적 사용에 관한 문제로 이해되려면 헤겔이 학문과 철학에 대해 칸트와 같은 방법으로 이해할 때만 가능하다. 따라서 이성의 구성적 사용에 관한 문제를 다루기 이전에 우리는 먼저 학문과 철학에 대한 헤겔의 규정이 칸트의 그것과 동일한가를 확인해야 한다. 물론 우리는 여기서 헤겔이 학문에 대한 규정을 칸트처럼 단적으로는 말하지는 않는다는 것을 알고 있다. 왜냐하면 헤겔에 의하면 학문의 개념은 전제되는 것이 아니라 증명되어야 할 것이기 때문이다.[29] 그러나 헤겔이 비록 학문의 개념은 증명의 결과로 제시되는 것이라고 생각할지라도 그 결과를 돌이켜볼 때 헤겔의 학문의 개념은 칸트의 그것과 크게 다르지 않다.

우선 칸트에게서 어떤 인식이 학적이기 위해서는 '필증적 확실성'을 가져야 하며 그 확실성은 '선천적 원칙'에 근거했듯이 헤겔에게서도 마찬가지이다. 즉 어떤 인식이 학적이려면 그 인식은 '경험적 확신'(Gewissheit)이 아닌 필연적 진리'여야 하며,[30] 이러한 필연적 진리는 "선천적인 것"(das Apriorische)으로서의 "순수 사유규정들"(Denkbestimmungen)에 근거할 때만 가능하다.[31] 칸트에게 모든 인식의 필연성을 보증하는 "선천적 원칙들"을 탐구하는 것이 철학이듯이, 이런 "사유규정들"은 바로 "주어진 것의 진리를 파악해야 하는" 철학의 내용을 이룬다.[32]

다음으로 칸트에게 어떤 인식들이 학문이 되려면 단순히 "인식들의 집합"(Aggregate von Kentnissen)이 아니라 체계이어야 하듯이 헤겔에게서도 마찬가지로 학문은 항상 인식의 체계이다.[33] 이것을 헤겔은 해부학에 비유해서, "육체의 부분들을 단순히 그 죽은 모습에 따라 고찰한 인식들은 학문의 내용을 아직 소유할 수 없다"고 말한다.[34] 그는 또한 "체계 없이 철학한다는 것은 결코 학문적인 것일 수 없다"고 말한다.[35] 그렇다

29) Enzy, § 17.

30) Enzy, § 9. 헤겔은 어떤 인식을 경험적 "확신"(Gewissheit)으로부터 "진리"(Wahrheit)로의 고양을 『정신현상학』에서 서술하며, 그렇기 때문에 그는 『정신현상학』을 '학'으로의 근거 지음이라고 말한다. PhdG, S. 6 23 그리고 21, 23-24.

31) Logik I, S. 50 그리고 Enzy, § 12, Anm.

32) Logik III, S. 19 13-17. 이러한 "사유규정들"을 헤겔은 "범주들", "사상들"(Gedanken) 혹은 "개념들"이라고 부른다(Enzy, § 3, Anm.).

33) Enzy, § 14 , PhdG, S. 3 18 그리고 6 10-11.

34) PhdG, S. 3 23-26.

35) Enzy, § 14, Anm.

면 이제 문제는 철학이 학문이 되려면 칸트와 마찬가지로 철학적 인식들이 체계를 이루어야 한다는 것이다. 여기서 철학적 인식들이란 다름 아닌 대상에 대한 고찰에서 그 대상의 필연성을 보장하는 "순수 사유규정들" 혹은 "개념들"이다. 결국 철학이 학문일 수 있는가는 사유규정들 혹은 개념들이 '기획된'(projektiert) 것이 아니라 현실적으로 하나의 체계를 이루는가이다.

칸트에게 체계란 "인식들의 하나의 원칙 아래로의 통일"을 의미했다. 이때 그 통일을 수행하는 '원칙'이란 단지 '규제적'일 뿐 그 체계 내에서 '구성적' 역할을 할 수는 없다. 이에 반해 헤겔은 이제 체계를 '원칙'이 "그 자체 내에서 스스로를 전개시키고 그리고 통일 속에서 (그 전개된 것들을) 함께 받아들이고, 묶어두는 것"(sich in sich entfaltend und in Einheit zusammennehmend und haltend)으로 규정한다.[36] 체계에 대한 이러한 규정은 사실 그 체계의 원칙 자체에 대한 이해 외에 다른 것이 아니다. 왜냐하면 우선 체계의 원칙이 스스로를 전개시킨다는 것은 그 원칙이 그 체계 속에 놓이게 되는 모든 인식들의 "절대적 근거"일 뿐만 아니라[37] 더 나아가 체계의 내용은 원칙의 "자기규정들"(Selbstbestimmungen) 외에 다른 것이 아님을 의미하기 때문이다. 따라서 원칙이 스스로를 전개시킨 그 내용들이란 바로 '원칙인 바의 것'(was das Prinzip ist)이 드러난 모습들 외에 다른 것이 아니게 된다. 이것은 원칙의 관점으로부터 보자면, 원칙이 원칙으로서 자신을 스스로 "구성"함을 의미한다. 왜냐하면 헤겔은 '구성'을 바로 "내용 규정의 산출"(das Herbeibringen des Materials)로 이해하기 때문이다.[38] 결국 원칙의 자기 구성이란 내용 규정

36) Enzy, § 14.
37) Logik I, S. 55 27–28.
38) Enzy, § 231.

들의 산출이므로, 원칙이 원칙으로서 자신을 스스로 구성한다는 것은 그 원칙을 원칙으로 하는 체계가 형성된다는 것을 의미한다. 그렇기 때문에 학문이란 인식의 체계이어야만 한다고 생각하는 헤겔은 철학이 학문이 될 수 있는 길은 단지 체계의 원칙이 "스스로를 구성하는 방법"(auf diesem sich selbst konstruierenden Wege)으로서만 가능하다고 한다.[39)]

물론 우리는 여기서 말하는 구성이 칸트가 의미했던 구성과 같은 의미를 지니는가 생각해볼 수 있다. 칸트가 철학적 인식으로서의 "개념으로부터의 인식"(Vernunfterkenntnis aus Begriffen)과 수학적 인식으로서의 "개념의 구성으로부터의 인식"(Erkenntnis aus der Konstruktion der Begriffe)을 구분했을 때 그는 구성을 "개념에 부합되는 선천적 직관을 서술하는 것"으로 이해했다.[40)] 이러한 구성개념은 겉으로만 본다면 분명히 원칙이 스스로에게 내용을 부여하는 헤겔의 구성개념과 동일하지 않은 것처럼 보인다. 하지만 개념의 구성에 놓이게 되는 근본적인 문제를 생각한다면 그 구성의 의미는 동일하다는 것이 드러난다.

우선 칸트의 구성개념이 보여주는 문제란 다름 아닌 어떻게 한 개념이 규정된(bestimmt) 개념일 수 있는가 하는 점이다. 왜냐하면 "일반적 표상"으로서의 개념이 "개별적 표상"으로서의 직관에 부응한다는 것은 곧 그 개념이 추상적이며 공허한 것이 아니라 구체적으로 규정된 것임을 말하기 때문이다.[41)] 이러한 내용은 칸트가 이성은 '구성적'으로 사용될 수 없다고 말할 때도 마찬가지이다. 이렇게 본다면 칸트가 말하는 구

39) Logik I, S. 7 19–20.

40) KdrV, B 741.

41) '구성'의 문제를 학문으로서의 철학 성립의 핵심적인 문제로 간주하는 헤겔 혹은 셸링은 구성을 보편자와 개별자의 통일로 간주한다. 참조. *Über die Construktion in der Philosophie*, Hegel Gesammelte Werke 4, Vlg. Hamburg 1968, S. 278–279

성은 근본적으로 원칙이 자기규정을 하게 되는 헤겔의 구성개념과 동일한 의미를 지닌다. 이러한 구성개념에 대한 이해를 바탕으로 할 때만이 우리는 왜 헤겔이 수학적 인식을 특징짓는 칸트식 개념의 구성을 엄밀한 의미에서의 개념의 구성으로 간주하지 않는가 하는 점을 이해할 수 있게 된다. 왜냐하면 "그때 문제가 되는 것은 개념 자체가 아니라 감각적 직관의 추상적인 규정들이기 때문이다".[42] 이 말은 바꿔 말하면 헤겔은 칸트가 거부했던 "원칙의 능력"으로서의 이성의 자기규정만을 진정한 의미의 개념 자체의 구성으로 인정한다는 것을 의미한다. 그렇다면 철학이 학문이 될 수 있는 길은 오직 원칙이 스스로를 구성하는 길로서만 가능하다는 것은 칸트 철학에서 부정적으로 나타나는 결과가 이제 헤겔의 학문으로서의 철학에 대한 이해의 출발점을 이룬다는 것을 의미한다.

그러나 칸트와 연관해서 이해되어야 할 문제는 여기서 종결되지 않는다. 왜냐하면 구성 문제에서 칸트가 부정한 것을 헤겔이 받아들인다면 원칙의 자기 구성이 어떻게 가능한가는 문제 삼지 않는다고 할지라도, 그 구성은 바로 칸트가 '비판' 아래서 경고한 "도그마"의 산출은 아닌가라는 물음이 제기되기 때문이다. 이 물음에 대하여 직접적으로 답을 하는 대신 우리는 왜 헤겔이 칸트적인 의미로서의 "도그마"의 산출일 수도 있는 원칙의 자기 구성을 학문으로서의 철학의 유일한 가능성으로 제시하는가를 생각해보자.

3. 증명된 학문으로서 사변철학

앞에서 말했듯이 헤겔에게 철학이란 대상에 대한 '개념적 고찰'(die

---

42) Enzy, § 231, Anm.

begreifende Betrachtung)이다. 이 개념적 고찰이란 대상의 진리인 개념을 파악하는 것일 뿐만 아니라 그 파악된 개념의 필연성을 증명하는 것이기도 하다.[43] 이때 개념이란 어떤 대상을 그러한 대상이게끔 해주는 토대(die Grundlage)로서 순수 사유규정들이다. 따라서 철학이 대상에 대해 개념적으로 고찰한다는 것은 곧 순수 사유규정들, 즉 범주들을 파악하고 그 필연성을 증명한다는 것을 의미한다. 사실 철학의 과제가 이처럼 범주와 그 필연성을 증명하는 데 있다고 하는 것은 단지 헤겔만의 생각이 아니다. 이미 칸트가 지성의 능력과 한계를 해명하는 비판의 과제란 다름 아닌 순수오성개념들에 대해 그 필연성과 객관성을 밝히는 것, 즉 연역하는 것이라고 말하고 있다.[44]

하지만 문제는 헤겔이 칸트가 시도한 범주 연역에 대해서 전혀 만족하지 못한다는 데 있다. 왜냐하면 첫째로, 형이상학적 연역에서 도출된 12개의 범주가 과연 완전한가라는 의문이 제기될 뿐만 아니라, 둘째로 선험적 연역을 통해 비록 범주들의 객관적 타당성(die objektive Gültigkeit)이 증명된다고 할지라도 아직 범주들 자체가 지니는 그 '가치'(Wert)의 필연성은 제시된 것이 아니기 때문이다.[45] 다시 말해 이러한 문제들은 다음과 같은 물음들로 환원된다. 왜 순수 사유규정들이 꼭 12개여야 하는가? 왜 질 범주보다 양 범주가 먼저 나와야 하는가? 왜 각각의 범주들은 다시 세 가지로 분리되어야 하는가? 그리고 그 필연성은 어디에 있는가? 헤겔이 볼 때 칸트는 이러한 물음들에 대하여 정당한 대답을 전혀 하지 않는다. 따라서 순수오성개념들의 체계는 필연적인 것이 아니라 자의적인 것이다.[46]

---

43) Enzy, § 1.

44) KdrV, B 741.

45) Logik III, S. 27. 여기서 헤겔은 자신의 『논리학』이란 다름 아닌 "Wert der logischen Form" 에 대한 고찰이라고 생각한다.

그렇다면 헤겔은 범주들의 완전성과 그 필연성을 어떻게 보장하는가? 우선 범주표가 완전한 것으로 증명되기 위해서는 하나의 범주가 그 이전 단계의 범주로부터 필연적으로 도출되어야 할 뿐만 아니라, 동시에 범주들이 도출되는 사슬의 과정에서 맨 마지막에 오는 범주는 그 출발점의 범주와 일치하여야 한다. 왜냐하면 그 경우에만 범주들의 모든 규정들이 해명된 것으로 볼 수 있기 때문이다. 다음으로 범주들이 그 자체 지니는 가치는 그것들이 전체와의 연관 속에서 어떤 위치를 차지하는지가 해명될 때 비로소 확증된다. 이러한 두 가지 요구는 단지 하나의 원리로부터 모든 범주들이 필연적으로 도출되며 그 도출된 전체가 바로 그 원리 자체에 대한 해명으로서 하나의 통일 속에 묶이게 될 때 충족될 수 있다. 헤겔이 『논리학』에서 택하는 방법이 바로 이와 같은 것이다. 다시 말해, 한편에서 전개된 모든 규정들은 처음의 원리 자체에 대한 해명이 되고, 다른 한편에서 그 전개된 규정들이 하나의 원리로 통일된 것으로 드러나는 한, 그 내용은 원리의 자기 구성이 된다. 그리고 원리의 자기 구성은 동시에 내용에 대한 증명이 된다. 이런 이유로 헤겔은 '구성'과 '증명'(Beweis)을 동일시한다.[47] 그리고 구성과 증명이 동일시되는 한, 원리의 자기 구성은 순수 사유규정들 혹은 범주들을 고찰하는 철학을 "증명된 학문"(die demonstrierte Wissenschaft)으로 근거 짓는 방법이 된다.

사실 헤겔이 이처럼 원리의 자기 구성을 통해 철학을 학문으로 근거 지으려는 시도의 배후에는 아리스토텔레스의 학문 이론에서 나타난 문제를 해결하려는 의도가 놓여 있다. '증명된 지'인 아리스토텔레스의 학문 규정에서 문제가 되는 것은 증명의 첫 번째 전제 자체가 증명될 수 있

46) Logik I, S. 39－40.

47) Enzy, § 231. 사실 수학에서 어떤 개념의 구성은 곧 그 개념에 대한 존재증명이 된다.

는가 하는 점이었다. 하지만 증명의 첫 번째 전제인 원리 스스로가 자신을 원리로 구성한다면 그 원리를 증명하기 위한 또 다른 원리가 더 이상 필요 없게 된다. 뿐만 아니라 원리의 자기 구성 속에서 주어지는 사유의 제 규정들이 하나의 통일 속에 묶여 있는 것으로 드러나는 한, 원리의 자기 구성은 동시에 원리의 자기 '현시'(Exposition)가 된다. 증명으로서의 구성과 그 현시가 일치하는 이러한 방법이 바로 헤겔이 의도하는 범주들에 대한 '내재적 연역'(immanente Deduktion)다. 하지만 이제 이와 같은 방법으로 구성된 학문이 과연 칸트가 비판하는 독단으로부터 벗어나 객관적 학문이 될 수 있는가라는 물음은 전혀 별개의 것이다. 따라서 마지막으로 원리의 자기 구성은 칸트가 말하는 도그마의 산출일 수 있다는 점에 대해 헤겔은 어떻게 생각하는지 살펴볼 필요가 있다.

헤겔은 이 문제에 대한 해결을 칸트의 주장 자체에서 찾고자 한다. 칸트에 따르면 체계가 완성되기 위해서는 반드시 이성개념이 요청된다. 이때 요청된 이성개념은 체계를 위해 단지 규제적으로 사용되어야 하며, 결코 구성적으로 사용될 수 없다. 하지만 이성은 본성적으로 이 개념을 구성적으로 사용한다. 따라서 그 결과는 '변증법적'(dialektisch)이 된다. 헤겔은 누구보다도 칸트의 이와 같은 주장에 대하여 동의한다.[48] 그렇기 때문에 그는 "칸트는 변증법을 보다 높이 제시하였다. 그리고 바로 이러한 측면이 그의〔칸트의〕 업적 가운데 가장 위대한 것이다"라고 말한다.[49] 그러나 문제에 대한 처방은 칸트와 다르다. 즉 칸트가 그 결과가 변증법적이기 때문에 그것은 "가상의 논리"(die Logik des Scheins)라고 주장하는 데 반해, 헤겔은 만일 이성이 본성적으로 변증법적이라면 우리는 그것을 사유의 참된 현실성으로 받아들여야 한다는 것이다. 그에

48) Logik I, S. 41.
49) Logik I, S. 41.

따를 때, 칸트는 사유규정의 변증법적 특성을 제거하기 위해, '비판'이라는 이름 아래서 우리의 인식을 '경험적인 것'과 '선천적인 것'으로 구분해서 사유규정을 '경험적인 것'에 제한시키려고 하였다.[50] 하지만 이러한 것은 참된 비판이라 할 수 없다.[51] 왜냐하면 이러한 시도는 순수개념은 단지 직관을 매개로 해서만 구성될 수 있으며, 직관에 부합되지 않는 개념은 제약되어야 한다는 전제에 기초를 둔 것인데, 이러한 전제는 근거 지어지지 못한 "심리학적 반성"(der psychologische Reflex)에 불과할 뿐이기 때문이다.[52] 만일 칸트가 말하듯이 사유가 본성적으로 '변증법적'이라면, 참된 비판은 전제 없이 변증법적인 것 자체를 고찰해야 한다.[53]

근거 지어지지 않은 반성에 의존하지 않고 사유를 그 자체에서 고찰하려는 태도를 지닌다면 이성의 구성적 사용에 의해 산출된 명제는 더 이상 부정적 의미의 도그마로 파악되지 않는다. 오히려 헤겔이 볼 때, "대립된 두 개의 주장들 가운데 유한한 규정의 본성에 따라 단지 하나만이 진리이고 다른 하나는 거짓이라고 생각하는 것"이 도그마이다.[54] 따라서 칸트가 도그마를 산출하는 이성을 '사변적'이라 불렀다면, 이제 이 사변적 이성이야말로 철학이 진정한 의미의 현실적인 학문이 되기 위해 파악해야 할 내용이 된다.[55] 다시 말해 철학은 '사변철학'(die spekulative Philosophie)으로서만 진정한 의미의 학문이 될 수 있다.

이제까지의 논의를 돌이켜볼 때, 학문으로서의 철학을 정초시키려는

---

50) Enzy, § 41, Logik I, S. 51.
51) Enzy, § 48, Anm.
52) Logik III, S. 20 2, Enzy, § 41.
53) Enzy, § 47, Anm., § 48.
54) Enzy, § 32.
55) Enzy, § 82.

헤겔의 노력은 '사변철학'으로 귀결된다. 이때 사변철학은 사유규정을 그 자체로 고찰하고자 하는 철학이 학문으로서 도달하게 되는 마지막 모습일 뿐만 아니라 현실적인 학문 자체가 된다. 이것을 헤겔은 "이제 철학은 더 이상 지(Wissen)에 대한 사랑이 아니라 현실적인 지이다"라고 표현한다.[56] 물론 우리는 여기서 사변철학을 가능케 하는 이성의 구성적 사용에 대해서 다시금 의심의 눈초리를 보낼 수 있다. 그 의심의 토대는 인간의 인식은 감각적 경험을 넘어설 수 없다는 칸트의 전제일 수도 있고, 그와는 또 다른 형태의 인식 형이상학적 전제일 수도 있다. 하지만 분명한 것은 그것이 우리의 논의에서 의미를 가지려면 철학을 '증명된 학'으로서 설명할 수 있어야 하는데, 이것은 결코 쉬운 일이 아니라는 점이다. 따라서 헤겔의 사변철학을 다른 전제 속에서 비판하고 의심하는 것보다는 오히려 그 사변철학이 함축하고 있을 의미와 그 한계를 찾는 것이 더욱 생산적인 논의가 될 수 있다. 이런 맥락에서 우리는 다음과 같이 말하고자 한다. 즉 사변철학으로서의 헤겔 사상에 대한 이해는 헤겔 연구의 귀결점이 아니라 오히려 출발점이어야 한다.

56) PhdG, S. 6 13–15.

2...
철학의 원리

1. 『분석론 후서』에서 살펴본 아리스토텔레스의 학문 이론

칸트 이후 전개되는 독일 관념론의 핵심적인 주제는 학문으로서의 철학의 정초에 관한 문제이다. 이 문제는 구체적으로는 학문의 '원리'의 근거 지음에 관한 논의로 전개된다. 이것을 우리는 칸트 철학의 대변자로서 독일 관념론의 전개에 커다란 영향을 준 라인홀트뿐만 아니라 독일 관념론의 기초자인 피히테에게서 분명히 볼 수 있다. 칸트가 이성 통일에 근거하는 "순수이성의 체계"로서의 학문의 개념을 제기하고 난 후[57] 라인홀트는 칸트의 이성인식의 최고 원리에 대한 탐구에 의문을 제기하고 나섰다. 왜냐하면 칸트는 체계로서의 철학의 이념은 제시하였지만 스스로 그 비판의 이념을 철저하게 끝까지 수행하지 않았기 때문이다.

---

57) KdrV, B 869.

따라서 칸트의 비판철학이 성공적으로 수행되기 위해서는 그 철학의 방법과 원리에 대한 자기반성이 불가피한데 칸트에게서는 그 원리인 비판적 이성에 대한 선험적 반성이 결여되어 있다. 그것은 결국 그 위에 세워진 이론의 진리치를 믿을 수 없게 만든다. 이러한 생각에서 라인홀트는 선험적 인식의 조건과 한계에 대한 메타-비판 이론을 통해 이성 학문에 새로운 원리를 제공하고자 하였다.[58]

피히테도 칸트가 제시한 체계적 방법에 불만을 표시하기는 마찬가지이다. 왜냐하면 칸트에게서는 이론이성과 실천이성이 하나의 원리에 의해 체계적으로 도출되는 것이 아니라 분리된 두 영역으로 남게 되기 때문이다. 따라서 그는 1794년 『**전체 지식론의 기초**』에서 칸트에게 분리된 두 영역으로 남는 이성을 하나의 원리에 의해 연역적으로 체계화하고자 노력하였다. 피히테는 학문을 칸트와 마찬가지로 명제들의 체계로서 간주하는데, 이때 그 결합될 명제들은 동일한 확실성을 지녀야 한다. 만약 그 명제들 중 어느 하나라도 다른 명제와의 연관 속에서 확실성을 지닐 수 없다면 그때 이루어지는 명제들의 결합은 결코 체계라 할 수 없게 된다. 모든 명제들의 확실성을 보장하는 첫 번째 명제는 체계의 근본 원리로서 단지 하나일 뿐이다. 학문은 바로 이러한 하나의 원리에 근거하게 된다. 피히테는 자신의 학문 이론 속에서 바로 이 첫 번째 명제의 확실성을 다루고자 하였다. 라인홀트와 피히테를 통해 전수되는 원리에 대한 탐구는 셸링과 헤겔 철학에 직접적인 영향을 미친다. 왜냐하면 셸링이 자신의 첫 번째 저서인 『**학의 원리로서의 자아**』에서 서술하고자 한 것은 모든 지의 원리였으며, 1800년에 출간된 『**선험적 관념론의 체계**』뿐만 아니라 헤겔의 주저인 『**논리학**』도 바로 원리의 구성 문제에 관한 고찰 외에 다른 것이 아니기 때문이다.

---

58) F. C. Beiser, *The Fate of Reason*, Harvard 1987, S. 227-263 참조.

그렇다면 왜 학문으로서의 철학의 정초에 관한 문제는 원리에 대한 탐구로 진행되어야만 하는가? 이 문제를 이해하기 위해 우리는 서구의 학문 이론에 기초를 처음으로 제공한 아리스토텔레스를 살펴볼 필요가 있다. 그리고 아리스토텔레스의 학문 이론의 기본적인 개념이 이해된다면 우리는 더 나아가 학문으로서의 철학을 스스로 완성시켰다고 생각하는 헤겔의 입장 또한 고찰해볼 수 있다. 이러한 고찰들은 결국에는 우리에게 철학의 개념규정에 대한 또 하나의 반성을 제공하게 될 것이다.

아리스토텔레스는 자신의 학문 이론을 전개하는 『분석론 후서』를 "모든 이성적인 가르침과 배움은 어떤 선행하는 인식으로부터 형성된다"는 말과 더불어 시작한다.[59] 이것은 학문적 인식이란 항상 **이미 전제된 것**을 통해서만 가능하다는 것인데, 이때 전제된 인식과 그 다음에 오는 인식의 관계는 '추론'(Schluß)일 수도 있고 아니면 '귀납'일 수도 있다. 그 어느 경우든 전제된 인식의 타당성은 이미 확실한 것으로 받아들여져야 한다. 그렇다면 여기서 '그 전제된 인식의 타당성을 받아들이기 위해서 또 다른 인식을 전제해야 하지 않는가'라는 물음이 제기될 수 있다. 이때 선행하는 인식의 타당성을 근거 지으려는 노력은 비판적 합리론자인 한스 알버트가 Münchhausentrilemma로 지적했듯이 아마 다음과 같은 세 가지 형태 중 하나로 나타날 것이다.[60] 첫째로, 근거를 찾는 작업은 무한히 후퇴하게 되든지, 아니면 둘째로, 그 작업은 순환적이 되거나, 그것도 아니면 마지막으로, 어떤 단적인 명제로부터 출발해야 할 것이다. 이러한 세 가지 태도 중 어느 것에 대해서도 한스 알버트는 만족할 수 없었던 것에 반해 아리스토텔레스는 자신의 학문 이론 속에서 모든 학문적인 인식은 그 어떤 명제로부터 시작되어야 한다고 말함으로써 세 번째 입

59) Z. A, 71 a.

60) H. Albert, *Traktat über kritische Vernunft*, Tübingen 1991, S. 9.

장을 선택한다. 왜냐하면 첫 번째 혹은 두 번째 형태로부터는 '증명된 인식'으로서의 학문은 불가능하지만 만일 그 어떤 확실한 인식이 주어질 수 있다면 거기로부터 학문의 성립은 가능하기 때문이다.

그렇다면 학문적인 인식의 출발이 되는 그 인식은 어떤 것이어야만 하는가? 이에 대해 아리스토텔레스는 첫째, 그것은 학문적인 인식인 한에서 필연적으로 참이어야 하며, 둘째, 시작에 놓이게 되므로 무매개적이어야 하며, 셋째, 이미 알려져 있어야 한다고 말한다.[61] 이러한 조건을 갖춘 인식은 그것에 해당 학문의 모든 명제들이 근거하게 되는 '원리'(Prinzip)가 되며 그 학문 내에서는 더 이상 증명되지 않고 단적으로 전제된다. 하지만 아리스토텔레스가 제시하는 원리로서의 인식이 갖추어야 할 이 세 가지 조건은 모두 쉽게 풀리지 않는 문제를 지니고 있다. 왜냐하면 우선 원리로서의 그 명제가 필연적으로 참이라는 것은 어떻게 보장될 수 있으며(3), 둘째로, 만일 그 명제가 그 자체 무매개적이라면 어떻게 다른 명제들의 근거가 될 수 있으며(2), 마지막으로 그 명제가 이미 알려져 있어야 한다면 그 내용은 어떤 것이어야 하는가(1) 하는 물음들이 제기되기 때문이다.

1) 먼저 어떤 대상을 우리가 안다고 할 때, 그 앎은 아리스토텔레스에 의하면 a) 그 대상은 있는가(ob es ist), 그리고 b) 그 대상은 무엇인가(was es ist) 혹은 c) 특정한 성질이 그 대상에 있는가(daß eine Eigenschaft an ihm ist), 있다면 d) 그 원인은 무엇인가(warum eine Eigenschaft an him ist)라는 네 가지 물음에 대한 답과 동일하다.[62] 그런데 이때 네 가지 형태의 물음을 다시 한 번 생각해보면 모두 매개항과 연관되어 있음을 알 수 있다. 왜냐하면 a)와 c)는 사실 매개항은 있는가라는 물음이며 b)와 d)

61) Z. A, 71 b 20.
62) Z. A, 89 b 21-24.

는 그 매개항이란 무엇인가라는 물음으로 환원될 수 있기 때문이다.[63] 이때 c)와 d)는 증명을 통해서 대답이 될 수 있는데, c)의 경우에 그 증명은 귀납적인 혹은 경험적인 고찰을 통해 이루어질 수 있으며 d)의 경우는 매개항으로부터의 연역적 추론을 통해 이루어질 수 있다. 그렇다면 문제는 a)와 b)이다. 왜냐하면 물음이 어떤 대상의 성질에 관계되는 것이 아니라 그 대상인 바 자체에 관계될 때에는 바로 주어로서의 그 대상이 매개항이며 동시에 추론의 전제가 되기 때문이다. 그렇다면 아리스토텔레스가 학문적 인식의 출발이 되는 원리는 이미 알려져 있어야 한다고 말할 때 그 원리에 관한 내용은 바로 a)와 b)의 물음과 관계가 있다. 다시 말해 첫 번째 명제로서의 원리는 그 **존재**(a의 물음)와 **본질규정**(b의 물음)이 이미 알려져 있어야 한다는 것이다. 이때 물음 a)에 대한 답으로서의 '존재'는 일반적으로는 '가설'(Hypothese)로서 받아들여지지만 그 대상이 **학적** 인식의 원리에 관한 것인 한 가설이 아니라 진리로 이해된다. 물음 b)에 대한 답으로서의 '본질규정'이란 바로 '정의'(Definition)를 의미한다. 여기서 잊지 말아야 할 것은 '정의'를 통해 주어지는 '본질(규정)'과 진리로서의 '존재'는 결코 서로 섞일 수 없으며 분명히 구분되어야 할 계기라는 점과, 이 두 계기는 증명의 원리로서 해당 학문에서 단적으로 받아들여져야 하며 그 자체는 결코 증명될 수 없다는 것이다.

2) 학의 첫 번째 원리가 무매개적이어야 한다면 이미 말했듯이 '어떻게 그 원리로부터 다른 명제들이 도출될 수 있는가' 하는 문제가 제기된다. 왜냐하면 도출된 명제들은 매개된 명제일 텐데 무매개적인 것이 매개의 근원이 될 수는 없기 때문이다. 사실 아리스토텔레스는 이 문제를 심각하게 고려한 것처럼 보이지는 않는다. 왜냐하면 그에게 '증명된 인

63) Z. A, 89 b 21–90 a 5.

식의 체계'로서의 '학'이란 증명의 대상과 그 원리가 동일한 하나의 '유'(Gattung)에 **즉자적**으로 귀속됨으로써 결국 '유'라는 전체에서 볼 때 **분석적** 체계를 이루기 때문이다.[64] 이것을 좀더 잘 이해하기 위해서 우리는 아리스토텔레스의 학문적 증명의 구조를 생각해볼 필요가 있다.

증명이란 항상 "어떤 것에 대해 어떤 것을, 매개항을 통해 제시하는 것"이다.[65] 이때 처음의 '어떤 것'이란 증명된 인식의 주어이며, 두 번째 '어떤 것'이란 그 인식의 술어이고, 마지막으로 매개항이란 공리와 같은 것으로서 그 둘을 묶는 연결 고리이다. 그렇다면 증명이란 어떻게 술어가 주어에 필연적으로 귀속될 수밖에 없는가를 매개항을 통해 제시하는 것이다. 이러한 매개항은 주어와 술어가 동시에 귀속되는 공통의 '유'로서 바로 증명의 원리이다. 만약 증명 체계로서의 학문이 서로 다르다면 그 유가 다른 것임을 의미한다. 이렇게 볼 때 아리스토텔레스의 학문이란 결국 원리로서의 공통된 '유'에 즉자적으로(an sich) 귀속되는 성질들에 대한 해명이며, 체계로서의 학이란 전체로 볼 때 그 자체 무매개적인 '유'에 대한 내재적 분석으로 이해될 수 있다.

3) 마지막으로 학의 첫 번째 원리가 필연적으로 참인 명제라고 한다면 그것이 어떻게 보장될 수 있는가라는 문제를 살펴보자. 앞서 말했듯이 학의 첫 번째 원리란 증명 체계인 그 학에서 증명의 전제이다. 그리고 그러한 증명의 전제들은 더 이상 증명될 수 없다. 그렇다면 증명의 전제인 학문의 원리의 진리 증명은 어떻게 이루어질 수 있는가? 이 물음에 대한 답으로서 아리스토텔레스는 다음과 같이 말한다.

"그 고유한 원리를 증명하는 것은 해당되는 학문의 과제가 아니다. 왜냐하면 그것〔고유한 원리의 증명〕을 위해서는 모든 것에 대해 타당한 원

64) Z. A, 75 a 37－75 b 14.
65) Z. A, 91 a 15.

리들이 요구되기 때문이다. 그리고 이러한 원리들을 제시하는 학문은 아마도 모든 것에 대해 지도적인 학문임에 틀림이 없을 것이다. 왜냐하면 보다 높은 원인으로부터 안다는 것은 보다 높은 정도에서 아는 것이기 때문이다."[66] 여기서 주목해야 할 것은, 주어진 물음에 답하기 위해서 아리스토텔레스는 학문의 원리들을 일반적인 것과 특수한 것으로 구분하며 그에 따라 학문들 간의 서열을 나누는 것처럼 보인다는 점이다. 다시 말해 각각의 학문은 그 나름의 고유한 원리를 전제하는데 이 원리는 해당 학문 내에서는 증명될 수 없지만 더 높은 원리에 의해서는 증명될 수 있으며, 그 경우 더 높은 원리를 체계의 전제로 하는 학문은 그것에 의해 근거 지어지는 학문보다 더 지도적이며 높은 정도에서 앎을 다루는 학문이라는 것이다. 예를 들면 점, 선, 수 등은 기하학과 대수의 고유한 원리이지만 '같은 것에서 같은 것을 빼면 같은 것이 남는다'는 동일성 명제는 최고 원리로서 기하학을 포함하여 모든 학문에 공통적으로 사용된다.[67] 이때 기하학과 대수의 고유한 원리들은 그 학문 내에서는 증명될 수 없지만 그 진리성은 다시 일반 원리인 '모순율'이나 '배중률'에 근거해서 해명될 수 있다. 왜냐하면 '같은 것에서 같은 것을 빼면 같은 것이 남는다'는 명제는 '동일한 사물에 대해 동일한 것을 귀속시키고 동시에 제거할 수 없다'는 일반 원리로서의 모순율이 양에 적용된 것이기 때문이다. 그렇다면 모든 학문들에게 받아들여질 수 있는 이러한 원리들을 다루는 학이 있다면 그것은 기하학보다 더 높은 차원의 학이 될 것이다.

하지만 이렇게 각각의 학의 원리에 대한 진리 증명이 보다 높은 차원의 학 속에서 이루어진다면 애초의 우리 물음인 첫 번째 명제에 대한 진

66) Z. A, 76 a 16 – 20.
67) Z. A, 76 a 40.

리 증명의 문제는 여기서 풀리는 것이 아니라 단지 유보될 뿐이다. 왜냐하면 다시 또 그보다 높은 단계에서의 최고 원리, 즉 모순율과 배중률에 대한 증명이 요구될 것이기 때문이다. 아리스토텔레스는 바로 이 문제를 의식하고 있는 듯이 보인다. 왜냐하면 그는 다른 곳에서 원리들에 대한 증명에 대해 다음과 같이 말하기 때문이다.

"그러한 원리들에 대한 증명은 외적 근거라는 의미에서는 있을 수 없으며 단지 영혼의 근거라는 의미에서만 가능하다. 그렇기 때문에 여기서는 첫 번째 의미에서의 추론이란 있을 수 없다. 왜냐하면 외적 근거에 대해서 사람들은 항상 반박을 제기할 수 있으나 내적 근거에 대해서는 결코 그렇게 할 수 없기 때문이다."[68]

우리가 분명히 여기서 알 수 있는 것은 아리스토텔레스가 원리의 진리 증명에서 발생할 수 있는 증명의 무한 퇴행을 일단은 거부한다는 것이다. 그 이유는 인용문에서 보이는 "내적 근거"가 "지성의 빛"으로 이해될 수 있다는 것인데[69] 지성(nus)은 적어도 『분석론 후서』의 범위 내에서는 근본적인 원리를 파악하는 '지적 직관'으로 이해되므로[70] 결국 첫 번째 원리의 진리성은 증명에 의해 획득되는 것이 아니라 직관적으로 이루어진다는 데 있다. 이것은 증명의 원리에 대한 획득을 고찰하는 『분석론 후서』 마지막에서 아리스토텔레스가 다음과 같이 말하는 데서도 분명히 알 수 있다.

"단지 지성(nus)만이 학(episteme)보다 더욱 참된 것일 수 있기 때문에 원리들은 지성에 의해 결정되어야 한다. 이것은 증명은 증명의 원리일

---

68) Z. A, 76 b 24–28.

69) 같은 곳, Höffe의 주해 참조.

70) 아리스토텔레스에게 있어서 '지성'(nus)에 대한 여러 가지 해석 가능성에 대해서는 J. H. Lesher의 논문 "The Meaning of Nous in the Posterior Analytics"(Phronesis, 18, 1973) 참조.

수 없으며 또한 학은 학의 원리가 될 수 없다는 것에서 분명해진다. 그러므로 만일 우리가 학 이외에 어떤 다른 참된 유(Gattung)도 갖고 있지 않다면 지성이 학의 원리여야 한다." [71]

하지만 학의 최고 원리의 진리성을 무한 퇴행 없이 보장하기 위해 '지성'을 끌어들이는 아리스토텔레스의 태도에 대해 우리가 충분히 만족할 수 있겠는가! 이러한 태도는 분명히 앞서 말했듯이 한스 알버트가 제시한 Münchhausentrilemma 중 하나인 '독단적 태도'일 수 있다. 따라서 우리가 만일 한스 알버트의 주장을 진지하게 받아들인다면 학의 최고 원리의 진리성에 대한 증명 문제는 결국 풀 수 없는 난제(aporia)로 남게 된다. 사실 아리스토텔레스 자신도 그 사상적 발전 속에서 이러한 문제를 스스로 의식하고 있었다. 그는 『형이상학』 3권에서 '증명의 최고 원리를 다루는 것이 본질(ousia)을 탐구하는 제일 철학의 과제인가'라는 물음을 던지며 그 물음은 결국 풀 수 없는 난제임을 제시한다.[72] 왜냐하면 한편으로 증명의 최고 원리가 제일 철학의 탐구 대상이라면 그 최고 원리의 진리성에 대해서 증명이 이루어져야 할 것이고, 다른 한편 그렇지 않은 경우라면 모든 학의 공통적인 원리를 탐구하고자 하는 제일 철학은 스스로 모순되기 때문이다. 아리스토텔레스의 학문 이론에 대한 완전한 해명은 결국 이러한 이유로 『분석론 후서』의 범위를 넘어서 『형이상학』과 맞닿게 된다.[73] 이 말은 학의 최고 원리의 진리성에 대한 증명 문제를 근본적으로 이해하기 위해서는 『분석론 후서』를 벗어나 『형이상

---

71) Z. A, 100 b 10 –15.

72) Aristoteles, *Metaphysik*, 996 b 26 – 997 a 14, Hamburg 1994.

73) 학문이론을 중심으로 아리스토텔레스의 초기 작품인 『분석론 후서』와 후기 작품인 『형이상학』과의 관계를 최고 원리의 근거 지음이라는 관점에서 고찰한 것에 대해서는 T. H. Irwin의 논문 "Aristotles Discovery of Metaphysics" (The Review of Metaphysics, 31, 1977/78) 참조.

학』에서 주어지는 최고 원리에 대한 고찰 방식을 살펴보아야 한다는 것을 의미하게 된다.

2. 『형이상학』에 나타나는 '학'의 최고 원리에 대한 근거 지음

아리스토텔레스는 『형이상학』 4권에서 **'증명의 최고 원리'**가 존재자의 어느 한 부분이 아닌 '존재자로서의 존재자'(to on he on)를 탐구하는 제일 철학의 대상임을 다음과 같이 말한다.

"이제 수학에서 사용되는 공리들을 다루는 것과 본질(ousia)을 다루는 것이 동일한 학에 속하는가가 설명되어야 한다. 분명히 공리들에 대한 탐구는 그 하나의 학, 즉 철학자의 학에 속한다. 왜냐하면 공리들은 그 어떠한 종류에 한해서가 아니라 모든 존재자에 대해서 타당하기 때문이다. 그러므로 증명의 원리들을 탐구하는 것이 모든 본질의 본질(pasa he ousia)을 고찰하는 철학자의 과제라는 것은 이로써 분명해진다."[74)]

여기서 아리스토텔레스가 증명의 최고 원리로 이해하는 것은 다름 아닌 모순율과 배중률이다. 특히 이때 모순율은 "동일한 것이 동일한 것에 동일한 관계 속에서 동시에 귀속하면서 귀속되지 않는 것은 불가능하다"는 것을 의미하는데, 이것은 동시에 동일한 것으로서의 한 사물의 **존재**를 말하는 것이기도 하다.[75)] 따라서 존재자와 일자를 같은 하나의 본성(physis)으로 간주하는[76)] 아리스토텔레스가 모순율에 대한 탐구를 제일 철학의 과제로 간주하는 것은 당연한 일이다. 그렇다면 이제 우리는

---

74) *Metaphysik*, 1005 a 20 – 25, 1005 b 5 – 8.
75) *Metaphysik*, 1005 b 15 – 24.
76) *Metaphysik*, 1003 b 20 – 25.

최고 원리의 진리성에 대한 문제를 최종적으로 이러한 모순율이 어떻게 정당화하는가를 고찰해봄으로써 종결지을 수 있다. 하지만 그 전에 한 가지 짚고 넘어가야 할 문제가 있다. 그것은 다름 아닌 『분석론 후서』에서 아리스토텔레스가 구분하는 학문 간의 서열이다.

아리스토텔레스는 모든 개별 학문들은 각기 고유한 원리들을 가지며 그 고유한 원리들에 대한 증명은 그 학문 자체 내에서가 아니라 보다 더 높은 차원의 학문에서 이루어진다고 말한다. 이때 보다 더 높은 차원의 학문이란 바로 증명의 최고 원리를 다루는 제일 철학으로서의 '형이상학'이다. 문제는 여기서 만일 개별적 학문들의 원리가 최고 원리에 의해 근거 지어질 수 있다면 아리스토텔레스에게서 모든 학문은 결국 하나의 최고 유에 대한 학인 제일 철학으로 환원된다는 것이다. 왜냐하면 그 경우 근거 지어지는 개별 학문의 원리들은 하나의 '유'인 최고 원리의 내재적 규정들이 될 것이기 때문이다.

사실 이 문제에 대한 고찰은 아리스토텔레스가 『형이상학』 4권에서 규정하는 "존재자로서의 존재자"에 대한 학으로서의 제일 철학에 대한 해석과 밀접한 관계를 갖고 있다. 만일 제일 철학이 다른 학문들의 원리를 '종'으로서 포함하는 유에 관한 학문이라면, 이것은 아리스토텔레스가 말하는 제일 철학의 **보편성**에 직접적으로 위반된다. 그러나 "존재자로서의 존재자"에 관한 학이 '존재자를 그것이 존재한다는 측면에서 고찰한다'는 의미로 이해된다면 제일 철학은 어떤 특정한 실재 혹은 유에 대해 중립적인 학으로서 보편적일 수가 있다.[77] 이러한 이해는 개별적 학의 원리들에 대한 최고 원리의 관계에 대한 해석에서도 마찬가지이다. 여기서 아리스토텔레스는 개별적 학의 원리들을 보다 높은 차원의

77) J. Barnes, "*Metaphysics*", in *The Cambridge Companion to Aristotle*, Cambirdge 1995 참조.

유의 종으로 이해하는 환원주의적 태도를 분명히 거부한다. 그리고 그는 모순율이 보편적 원리로서 각각의 학문들에 사용될 때, 그것은 "개별적인 해당 학문들이 다루는 유에 있어서 **유비적**(analogia)으로 혹은 **동일한 관계**의 의미에서 유용하게 사용되며"[78] 더 나아가 "모든 학문들이 공통의 원리들을 통해서 서로서로 공통성을 이루는데, 나는 여기서 이 공통성이라는 것을 그것을 사용한다는 의미로 말하는 것이며 결코 그것에 대해 혹은 그것을 위해 증명한다는 의미로 말하는 것이 아니다"라고 말한다.[79] 이 말에 의하면 제일 철학이 다루는 최고 원리는 개별 학문의 원리를 근거 짓기는 하지만 그 형태는 원리로서의 유로부터 진행되는 추론이 아니라 **유비적 관계**로 이해된다. 그리고 최고 원리가 개별 학문의 원리들을 유비적 관계에서 근거 짓는다면 개별 학문들과 보편적인 원리를 다루는 제일 철학과의 관계는 더 이상 수직적인 의미에서 포섭 관계가 아니라 단지 근거 지음의 관계에서 구분될 뿐이다. 그러면 이제 제일 철학에서 최고 원리로서의 모순율이 어떻게 근거 지어지는지 살펴보자.

모순율에 대한 근거 지음은 그것이 '가장 확실하고 보편적인 원리'이므로 더 이상 **공리 연역적 방법**(syllogimus)에 의해 이루어질 수는 없다. 만일 그것에 대한 증명 가능성이 있다면 그것은 **진술을 통한 간접증명**(elentikos apodeixai)이어야 할 것이다. 하지만 이때도 아리스토텔레스에 의하면 일상적인 의미에서의 '간접증명'(ad absurdum)은 불가능하다. 왜냐하면 간접증명을 위해서는 증명하려는 자가 그 반대자의 진술 속에 모순이 있다는 것을 보여주어야 하는데, 여기서 문제는 그 반대자가 바로 그러한 모순을 부인하기 때문이다. 그러면 어떤 증명이 가능하겠는가? 아리스토텔레스에 따를 때 모순율에 대한 증명에서 증명의 근거는

78) Z. A, 76 a 35 – 40.
79) Z. A, 77 a 25 – 29.

일반적인 증명과는 달리 반대자에게 놓인다. 그가 『형이상학』 4권 1006 a 1－29에서 제시하는 증명의 모습은 부정적 딜레마의 긍정적 형식으로의 변형이며 그 구조는 다음과 같다.

첫째, 반대자는 무엇인지 말을 하든가 안 하든가이다($p \vee q$).

둘째, 아무 말도 안 한다면 모순율은 타당하다($q \rightarrow r$). 왜냐하면 그 경우 모순율에 대한 반박은 전혀 제기되는 것이 아니기 때문이다.

셋째, 만일 반대자가 무슨 말인가를 한다면 모순율은 타당하다($p \rightarrow r$). 왜냐하면 그 경우 반대자는 스스로 〔의미규정의 근본인〕 모순율을 인정하기 때문이다.

넷째, 그러므로 모순율은 타당하다(r).

이 증명의 핵심은 세 번째 명제에서 드러나듯이 반대자가 무엇인가를 주장하려 한다는 점에 있다. 왜냐하면 무엇인가를 말하기 위해서는 먼저 그 말하고자 하는 것의 의미가 고정되고 다른 언어적 표현과 구분되어야 하는데, 모순율이 말하는 것은 바로 고정되지 않은 언표가 참이 되는 것은 불가능하다는 것을 말하기 때문이다. 사실 이러한 아리스토텔레스의 논증은 우리에게 낯선 것은 아니다. 왜냐하면 우리는 동일한 논증을 '선천적 조건을 전제함이 없이는 경험이 가능하지도 않고 설명될 수도 없다'는 칸트식의 '선험적 논증'뿐만 아니라 최근에 "자기 모순 없이는 비판에 의한 문제 제기도 있을 수 없으며 또한 그 자신을 전제함이 없이는 연역적으로 근거 지어질 수도 없다"고 주장하는 아펠(K. O. Appel) 식의 비연역적 방법으로서의 '최후정초'(die Letztbegründung) 문제에서 볼 수 있기 때문이다.[80]

80) K. O. Appel, "Das Problem der philosophischen Letztbegründung", in *Sprache und Erkenntnis*, hrsg. v. B. Kanitsschneider, Insbruck 1976, S. 71 참조.

3. 헤겔의 철학 규정

우리는 이제까지 아리스토텔레스가 제시한 '학' 개념을 그 원리를 중심으로 살펴보았다. 그러면 이제 헤겔에게서 철학은 어떻게 규정되며 그 원리는 무엇인가? 헤겔은 철학에 대한 개념규정과 그 원리를 진술하는 자신의 『논리학』 속에서 이러한 물음에 대한 답을 먼저 제시하지는 않는다. 왜냐하면 그는 "〔철〕학의 정의(die Definition)란 (……) 그 내용에 대한 증명을 단지 그 발생의 필연성 속에서만 갖게 되는데" 만일 그 개념이 단순히 외적으로 주어진다면 그때 규정되는 내용은 필연적일 수 없다고 생각하기 때문이다.[81] 물론 헤겔이 철학의 개념규정과 원리에 대한 진술을 우선하지 않는다고 해서 그가 '증명된 지의 체계'로서의 철학을 부인하는 것은 아니다. 오히려 헤겔은 『철학적 학문들의 백과사전』 재판 서문에서 다음과 같이 말한다.

"내가 나의 철학적 노고 속에서 항상 추구하였고 지금도 추구하는 것은 진리에 대한 **학문적** 인식이다."[82] "**체계**(System) **없이** 철학하는 것은 결코 학문적인 것일 수 없다. 더 나아가 그와 같은 철학함이란 그 자체로 어떤 주관적인 의미 방식만을 표현할 뿐이며 내용에 따를 때는 우연적인 것이다."[83]

여기서 우리가 알 수 있듯이 헤겔은 자신의 모든 철학적 노력 속에서 철학을 체계로서의 학적 인식으로 파악하고자 한다. 단지 아리스토텔레스와의 차이점에 주목하자면 아리스토텔레스에게는 원리가 단적으로 전제될 수 있었으며, 그에 따라 학문의 개념규정이 그 학문적 수행 이전

81) Logik I, S. 32 18－20.
82) Enzy, S. 3, 필자 강조.
83) Enzy, § 14, Anm.

에 주어질 수 있었다. 이에 반해 헤겔에게서는 원리가 그 발생적 필연성 속에서 고찰되어야 한다. 따라서 학문의 개념도 원리의 구성이 완전히 실행되고 난 후에야 주어질 수 있게 된다. 달리 말하면 원리의 전개가 그 학문의 실행이라고 할 때 헤겔의 학문 개념은 그 학문의 완성과 더불어 비로소 주어지게 된다. 학의 방법에서도 마찬가지이다. 아리스토텔레스에게서 학문의 방법은 '추론'의 형태로 나타나는 공리 연역적 방법이라고 우리는 학문의 전개 이전에 말할 수 있다. 반면 헤겔에게서는 원리가 구성되는 것과 그 학의 **방법**(Methode)은 동일한 것이 된다. 따라서 원리가 구성되기 전까지는 그 학의 방법에 대해서 전혀 말할 수 없게 된다. 그렇다면 결국 철학의 **정의** 및 **방법**에 대한 고찰을 위해서는 원리의 발생을 살펴보아야 한다. 이것을 살펴보기 전에 철학의 특성을 개별 학문들과의 관계 속에서 확인하고 넘어가자.

아리스토텔레스는 〔제일〕 철학을 개별 학문들의 원리들을 근거 짓는 보편적 원리들에 대한 고찰로 이해한다. 이런 점에서 헤겔의 철학은 제일 철학과 공통점을 갖기는 하지만 차이점 또한 갖는다. 우선 헤겔은 개별 학문들을 그것들이 받아들이게 되는 출발점이 '경험'이라는 근거로 경험적 학문들이라 부른다. 이러한 경험적 학문들에는 실험물리학, 열역학 혹은 자연사, 경제학 등이 있는데[84] 이러한 학문들은 주어진 경험의 잡다로부터 "일반적인 규정들, 유들 그리고 법칙들"을 찾아내는 것을 목표로 한다.[85] 철학은 이때 개별적 학문의 결과들인 일반적인 규정과 법칙들의 필연성을 해명한다. 이 필연성은 그 법칙들이 개별적인 것으로서가 아니라 전체적인 연관 속에서 파악될 때만 주어진다. 따라서 철학은 법칙들의 전체적인 연관을 설명한다. 법칙들의 전체적인 연관을

84) Enzy, § 7, Anm. 여기서 '경험'이란 감각적 경험을 말한다.
85) Enzy, § 12, Anm.

설명한다는 것은 그 법칙들이 어떻게 하나의 개념의 내재적 규정들이 되는지를 파악하는 것이다.[86] 이러한 파악은 결국 그 하나인 개념의 체계가 된다. 이 체계가 바로 "철학적 학"(die philosophische Wissenschaft)으로서의 헤겔의 철학이다.

이러한 철학은 개별적 학문들을 근거 짓는다는 점에서 아리스토텔레스의 '제일 철학'과 동일하다. 하지만 '제일 철학'의 대상은 개별적 학문들의 원리가 아니라 그보다 더 높은 차원의 보편적인 원리였으며, 이 원리의 규정은 개별적 학문들의 그것과 관계가 없었다. 반면 헤겔 철학의 대상은 개별 학문들의 원리와 구분되는 더 높은 차원의 원리가 아니다. 개별 학문의 원리들은 **하나인** 개념의 자기규정으로 이해되기 때문에 이 하나의 개념은 개별적 학의 원리들과 따로 분리되어 생각될 수 있는 것이 아니라 오히려 개별적 원리들의 내재적이며 필연적 규정들의 전체 자체가 된다. 그래서 원리들이 다양하고 그에 따라 학문들의 분과가 다양할지라도 그 학문들의 원리를 근거 짓는 철학은 **제일** 철학으로서가 아니라 총체성으로서 단지 하나만 있게 된다.[87] 그렇다면 철학의 원리가 될 이 하나의 개념이란 무엇인가? 이 물음은 바로 우리의 본래적인 주제로서 철학의 '원리'와 '방법'에 관한 문제이다.

4. 철학의 원리 발견

'철학'의 원리에 대한 '정의', 즉 '개념적 규정'이 어떻게 이루어지는가를 살펴보기 전에 우선 문제가 되는 것은 그 원리를 발견하는 것이다. 이

86) Enzy, § 14, Anm.
87) Enzy, § 16, Anm.

발견의 문제가 얼마나 어려운가를 우리는 헤겔이 '사변적(즉 철학적) 학'으로서의 자신의 『논리학』을 "〔철〕학은 무엇과 더불어 시작되어야 하는가?"라는 물음과 함께 시작한다는 데서 잘 알 수 있다. 헤겔은 다음과 같이 말한다.

"철학에 있어 시원(Anfang)을 발견하는 것이 어려운 일이라는 생각이 최근에 들어서야 비로소 들게 되었으며 이 어려움의 근거는 그 어려움을 풀려는 가능성과 마찬가지로 여러 가지 방면에서 말해지게 되었다. 철학의 시원은 **매개된 것**이든가 아니면 **직접적인 것**이든가이다. 그리고 그 시원이 전자일 수도 없고 후자일 수도 없다는 것은 쉽게 지적될 수 있다."[88]

물론 이때 '시원'이란 말이 '원리'(Prinzip)에 대한 순수 독일어 표현 외에 다른 것이 아님을 우리가 염두에 둔다면[89] 철학의 원리는 헤겔 스스로 지적하듯이 이미 아리스토텔레스에 대한 설명 속에서 보여진 풀기 힘든 딜레마를 함축한다. 왜냐하면 한편으로 그 원리는 **첫 번째 것**인 한에서 직접적인 것, 즉 무매개적인 것이어야 하는데, 이 경우 그것으로부터 내적 규정으로서의 다른 원리들이 '도출될 수 없을 것'(unableitbar)이며, 다른 한편 그 원리는 **체계**의 출발인 점에서는 매개된 것이어야 하는데, 이 경우 그것은 참된 의미에서 학의 원리, 즉 '시원'이라고 말할 수 없을 것이기 때문이다.

이와 같은 상황에서 헤겔은 철학의 원리에 대한 발견을 우선 '정신현상학'을 통해서 제시하고자 한다. 그는 "의식에 관한 학인 정신현상학은 의식이 학의 개념인 순수 지를 결과로 갖는 것에 대한 서술이며 그런 한

88) Logik I, S. 55 3–10, 헤겔 강조.

89) Logik I, S. 55 12–13, 따라서 필자는 이후 '시원'과 '원리'를 동일한 의미로 사용하고자 한다.

에서 논리학은 현상하는 정신에 대한 학을 전제한다"고 말한다.[90] 여기서 철학의 원리가 '순수 지'로 이해될 수 있다면 그 원리는 '정신현상학'의 **결과**라는 점에서 한편으로 매개된 것이다. 그러나 다른 한편 헤겔은 "순수 지는 단적인 **통일로 귀착된 것**으로서 어떤 다른 것과의 매개에 대한 모든 관계를 지양한다. 그래서 순수 지는 무차별적인 것이며 이러한 무차별적인 것은 스스로 지이기를 그만둔다. 그리고 결국에는 **단적인 직접성**만이 있게 된다"고 말한다.[91] 이것은 철학의 원리인 순수 지가 무매개적 직접성이라는 것을 말하는 것이므로, '정신현상학'을 통해 얻어지게 되는 학의 원리인 순수 지는 결과적으로 매개된 것이며 동시에 직접적인 것이 된다. 이러한 순수 지를 헤겔은 다음과 같이 표현한다.

"그 속에서 주관적이며 대자적인 존재자와 두 번째 그러한 존재자, 즉 객관적인 것 사이의 대립이라는 생각은 극복된다. (……) 그래서 이 둘〔즉 주관적인 존재자와 객관적인 것〕은 〔원리로서의〕 논리적인 것 속에 포함되어 있는 두 계기들일 뿐이다. 그러나 이 계기들은 의식에서는 앞서 말했듯이 각기 대자적으로 존재하는 것이었지만 이제는 **분리될 수 없이** 존재하는 것으로 생각된다. 그리고 또한 그 계기들이 동시에 **구분되는 것으로**(하지만 둘이 **대자적으로 존재하는** 것은 아닌데) 생각된다는 것을 통해 그 통일은 추상적이며, 죽은 그리고 움직임이 없는 그러한 것이 아니라 구체적인 것이 된다."[92]

그러나 만일 순수 지가 정말로 원리가 갖추어야 할 하나의 조건인 **직접성**이라면 그것은 의식의 반성적 고찰인 '정신현상학'의 과정 없이도 획득될 수 있어야 하지 않겠는가? 헤겔은 사실 이와 같은 물음을 진지하

---

90) Logik I, S. 57.
91) Logik I, S. 58 8 – 12.
92) Logik I, S. 46 6 – 17, 헤겔 강조.

게 받아들인다. 그래서 그는 "어떤 전제도 없이 시원 자체가 직접적인 것이어야 한다면 그 시원은 논리학, 즉 사유 자체의 출발점(Anfang)이어야 한다는 점을 통해 스스로를 규정한다. 이때는 우리가 자의적인 것으로 간주할 수도 있는 사유 자체를 고찰하고자 하는 결단만이 있게 된다"고 말한다.[93] 다시 말해 우리가 사유하기를 **시작**(Anfang)하는 한에서 사유규정에 관한 고찰인 논리학은 그 원리로서 "사유 자체"를 갖게 된다는 것이다. 헤겔이 볼 때 이 사유 자체란 순수 지와 다른 것이 아니다. 왜냐하면 사유는 항상 지의 형태로 나타나는데 자신과의 단적인 동일성으로서의 순수 사유 자체라는 것은 바로 자신과 그 대상이 완전히 통일된 것으로서의 지를 의미하기 때문이다.[94] 결국 '정신현상학'의 과정을 통해서든 아니면 사유하기 시작함을 통해서든 직접적이며 동시에 매개된 것이어야만 하는 철학의 원리는 순수 지로 생각된다.

5. 원리에 대한 정의와 그 필연성 증명

사유 자체 혹은 순수 지는 이제 '철학'의 원리로서 단지 받아들여졌을 뿐이지 아직 그 내용에 대해서는 전혀 알려진 것은 없다. 이러한 상태에서의 순수 지는 우리에게 오히려 철학의 원리로서 많은 문제점만을 지니고 있는 듯이 보인다. 왜냐하면 순수 지가 순수한 이유로 무규정적이라면 그것은 내용이 전혀 없다는 것일 텐데, 그렇다면 그것은 "참인 것으로 인식될 수조차 없다"는 것을 의미하는 것이 아니겠는가?[95] 그리고

93) Logik I, S. 25 – 32 그리고 Enzy, § 17.
94) Logik I, S. 46 3 – 10.
95) Logik I, S. 61 7 – 8.

만일 그것이 참인 것으로 인식될 수 없다면 체계의 원리로서 무슨 의미를 지닐 수 있겠는가? 또 원리로서의 순수 지가 사유하려는 우리의 "결단"에 의해 얻어진 것이라면 그것은 주관적 전제에 불과할 텐데 이러한 것이 어떻게 필연적 인식의 체계인 학의 원리가 될 수 있겠는가?[96] 이런 이유로 순수 지가 만족할 만한 철학의 원리로 제시되기 위해서는 다음의 두 가지가 해결되어야 한다. 하나는 그 원리가 참인 것으로 **인식되어야 하며** 다른 하나는 그 인식된 내용의 필연성이 제시되어야 한다. 여기서 그 원리가 참인 것으로 인식된다는 것은 곧 원리의 **정의**(Definition)가 진술되어야 한다는 것을 말하며, 원리의 필연성이 밝혀져야 한다는 것은 곧 그것이 **증명**(Beweis)되어야 한다는 것을 의미한다. 이러한 문제는 정의와 증명에 대한 아리스토텔레스의 이해와는 직접적으로 상충된다. 왜냐하면 아리스토텔레스에게 있어 정의는 증명의 원리이며 결코 그것 자체가 증명될 수는 없으므로 정의와 증명이 동시에 수행되는 것은 불가능하기 때문이다. 그렇다면 헤겔은 이 문제를 어떻게 해결하는가? 우선 원리의 증명이라는 측면에서 선택할 수 있는 입장을 헤겔은 다음과 같이 소개한다.

"절대적 진리는 결과여야만 한다는 통찰, 바꿔 말하면 결과는 어떤 첫 번째 진리를 전제한다는 통찰은, 그리고 그것이 첫 번째 것이기 때문에 객관적으로 고찰했을 때 그것은 필연적일 수도 없고 주관적인 측면에 따를 때 인식될 수 없다고 하는 통찰은 최근에 들어서 다음과 같은 사상을 불러일으켰다. 즉 철학은 단지 가설적(hypothetisch)이고 개연적(problematisch)인 진리를 갖고 시작할 수 있을 뿐이며 그렇기 때문에 철학함이란 우선 진리를 찾는 노력이라는 것이다".[97]

96) Enzy, § 17.
97) Logik I, S. 59 14–21. 헤겔 강조.

이 말은 물론 헤겔이 라인홀트의 철학을 염두에 두고 한 것이다. 하지만 가설과 더불어 시작해서 그 결과가 진리에 도달하게 되면 그 전제인 가설이 증명된다고 생각하는 이러한 태도는 그 출발에 있어 필연적 진리를 손에 넣지 못한 유한한 인식이 증명 체계로서의 학을 시작할 수 있는 유일한 방법인 듯이 보인다. 그러나 헤겔은 우선 이러한 가설적 태도가 일반적으로는 받아들여질 수 있으나 철학의 참된 방법일 수는 없다고 말한다. 왜냐하면 체계가 가설로부터 출발한다는 것은 그 진행이 "정의 속에 잠정적으로 사용된 가정에 대한 분석" 이외에 다른 것이 아닐 것이며 그와 더불어 결코 그것으로부터 도출되는 명제가 필연적으로 참이라고 할 수 있는 근거는 없을 것이기 때문이다.[98] 그럼에도 불구하고 다른 한편에서 헤겔은 가설적 태도가 철학의 방법으로서 긍정적 측면을 지닐 수도 있다고 말한다. 그것은 다름 아닌 진리를 결과라고 생각하는 태도이다.

즉 진리가 결과라는 것은 첫째, 시작이 있는 어떤 과정이 전제된다는 것이며, 둘째, 그 과정의 결과가 진리인 한 그 과정은 시작에 대한 근거 지음으로 이해될 수 있으며, 셋째, 이것이 가장 중요한데, 만일 시작 또한 진리라면 그 과정은 결국에는 진리가 진리로 자신을 드러내는 것임을 의미하게 된다. 가설적 태도에 숨겨져 있는 바로 이러한 내용을 헤겔은 원리의 정의와 증명을 위한 철학의 방법으로 제시한다. 우선 헤겔이 볼 때 철학의 원리는 가설이 아니라 진리이다. 이것은 앞서 말했듯이 철학의 원리가 '정신현상학'의 결과로 주어질 수 있다는 점에 근거한다. 왜냐하면 '정신현상학'의 결과는 순수 지인데, 이 순수 지란 "의식과 대상 간의 일치로서의 진리"이기 때문이다.[99] 순수 지 속에서 "존재는 순

98) Enzy, § 10, Anm.
99) Logik I, S. 27 12 – 13.

수개념 자체로 그리고 순수개념은 참된 존재로 의식된다."[100] 하지만 존재이면서 개념인 순수 지는 **즉자적으로** 그러할 뿐 아직 참된 것으로 **인식되지도** 않았으며 그 내용의 필연성이 확증된 것도 아니다. 그래서 순수 지는 절대적인 것이 아니라 단지 첫 번째인 한에서, 즉 시작(Anfang)인 한에서 진리이다. 다시 강조하면 '정신현상학'이 "순수 지라는 관점의 필연성과 진리 증명을 포함하고 제시한다"고 할 때[101] 그것은 참된 인식으로서의 순수 지에 대한 **정의**가 아니라 단지 그것이 가설이 아닌 원리로서의 이러한 "첫 번째 진리"일 수 있다는 것을 의미할 뿐이다.[102] 바로 이 점에서 원리인 순수 지는 계속 정의되어야 하고 그 내용이 증명되어야 한다. 그렇게 정의되고 그 정의가 증명된 순수 지는 바로 결과로서의 "절대적 진리" 이다.

그렇다면 "첫 번째 진리"인 순수 지로부터 결과인 "절대적 진리"로의 이행은 우선 원리로부터의 진행(das Vorwärtsgehen)으로 이해된다. 이 진행이 근거 지어진 절대적 진리로 귀결되는 한 그것은 역으로 첫 번째 진리에 대한 "근거 지음"(das Begründen)이다. 이렇게 본다면 "첫 번째 진리"가 진리인 이유는 오히려 그것이 결과로서의 "절대적 진리"에 근거해 있기 때문이다. 헤겔은 이것을 다음과 같이 말한다.

"우리는 전진적 과정(das Vorwärtsgehen)이란 **근거**, 즉 **근원적인 것** 그리고 **진리인 것**으로의 귀환이며 바로 이 진리인 것에 시원이 의존되어 있으며 그리고 사실은 그것에 의해 산출된 것이라는 본질적인 통찰을 — 물론 이것은 논리학 자체 내에서 보다 자세히 드러나겠지만 — 받아들여

100) Logik I, S. 46 6–10.

101) Logik I, S. 57 15–18.

102) 물론 여기서 학의 원리가 **가설**이 아니라 **진리**라는 그 점은 절대적으로 '정신현상학'에 의존한다. 바꿔 말해 '정신현상학'이 없다면 결코 진리로서의 학의 원리에 대한 확보는 불가능하다.

야 한다." [103)]

이처럼 첫 번째 진리로부터의 진행(Vorwärtsgehen)이 근거로의 귀환이라면 원리에 대한 증명의 문제는 완전히 해결되는가? 그렇지 않다. 왜냐하면 그 진행이 근거로의 귀환이라면 애초의 원리로서의 첫 번째 진리는 더 이상 원리가 아니라 그 도달된 결과가 참된 의미의 원리일 것이며, 그 경우 그 도달된 원리에 대한 근거 지음의 문제가 또 다시 제기될 것이기 때문이다. 그렇기 때문에 원리에 대한 증명 문제가 해결되기 위해서는 다른 하나의 측면, 즉 도달된 원리가 오히려 시작으로서의 원리에 의해 근거 지어진 것으로 이해되어야 한다. 이점을 헤겔은 다음과 같이 표현한다.

"그러므로 다른 한 측면에서는 〔원리로부터의〕 운동이 자신의 **근거**로 귀결된다는 것은 그 근거가 필연적으로 **결과**로서 고찰된다는 것이다. 이러한 관점에서 볼 때 첫 번째 것은 마찬가지로 근거이며 마지막 것은 연역된 것(ein Abgeleitetes)이기도 하다." [104)]

이처럼 찾아진 근거가 "연역된 것"이고 원리로서의 첫 번째 진리가 오히려 그 근거라고 한다면 원리로부터의 전진적인 운동이란 결과로 주어지는 것에 대한 "연역"(die Ableitung)이며 동시에 원리가 **원리로서 자신을 제시**하는 운동이 된다. 바로 이 점에서 원리로부터 시작되는 진행 과정은 원리에 대한 참된 인식 과정으로서 그 정의(die Definition)가 된다. 다시 말해 첫 번째 진리로부터 절대적 진리로의 귀결은 주어로서의 원리 자체의 본질규정이 된다. 따라서 헤겔은 "시원인 그것으로부터의 진행(der Fortgang)은 단지 **시원의 계속된 규정**으로서 고찰될 수 있으며, 그래서 시원이 되는 것은 그 다음에 이어지는 모든 것들의 근저에 남게 되

103) Logik I, S. 59 37－60, 3, 헤겔 강조.
104) Logik I, S. 60 22－28, 헤겔 강조.

고 결코 사라지는 것이 아니다"라고 말한다.[105)]

원리로부터의 진행이 한편으로 원리 자체의 본질규정, 즉 정의라는 것은 곧 그 과정이란 원리가 참된 인식의 대상으로 스스로를 구성한다는 것을 의미한다. 그러나 다른 한편 첫 번째 원리가 결과인 원리에 의해 "산출된 것"인 한 그 구성은 오히려 이미 구성되어 있는 원리가 스스로를 "현시"(die Exposition)하는 것이 된다. 따라서 첫 번째 진리로부터 시작되는 전진적 과정은 원리의 "생성"(die Genesis)이며 동시에, 원리가 첫 번째 진리로부터 시작되는 전개 과정의 귀결이란 점에서 원리에 대한 '증명'(der Beweis)이다. 이러한 과정을 우리는 다음과 같이 정리할 수 있다.

첫째, 첫 번째 진리인 원리로부터의 진행(Vorwärtsgehen)은 근거(der Grund)로 귀결되는 과정이다. 따라서 이 진행은 결과로 주어지는 근거로서의 원리의 "정의" 과정이다.

둘째, 하지만 결과로서의 근거는 오히려 원리로부터 "연역된 것"이므로 첫 번째 진리인 원리로부터 진행은 근거로서의 원리의 "증명" 과정이다.

셋째, 결과로 주어지는 원리가 첫 번째 진리로 이해되는 원리와 다른 것이 아니라 하나이며 동일한 것이므로 결국 정의와 증명 과정은 원리가 스스로를 원리로 "현시"하는 과정으로서 서로 일치한다.

첫 번째 진리가 **즉자적 진리**라면 결과로서의 절대적 진리는 동일한 진리의 진리로서 **정립된 모습** 외에 다른 것이 아니다. 결국 원리의 원리로서의 자기 정립 과정인 이러한 내용을 헤겔은 간략히 다음과 같이 표현한다.

"〔시원으로부터 결과에 이르는〕 학문적 진행의 직선 운동은 그와 함

---

105) Logik I, S. 60 28－32, 필자 강조.

께 하나의 원이 된다. 그래서 시원이던 그것은 그것이 시원이란 점에서 아직 전개되지 않은 것이며 내용이 없는 것이었다. 그러므로 진리로서 인식될 수 없었다. 그러나 이제 비로소 학은 그 전체적인 발전 속에서 완성된 인식, 즉 내용으로 충만하며 그래서 비로소 진리로 근거 지어진 인식이 된다."[106)]

이처럼 원리인 "첫 번째 진리"로부터 결과인 "절대적 진리"에 이르는 과정은 곧 헤겔이 자신의 『논리학』에서 서술하고자 하는 내용 자체이다. 그래서 『논리학』은 한편으로는 원리 자체에 대한 인식 과정으로서 철학에 대한 '개념 정의'이며, 다른 한편으로는 이 개념 정의가 체계화 과정 자체이므로 논리학은 철학의 '방법'에 대한 서술이다.[107)] 원리 자체에 대한 순수 이론적 파악으로서의 철학은 그때 비록 그것이 경험적 학의 원리들을 근거 짓는다고는 하나 경험적인 것과는 전혀 관계가 없다. 그래서 헤겔은 『논리학』으로 서술되는 철학을 순수 이론적 고찰이라는 의미에서 "사변적 학"(die spekulative Wissenschaft)이라고 부를 뿐만 아니라 "논리적인 것"(das Logische)으로서의 원리 자체에 대한 인식이라는 점에서 그것을 "논리학의 학"(die Wissenschaft der Logik)이라고 부른다.[108)] "사변적 학" 혹은 "논리학의 학"으로서 헤겔의 철학을 우리가 아리스토텔레스의 제일 철학과 비교해본다면 그 의미가 더 잘 드러난다. 아리스토텔레스에게서 개별 학문들의 원리를 근거 짓기 위해서는 보다 보편적인 원리들의 유비적 개입이 불가피하였다. 이 경우 제기되는 문

---

106) Logik I, S. 61 4－11.

107) Logik III, S. 285.

108) 이미 칸트가 『순수이성비판』(B 833) 에서 '사변적'을 '순수 이론적'이라는 의미로 사용하며 헤겔이 자신의 학을 "사변적 학"이라고 부르는 이유는 바로 칸트적 의미에 근거해서 "선험적" 관점을 비판하고자 사용하는 표현이다. 졸고 「**철학적 증명에 관하여**」, 『哲學硏究』, 제45집, 1999년 여름 참조.

제는 바로 보편적 원리 자체에 대한 근거 지음이다. 하지만 그 보편적 원리의 필연성은 더 이상 공리 연역적 방법에 의해 제시될 수 없다. 이것은 곧 모든 개별적 학의 원리를 근거 짓는 제일 철학은 엄밀한 의미에서의 학문이 될 수 없다는 것을 의미한다. 왜냐하면 만일 그것이 『분석론 후서』에서 제기된 규정에 따라 학이려면 그 원리의 정의에 대한 체계적 인식이 가능해야 한다. 하지만 형이상학 어디에서도 그러한 원리의 정의에 대한 내재적 필연성은 서술되어 있지 않다. 단지 '간접 증명'을 통해 그 원리의 타당성만이 제시될 뿐이다. 바로 이 점이 우리로 하여금 '〔제일〕 철학이 학인가 혹은 학일 수 있는가'라는 문제를 끊임없이 제기하게 만드는 이유이다. 헤겔이 자신의 전 철학적 노고 속에서 추구한 것이 "진리에 대한 학적 인식"이라고 말할 때 그는 이미 공리 연역적 방법은 결코 철학의 방법이 될 수 없다는 것을 생각했었다. 그는 다음과 같이 말한다.

"철학이 학이어야만 할 때, 내가 어디에선가 말했듯이 철학은 그 방법을 수학과 같은 어떤 하위의 학문으로부터 빌려올 수 없다. (……) 오히려 그 방법은 학문적 인식함 속에서 스스로 움직이게 되는 내용의 본성일 수 있는데 이러한 내용의 본성이란 내용 규정 자체를 비로소 정립하고 산출하는 내용 스스로의 고유한 반성이다."[109)]

바로 여기서 우리는 헤겔이 철학의 원리를 왜 지금까지 살펴본 것처럼 정의하고 증명하는지 이해할 수 있다. '철학'은 다른 모든 학문이 그렇게 하듯이 그 원리를 **증명하기** 위해서 또 다른 보다 높은 원리를 전제할 수 없다. 오히려 철학에서 원리는 스스로 구성되어야 하며 동시에 그 구성은 원리 자신의 증명이어야 한다. 따라서 헤겔에게 철학의 의미는 바로 원리의 "정의에 대한 증명"이다. 이러한 철학은 스스로의 내용을

---

109) Logik I, S. 6 18–29.

증명하기 때문에 더 이상 '진리를 향한 사랑'(philosophia)이 아니다. 그것은 진리 자체로서 "철학적 학"(die philosophische Wissenschaft)이다. 그리고 이 학문의 방법은 더 이상 추론의 형태로 이루어지지 않는다. 헤겔은 다음과 같이 말한다.

"정의에 대한 필연적 증명과 그 의미는 단지 그 속에서 정의가 결과로 나타나는 전개에만 놓이게 된다."[110] 이 전개를 헤겔은 "변증법적 운동"(die dialektische Bewegung)이라 부르며 그것을 "〔첫째〕 스스로를 산출하며(sich erzeugend), 〔둘째〕 전진적으로 나아가며(fortschreitend), 〔셋째〕 자기 자신으로 되돌아가는(in sich zurückgehend) 운동"으로 이해한다.[111] 이러한 운동은 바로 우리가 위에서 '철학'의 원리에 대한 근거 지음 속에서 고찰한 바로 그것이다. 따라서 '철학적 학'의 방법은 "변증법"(die Dialektik)이라 할 수 있다. '철학적 학'이 방법으로서의 변증법이 원리에 대한 정의(즉 진리의 인식)일 뿐만 아니라 동시에 증명이라는 점에서 분명히 철학에 대한 헤겔의 인식은 아리스토텔레스보다 플라톤에 가깝다. 이런 이유로 헤겔은 플라톤 이후 철학의 방법으로부터 변증법을 제외시키려는 아리스토텔레스를 "변증법이 증명으로부터 분리되고 난 후 사실 철학적 증명의 개념은 상실되었다"고 비판한다.[112]

우리는 이제까지 원리를 중심으로 고찰한 철학의 정의에 대한 문제를 다음과 같은 물음과 더불어 매듭지으려 한다. Philosophia는 단순히 '지혜에 대한 사랑'인가 아니면 지의 체계로서 '철학'(die philosophische

110) Enzy, S. 6 24－26.

111) PhdG, S. 48 18－20.

112) PhdG, S. 48 22－24. 아리스토텔레스는 'Philosophie'와 'Dialektik' 그리고 'Sophistik'을 구분한다. 그에 따를 때 변증론자와 철학자는 비록 추구하는 것에서는 같지만 진리의 인식은 결국 철학자에게만 가능하다. *Metaphysik*, 4권 1004 b 25.

Wissenschaft)인가? 만일 그것이 '**철학**'이라면 그 원리와 방법은 무엇이어야 하는가? 그리고 더 나아가 만일 이러한 물음들이 철**학**적인 것이라고 한다면 우리는 이미 철**학**의 원리와 방법을 전제하는 것은 아닌가?

이 문제들을 진지하게 받아들일 때 우리는 애초에 고대인들이 Philosophia 앞에 섰던 그곳에 다시 서게 된다. 이때 던질 수 있는 물음은 아마도 "철**학**은 무엇과 더불어 시작되어야 하는가(Womit muß der Anfang **der philosophischen Wissenschaft** gemacht werden)?"일 것이다. 이 물음과 철학함(das Philosophieren)을 동일한 것으로 간주한 사람은 헤겔이다. 그에게 있어 Philosophia는 항상 '철**학**'(die philosophische Wissenschaft)이었으며, 그 철학함의 내용과 형식은 분리될 수가 없었다. 다시 말해 철**학**하기로 결단하는 우리의 사유가 던지는 이 물음은 그에게 이미 하나의 형식이었다. 그것이 형식인 한 그 내용이 설명되어야 한다. 즉 그 물음과 더불어 사유가 **시작(Anfang, Prinzip)**되는 한, 원리로서의 사유인 바 그것의 내용(was das Denken ist)이 해명되어야 한다. 결국 헤겔에게 철**학**은 완결된 체계로서의 "**사유에 대한** 사유"(das Denken des Denkens)이다.

하지만 이제 그와 같은 헤겔의 철학도 **하나의** 철학(eine Philosophie)이 되었다. 그리고 그와 더불어 철학(**die** Philosophie)의 시대는 끝난 것처럼 보인다. 바로 여기서 우리는 다시금 다음과 같은 우리의 물음을 던진다. **철**학(philosophia)은 무엇과 더불어 시작되어야만 하는가(Womit muß der Anfang **der Philosophie** gemacht werden)?

제2장

전통 형이상학과 칸트 철학 비판

1...

라이프니츠-볼프학파 형이상학 비판

1. 전통 형이상학에 대한 평가와 문제들

헤겔은 『논리학』 초판 서문에서, 자신의 '논리학'을 "본래적인 형이상학"(die eigentliche Metaphysik)이라 부른다.[1] 우리는 이 말의 의미를 두 가지로 해석할 수 있는데, 그 하나는 단순히 '논리학'이란 이전의 형이상학들과 마찬가지로 하나의 형이상학이라는 것이며, 다른 하나는 이전의 형이상학들은 무엇인가 문제가 있었으며, 그 문제를 해결하는 것이 '논리학'이므로 결국 '논리학'만이 고유한 의미의 형이상학이라는 것이다. 사실 우리는 '논리학'에서 이 두 가지 모습을 모두 볼 수 있다. 왜냐하면 '논리학'은 그 이전의 형이상학들과 동일하게 존재자(ens)에 대한 규정들을 고찰하고 있지만 동시에 이 고찰에서 이전 형이상학들이 지니

1) Logik I, S. 65-6.

고 있는 문제점들을 비판하기 때문이다.

따라서 '논리학'에서 헤겔이 말하려는 '형이상학'의 의미를 이해하려면 이전의 형이상학은 존재자에 대한 규정들을 어떻게 바라보았으며, 더 나아가 그 점에서 헤겔이 문제로 삼는 것은 무엇인가를 살펴보아야 한다. 특히 이 고찰 속에서 전통 형이상학에 대한 칸트의 비판이 함께 고려된다면 우리는 철학사적 맥락에서 헤겔 형이상학이 지니는 의미를 좀 더 구체적으로 이해할 수 있을 것이다. 하지만 이 논의를 전개하기 전에 먼저 필요한 것은 헤겔이 말하는 이전의 형이상학이란 구체적으로 누구의 형이상학인지에 대한 해명이다.

비록 헤겔이 이전의 형이상학이 누구의 형이상학인지 명시적으로 말하고 있지는 않다고 할지라도, 우리가 『철학강요』 〈논리학〉의 '예비 개념' § 27에서 서술되는 "**종래의** 형이상학"(die vormalige Metaphysik)에 대한 내용을 자세히 검토한다면 거기서 "이전 형이상학"이란 시기적으로 칸트 이전의 것이며, 대상에 대한 오성적 통찰을 방법으로 하고, 그 이론이 체계화되어 있다는 점이 제시되는데, 이 점을 통해 종래의 형이상학이란 다름 아닌 라이프니츠-볼프학과 형이상학임을 알 수 있다. 왜냐하면 이것은 헤겔이 『철학사강의』에서 라이프니츠-볼프학파 형이상학이란 오성적 방법에 의해 진행될 뿐만 아니라 볼프의 가장 위대한 업적으로 철학의 체계화를 말하는 것과 일치하기 때문이다.[2] 따라서 우리는 차후의 논의에서 전개되는 전통 형이상학 혹은 이전의 형이상학을 무리 없이 라이프니츠-볼프학파 형이상학으로 간주할 수 있을 것이다.

헤겔이 볼 때, 라이프니츠-볼프학파로 대변되는 전통 형이상학의 기본 입장은 "사유규정들"을 "사물들의 근본 규정들"로 파악하는 데

---

2) 여기서 '오성적'이라는 것은 Enzy, § 80에 따르면 하나의 규정성이 고정된 것으로서 그 자체로 성립 가능하고 존재하는 것으로 간주하는 태도를 의미한다.

있다.[3]

다시 말해 이 형이상학은 사물의 "본질"(das, was **ist**)은 "사유됨"(gedacht wird)으로써 "즉자적으로 인식될 수 있다"는 전제하에[4] 사유규정들을 주관적인 것이 아닌 대상의 본질적 규정으로서의 객관적인 것으로 이해한다. 헤겔의 눈에 사유에 대한 이러한 입장은 진리라는 측면에서 볼 때 사유규정들이 대상 자체의 규정일 수 없다고 생각하는 칸트의 비판철학보다는 더 높은 수준의 통찰이라고 할 수 있다. 왜냐하면 철학이란 "사유와 대상 간의 일치"로서의 진리를 목적으로 하는데, 만일 비판철학이 생각하듯이 우리의 사유규정들이 대상 자체의 규정일 수 없다면, 그 규정들은 그 자체로 "어떤 참되지 못한 것"(etwas Unwahres)임을 말하는 것이기 때문이다.[5]

그렇다면 진리에 대한 인식이라는 관점에서 이렇게 높이 평가함에도 불구하고 헤겔은 어떤 이유로 이 형이상학에 문제점이 있다고 생각하는 것인가? 문제의 근원을 한마디로 말한다면, 그것은 비판의 부재이다. 헤겔은 다음과 같이 말한다.

"전통 형이상학은 사유규정들을 **비판 없이** 사용한다는 정당한 질책을 받았다. 다시 말해 전통 형이상학은 사유규정들이 칸트식의 사물 자체라 할 수 있는 이성적인 것의 규정들이 될 수 있는지 그리고 있다면 어떻게 그럴 수 있는지를 먼저 탐구하지 않고 그 규정들을 사용하였다."[6]

인용문에서 처럼 만일 전통 형이상학이 지니는 문제들의 근원이란 다름 아닌 비판의 부재라고 지적하는 헤겔의 견해가 받아들여진다면 우리는 당연히 칸트의 사상을 떠올리게 된다. 왜냐하면 칸트가 『순수이성비

---

3) Enzy, § 28.
4) 같은 책, 같은 곳.
5) Logik I, S. 29 34-39.
6) Logik I, S. 51 1-5.

판』 속에서 전통 형이상학에 대해 지적하고자 한 것이 바로 사유규정에 대한 반성적 고찰 없이 학으로서의 형이상학을 구성하려는 태도였기 때문이다. 따라서 우리는 헤겔이 바라보는 전통 형이상학의 문제점들을 고찰함에 있어 칸트의 견해를 함께 비교해볼 필요가 있다. 그리고 이러한 비교는 헤겔이 칸트와 달리 어떤 형이상학적 지반을 갖고 있었는지를 밝혀주게 될 것이다.

먼저 전통 형이상학에서 나타나는 비판의 부재 문제를 『철학강요』 § 28－§ 36에 근거해서 살펴본다면 우리는 다음과 같이 크게 세 가지로 나누어 볼 수 있다. 첫째는 "대상의 참된 존재"(das, was die Objekte wahrhaft sind)를 규정하는 **범주들의 형식**에 관한 것이며,[7] 둘째는 술어인 범주들이 주어인 대상에 덧붙여지게 되는 형식, 즉 **판단 형식**에 관한 것이며, 셋째는 판단의 총체들로서의 **이성적 대상들**에 관한 것이다.

1) 범주 형식에 대한 비판

이전의 형이상학은 사유규정들이란 "**진리의 술어**"(Prädikate des Wahren)일 뿐만 아니라 "그 자체 타당한(geltend) 것"이라고 생각했다. 하지만 헤겔은 만일 우리가 사유규정들을 그 자체에서 "즉자, 대자적으로" 고찰해보면 그것은 진리의 술어가 되지도 못할뿐더러 그 자체 타당한 것도 아니라고 주장한다. 여기서 "진리"(das Wahre)란 "대상의 참된 존재"(das, was die Objekte wahrhaft sind)를 말하는 것이므로[8] 사유규정이 "진리의 술어"가 되지 못한다는 것은 곧 그것이 "대상의 참된 존재"를 말하는 것이 아니라는 것이며, '타당하다'는 것은 무모순적임을 의미하기 때문에[9] 사유규정이 그 자체 타당하지 못하다는 것은 곧 그것이 스

7) Enzy, § 26.
8) Enzy, § 21, 26.

스로 모순적인 것으로 드러난다는 것을 의미한다. 그렇다면 헤겔은 왜 그렇게 생각하는가?

전통 형이상학은 철학을 **가능한 것**에 대한 탐구로 이해한다. 모든 가능한 것은 그것이 A든지 −A든지 둘 중 하나이다. 이때 A와 −A는 분석적으로 대립되는 것으로서 만일 어떤 사물이 A이면서 −A라고 한다면 그것은 스스로 모순을 일으키므로 불가능한 것이 된다. 따라서 '모순은 배제되어야 한다'는 의미에서의 모순율은 전통 형이상학의 첫 번째 원리가 된다.[10] 이러한 모순율을 최고 원리로 하는 전통 형이상학이 사물의 참된 존재(das, was das Objekt wahrhaft ist)를 파악한다는 것은 곧 서로 대립될 수 있는 규정들을 배제하고 난 후 순수 긍정적인 것들로서의 모든 규정들(Inbegriff aller Realitäten)을 제시하는 것이다.[11]

하지만 헤겔은 바로 이점에서 전통 형이상학의 문제점이 드러난다고 생각한다. 왜냐하면 부정에 대해 긍정이 분석적으로 대립될 때 실재성의 총괄이라는 것은 분석적 통일을 의미하게 될 터인데, 그렇다면 이때 분석적 통일이 어떻게 유한한 우리의 인식 속에서 하나인 존재로 인식될 수 있겠는가라는 문제가 제기되기 때문이다. **하나인 존재**를 제시하는 실재성의 총괄이 유한한 인식에게 통일로 인식되기 위해서는 종합적 통일이 가능해야 한다. 그러나 부정이 분석적으로 긍정과 대립되는 한, 실재성의 이해 속에서 종합적 통일의 가능성은 주어질 수 없다.[12] 따라서 헤겔은 분석적 통일 아래서 전개되는 실재성의 총괄을 "공허한 추상"에 불과한 것으로 간주하며,[13] 다음과 같이 말한다.

"〔전통 형이상학이 생각하는 것처럼〕 그렇게 분명한 의미에서〔즉 부

---

9) Enzy, § 33, Anm.
10) A.G. Baumgarten, *Metaphysika*, Halle 1783, § 7.
11) 같은 책, § 114.

정과 근원적으로 구분된다는 의미에서〕 받아들여져야만 하는 실재성은 (……) 무규정적인 것으로 확장되며, 그 의미를 상실하게 된다."[14]

규정들의 총괄이 종합적 통일이 되려면, 각 규정들이 단순히 그 대립을 배제하는(ausschließen) 가운데서가 아니라 오히려 배제하고 포함하는 관계 속에서 의미들을 가져야 한다. 즉 부정은 실재성에 대해 절대적으로 대립하는 비존재로서의 "한계"(Schrank)가 아니라 오히려 실재성과의 통일 속에서 하나의 규정의 계기로 이해되어야 한다. 이것은 "실재성들의 총괄"로서의 "완전한 규정"(die durchgängige Bestimmung)이란 각 규정들이 그 대립적 규정과 함께 통일 속에 있다는 것이 전제될 때만 가능하다. 이러한 견해의 타당성을 밝히기 위해, 헤겔은 『논리학』, 특히 범주로서의 사유규정을 고찰하는 〈객관적 논리학〉에서 **하나의** 규정이 성립되려면 어떻게 실재성과 부정이 통일 속의 계기로 파악되어야 하는지, 그리고 실재성과 부정의 대립은 그 결과가 모순으로서 단순히 무로 끝나는 것(nihil negativum)이 아니라 어떻게 규정된 내용을 얻게 되는지(nihil privatum)를 상세히 서술한다.

그 서술에 의하면 "한계"로서의 실재성에 근원적으로 대립되는 부정이란 "일차적 부정"에 불과하며[15] **부정은 본성상 자신을 부정한다.** 이렇게 본성상 자신을 부정하는 부정을 헤겔은 "부정의 부정"(die Negation der Negation) 혹은 "부정성"(Negativität)이라 표현하는데 이 부정의 자기

---

12) 분석적 통일은 단지 종합적 통일에 근거해서만 인식될 수 있다는 것을 칸트는 다음과 같이 설명한다. "의식의 분석적 통일은 모든 일반적인 개념들 그 자체에 의존한다. 예를 들자면 빨강 일반을 표상할 때 나는 징표로서 그 어느 곳에서 만날 수 있거나 혹은 다른 표상들과 결합할 수 있는 그런 성질을 생각한다. 그렇기 때문에 나는 미리 예견된 가능한 종합적 통일에 의해서만 분석적 통일을 생각할 수 있다." (KdrV, B 133, Anm.)

13) Logik I, S. 107 20－25, Logik II, S. 4 그리고 Enzy, § 36, Anm.

14) Logik I, S. 107 1－2.

15) Hegels Gesammelte Werke 11, Logik, 1812, S. 77 25－27.

관계 속에서 일차적 부정에 의해 배제된 긍정(Position)은 회복되며 그와 더불어 부정은 하나의 규정된 내용으로 제시된다. 이렇게 본다면 실재성과 부정은 이전의 형이상학이 생각하듯 그렇게 근원적으로, 즉 분석적으로 대립되어 있는 형이상학적 전제가 아니라 오히려 자기 관계로서의 부정적 통일의 "계기들"일 뿐이다.[16] 이러한 계기들로서의 실재성과 부정은 서로를 제한하며 동시에 서로의 배제를 통해 서로를 규정으로서 정립한다.

헤겔은 "부정성" 속에서 실재성과 부정의 자립적 규정을 해명하는 자신의 시도를 전통 형이상학이 지니는 어려움, 즉 부정을 전혀 포함하지 않는 실재성들의 결합이 어떻게 **하나의** 총괄로 인식될 수 있는가 하는 문제에 대한 해결책으로 간주한다.[17] 왜냐하면 부정이 실재성의 "한계"로서 비존재를 의미하는 것이 아니라 실재성과의 관계 속에서 그것의 "달리 있음에 대한 부정"(die Negation des Andersseins)으로 이해된다면 결국 "부정의 부정"은 실재성들의 통일이 될 수 있기 때문이다.[18]

실재성과 부정을 분석적 대립으로 이해하는 종래 형이상학의 견해에 대한 비판은 헤겔뿐만 아니라 칸트에게서도 나타난다. 칸트는 『순수이성비판』의 '반성개념의 모호성'에서 다음과 같이 말한다.

"단순한 긍정들로서의 실재성들은 논리적으로는 서로에 대해 결코 대립될 수 없다는 근본 명제는 개념들의 관계에서는 참된 명제들이다. 그러나 자연이나 사물 자체에 관해서는 최소한의 의미도 지닐 수 없다."[19]

여기서 칸트는 실재성과 부정이 **순수 논리적인 세계**에서는 완전히 배

---

16) C. Iber, *Metaphysik absoluter Relationalität*, Berlin, New York 1990, S. 396 참조.

17) Logik I, S. 391–9. 사실 이러한 "규정된 부정"(die bestimmte Negation)에 대한 이해는 『논리학』 전체를 관통하는 헤겔의 근본적인 사상일 뿐만 아니라 "이중 부정"으로서의 이러한 "규정된 부정"은 '본질론'의 '반성 장'의 핵심적인 주제를 이루게 된다.

제되는 것으로 이해될 수 있으나 **현상계**에서는 결코 그렇지 않다는 것을 말하고자 한다. 왜냐하면 현상계에서는 서로 대립적인 실재성들이 하나의 주어에 결합될 수 있기 때문이다. 이 경우 그 대립에 의해 주어 자체가 지양되는 것(nihil negativum)이 아니라, A−B = 0인 형태로 하나의 실재성이 단지 다른 실재성의 작용을 빼앗아버리게 된다. 칸트는 이러한 실재성들에 근거하고 있는 대립을 "실재적 대립"(der reale Widerstreit)이라 부르며, "현상적 실재"(realitates phaenomena)는 바로 이 실재적 대립에 근거하는 것으로 생각한다.[20)]

여기서 칸트가 주목하고자 하는 것은 현상계의 규정들이 "실재적 대립"이라고 한다면 모순율에 근거하는 분석적 대립을 통해서는 현상계의 사물들을 해명할 수 없다는 점이다. 하지만 이전의 형이상학은 그 구분없이 모순율을 일괄적으로 적용한다. 따라서 칸트는 우리가 현상계에 있는 사물을 올바로 인식하기 위해서는 결국 감성 속에서 주어지는 힘들의 작용인 경험적 조건들을 이해해야 하며, 그와 더불어 현상계에 있

---

18) 헤겔이 "부정성"이라고 부르는 이러한 부정에 대한 이해는 사실 라이프니츠−볼프학파 형이상학 이전에 이미 스피노자의 "모든 규정은 부정이다"(Omnis determinatio est negatio)라는 명제 속에서 나타난다. 이 명제 속에서 긍정적 술어로서의 실재성과 부정은 근원적으로 양립할 수 없는 대립으로 이해되지 않는다. 오히려 부정은 실재성과 결합되어 있는 것으로 파악된다. 하지만 스피노자는 이 명제에서 부정의 측면만을 강조하게 되므로 마지막 귀결로서 '부정'만이 남게 된다.(*Vorlesung über die Geschichte der Philosophie*, 20 Bd. S. 164, 그리고 Logik I, S. 107 25−108 33) 그 결과 스피노자 철학은 실재성과 결합되어 있는 부정의 계기를 파악했음에도 불구하고 실재성으로부터 부정을 완전히 배제해버림으로써 아무 규정이 없는 무규정적 하나의 실체 형이상학을 만들어내게 된다. 이러한 무규정적 하나의 실체 형이상학은 결국 라이프니츠−볼프학파 형이상학에서 완전한 규정이 공허한 추상으로 남게 되듯이 현실성에 대해 아무 설명도 줄 수 없는 "무세계론"(Akosmismus)으로 귀결되게 된다(Enzy, § 50, Anm.).

19) KdrV, A 273.

20) "실재적 대립"에 관해서는 M. Wolff의 저서 *Der Begriff des Widerspruchs*, Hain 1981, S. 119 참조.

는 사물들에 대한 인식은 "분석명제"가 아니라 직관의 필연적 조건들을 포함하는 "종합명제"로 표현되어야 한다고 지적한다. 칸트의 이러한 비판은 분명히 현실적 인식에 있어서 실재성과 부정의 관계를 분석적 대립으로 파악하는 것에 반대하는 헤겔의 입장과 동일한 것이다. 따라서 전통 형이상학에 대해 비판하는 점은 일치한다. 하지만 좀더 구체적으로 살펴보면 둘의 차이가 나타난다.[21] 이 차이는 규정 문제와 관련해서 이전의 형이상학에 대한 칸트의 비판을 헤겔이 다시 비판할 때 여실히 드러나게 된다.

칸트에 대한 헤겔의 불만은, 칸트가 실재성과 부정은 현상계에서 근원적으로 대립되는 것이 아니라고 옳게 파악했음에도 불구하고 그러한 파악을 계속해서 견지하지 않는다는 데 있다. 칸트는 '변증론'의 "선험적 이상"에 대한 고찰에서 부정이 항상 긍정과의 연관 속에서만 이해되어야 할 경우[22] 부정이 가능하기 위해서는 결국 절대적 실재성, 즉 "선험적 긍정"이 상정되어야 한다고 말한다. 그에 의하면 이 "선험적 긍정"이란 부정을 전혀 포함하고 있지 않으며, 모든 규정 가능성을 위한 "선험적 기체"로서의 "완전한 규정"이며 사물 자체의 개념으로서 우리가 결코 도달할 수 없는 "이상"(Ideal)이다. 이러한 "이상"과 더불어 칸트는 실재성과 부정의 근원적 대립이 현상의 영역에서는 인정될 수 없으나 물 자체의 영역에서는 전통 형이상학에서와 마찬가지로 "선험적 긍정"과 "선험적 부정"으로서 논리적 무모순성을 근거로 여전히 대립되어 있다고 생각한다.[23]

21) '선험철학'과 '사변철학'의 근본적인 입장에 관해서는 졸고 「철학적 증명에 관하여」, 『哲學硏究』, 제45집, 1999년 여름 참조.

22) KdrV, B 602–603.

23) A. R. Raggio, *Zur ontologischen und transzendentalphilosophischen Begründung der Logik*, Zürich 1955, S. 18 참조.

하지만 헤겔은 이러한 "실재적 대립"과 "선험적 부정"의 차이를 전혀 근거 없는 것으로 생각한다. 그 이유를 그는 '본질론'의 '반성논리'에서 보여주고자 한다. 반성논리에 따르면 실재성과 부정의 "실재적 대립"을 칸트는 두 실재성 간의 서로 무화시키려는(vernichtend) 작용으로 설명하는 데 반해, 헤겔은 하나의 규정이 다른 규정에 대해 부정이 되는 이유는 칸트가 생각하듯이 그렇게 역동적인(dynamisch) 방식으로 하나의 규정이 다른 규정의 결과를 무화시키기 때문이 아니라, 그 규정들의 근저에 놓여 있는 '반성논리적 실체'를 매개로 해서 서로 대립되는 것으로 관계하기 때문이라고 설명한다.[24] 즉 하나의 긍정과 부정이 서로 대립될 때 그 대립은 우선 외적으로 보인다. 하지만 그 외적인 규정들은 반성논리적 실체를 매개로 해서 내재적으로 이행하게 되며, 이렇게 내재적으로 규정된 관계는 다시 자립적인 규정들로서 이해된다. 이 자립적 규정들이라고 하는 것은 이미 그 자체에 있어 긍정과 부정의 내재적 관계이므로, 그것은 바로 애초에 긍정과 부정의 외적 관계의 근저에 놓여 있던 '반성논리적 실체들' 외에 다른 것이 아니게 된다. 바꿔 말하면 그 자체 내에서 대립적이며 동시에 자립적인 '반성논리적 실체'는 서로 외적으로 관계하듯이 보여지는 애초의 긍정과 부정으로 현상한다는 것이다.

이때 헤겔이 말하는 '반성논리적 실체'란 실재적 대립과는 무관한 선험적 긍정으로서의 칸트의 '물 자체'에 상응하는 것인데, 이 실체가 애초의 긍정과 부정이 된다는 것은 곧 '선험적 긍정'으로 이해되는 물 자체의 영역과 실재적 대립인 현상계는 근원적으로 다른 것이 아님을 의미하게 된다. 따라서 헤겔은 이러한 생각을 바탕으로 결국 실재성과 부정의 분석적 대립은 현상계뿐만 아니라 물 자체의 영역에서도 견지될

---

24) 이러한 설명은 M. Wolff 논문에 근거한 것임. "Über Hegelslehre vom Widerspruch" in *Hegels Wissenschaft der Logik*, hrsg. D. Henrich, Stuttgart 1986, S. 122-128 참조.

수 없음을 주장하고자 한다.

헤겔이 칸트에 대해 갖는 두 번째 불만은 현상계에서 실재성과 부정의 분석적 대립을 주장하는 전통 형이상학에 대한 비판과 함께 제시하는 칸트의 처방이 적절치 않다는 것이다. 칸트는 실재적 대립에 근거하는 경험세계의 인식은 순수 논리적 대립에 근거하는 '분석명제'가 아닌 '종합명제'여야 한다고 말한다. 이때 문제는 칸트에게 종합명제의 성립에서 '감각적 직관'은 필수 불가결한 조건이다. 하지만 헤겔이 볼 때 칸트의 이런 생각은 전통 형이상학에 대한 진정한 의미의 비판이 될 수 없다. 왜냐하면 전통 형이상학이 사유규정의 고찰에서 어떤 문제를 지닐 때, **진정한 비판**이라면 먼저 "그 사유규정들의 내용과 그것들이 서로에 대해 갖는 관계"를 고찰해야 하는데 칸트는 "그 규정들을 단지 주관성과 객관성의 대립 일반에 따라서만 고찰"하기 때문이다.[25] 다시 말해 경험적 세계의 인식이 종합적이어야 한다면, 먼저 그 인식을 구성하는 사유규정들로서의 범주가 그 자체 분석적인지 혹은 종합적인지를 고찰해야 하는데, 칸트는 이 고찰 대신 먼저 "선천적인 것"과 "경험적인 것"의 구분을 끌어들이고, 그것에 따라 선천적인(a priori) 범주들은 주관적이고 분석적이며, 경험적인 것은 객관적이고 종합적인 것으로 설명한다는 것이다.[26]

이것은 결국 칸트는 실재성과 부정의 분석적 대립에 근거한 범주 형식에 대한 전통 형이상학의 주장을 순수 논리적 차원에서는 그냥 받아들이며, 그것을 단지 경험적인 것으로부터 구분하고자 한 것 외에 다른 것이 아님을 의미하게 된다. 그렇다면 칸트의 그러한 비판은 결국 "심리학적 관념론"에 근거한 범주들에 대한 "심리학적 반성"에 불과할 뿐이며

25) Enzy, § 41.
26) Logik I, S. 51 6–8 그리고 Enzy, § 41.

결코 "참된 비판"이라고 할 수 없다고 헤겔은 말한다.[27] 왜냐하면 **참된 비판**이란 비판의 관점이 외부로부터 주어지는 것이 아니라 단지 "반대자의 힘 속으로 들어가서 그 힘의 영역에 자신을 세워놓을 때"만이 가능한 것이기 때문이다.[28]

이러한 입장에서 헤겔은 분석적 대립으로서의 실재성과 부정에 근거해서 사물에 대한 인식을 분석명제로 이해하는 종래 형이상학의 문제점은 단순히 범주에 대해 외적인 '직관'을 끌어들임으로써 해결되는 것이 아니라 범주들이 그 자체에서 종합적 규정임을 보여줌으로써만 해결될 수 있다고 생각한다. 실재성과 부정을 '부정성'의 통일적 계기로 서술함으로써 각각의 범주들이 서로를 계기로 포함하며 동시에 서로의 배제를 통해 규정으로 정립된다는 것을 보여줌으로써 헤겔은 각각의 범주들이 전자인 한에서는 분석적이지만 동시에 후자인 한에서는 종합적이라는 것을 제시하고자 한다. 이렇게 대상에 대한 규정으로서의 범주들이 항상 그 자체 분석적이며 동시에 종합적일 수밖에 없음을 서술하는 자신의 시도를 헤겔은 전통 형이상학에 대한 "참된 비판"이라고 주장한다.[29]

2) 판단 형식에 대한 비판

사유규정들이 사물의 근본 규정들이라고 생각하는 전통 형이상학은 "진리"(das Wahre)인 "대상의 **존재**"(was der Gegenstand **ist**)는 사유규정들이 그 대상에 술어로 "덧붙여짐"(beigelegt werden)으로써 인식될 수 있다고 생각한다.[30] 이때 대상에 사유규정들이 덧붙여짐으로써 성립되

27) Logik III, S. 20 1-5.

28) Logik III, S. 10 12-14.

29) 헤겔도 사실 현실적 인식은 종합적이어야 한다고 생각한다. 칸트가 선천적 종합판단을 요구했듯이 헤겔도 분석적이며 종합적 판단을 요구한다.

30) Enzy, § 28.

는 인식은 판단이며, 그 덧붙여지는 형식은 판단 형식이다. 따라서 판단 형식은 대상으로서의 존재인 주어와 그 규정들로서의 술어를 갖게 된다. 문제는 헤겔이 볼 때 전통 형이상학이 주어와 술어의 결합으로 대상의 존재를 나타내는 판단 형식이 "진리의 형식"인지를 검토함이 없이 타당한 것으로 전제한다는 데 있다. 왜냐하면 그에 따를 때 우리가 판단 형식을 그 자체로 고찰한다면, 그것은 대상의 본질을 드러내는 형식이 아니라는 것을 알 수 있기 때문이다. 그렇다면 우선 전통 형이상학이 판단의 형식을 어떻게 이해하는지 고찰할 필요가 있다.

헤겔에 따르면, 전통 형이상학은 판단에서 술어에 의해 규정되는 대상들이란 "완성되어 주어진 주어들"(fertige gegebene Subjekte)로서 "어떤 고정된 것"이라고 생각한다.[31] 이때 이 주어들은 술어가 적절하고 만족할 만한 것인지를 판가름하는 "척도"가 되는 데 반해[32] 술어들은 서로에 대해 내적인 관계가 전혀 없는 내용들일 뿐만 아니라 그 자체로도 제한된 것들로 이해된다. 그렇기 때문에 그것들이 서로 결합될 수 있는 근거는 단지 "**하나의 주어**에 대한 술어들"이라는 점뿐이다. 이렇게 본다면 술어들이 주어에 덧붙여지거나 주어의 규정들로 결합되는 것, 즉 판단이 형성되는 것은 주어와 술어 **외부에서** 그 둘을 "비교하는 반성"에 의해서만 가능케 된다.[33] 하지만 헤겔은 판단에 대한 이러한 이해는 결코 진리(das Wahre)인 대상의 **존재**(das, was der Gegenstand **ist**)를 규정하는 형식이 될 수 없다고 생각한다.[34] 그 이유는 우선 주어가 "고정된 실체"이기 때문인데 그 내용을 고찰하면 다음과 같다.

주어가 고정된 실체인 한에서 대상의 존재는 술어를 통해 드러날 것

31) Enzy, § 30 그리고 § 31.
32) Enzy, § 30.
33) Enzy, § 29.
34) 여기서 대상 자체라는 것은 대상의 '본질'로서 진리를 의미한다.

이다. 하지만 술어가 주어에 덧붙여지려면 이미 주어의 표상이 전제되어야 한다.[35] 그러나 술어가 덧붙여지기 전의 대상이란 존재가 드러나기 전의 대상인데 어떻게 그러한 대상이 술어들을 결합할 수 있는 판단의 근거로서 생각될 수 있겠는가! 따라서 먼저 전제되는 주어 표상이란 우연적인 것이고 그러한 주어에 근거해서 성립되는 대상에 대한 인식도 결코 진리인 대상의 존재를 드러내는 것이 아니라 단지 우연적인 것이다.[36]

예를 들어 '신은 영원하다'는 판단은 '신'이라는 표상과 함께 시작되지만 신이 **무엇**인가(was Gott ist) 하는 것, 즉 신의 존재는 아직 드러나지 않는다. '영원하다'는 술어가 비로소 신의 존재를 제시한다.[37] 이때 아직 술어를 통해서 드러나지 않은 표상으로서의 '신'은 단순한 "이름"에 불과할 뿐이다. 그런데 여기서 만일 주어가 이미 "인식되어 주어진 것"이고 술어는 단지 "외적으로 덧붙여지는 것"이라면 '영원한'이란 규정은 이름에 대한 설명일 뿐이지 신의 존재에 대한 제시는 아니게 된다. 결국 이러한 이유로 헤겔은 전통 형이상학이 이해하는 판단 형식에서는 결코 "진리"(das Wahre)로서의 신의 **존재**(was Gott **ist**)가 드러나지 않게 된다고 말한다.

그렇다면 어떻게 술어 규정들이 대상 자체의 규정, 즉 존재 규정들로 이해될 수 있겠는가? 이 문제에 대한 해결로서 헤겔이 제시하는 것이 바로 술어를 주어의 자기규정으로 이해하는 "사변적 명제"(der spekulative Satz)이다.[38] 사변적 명제의 술어는 속성들(Akzidenzen)로서 실체인 주어에 "외적 반성"(die äußerliche Reflexion)을 통해 덧붙여지는 것이 아니라

---

35) Logik III, S. 60 1 – 2.
36) Logik III, S. 60 3 – 10.
37) Enzy, § 31, Anm. 그리고 PhdG, S. 17.
38) "사변적 명제"에 대한 구체적인 설명은 PhdG, S. 45 – 47 참조.

주어 스스로가 자신을 규정하는 내용으로 이해된다. 다시 말해 만일 규정되지 않은 주어로서의 순수한 대상이 주어진다면, 대상은 그 무규정성으로 말미암아 추상적인 것으로 **규정될 터인데** 이렇게 해서 생기는 규정성이란 바로 무규정적 주어 스스로의 규정이 된다. 이렇게 스스로를 규정하는 주어로서의 대상을 헤겔은 더 이상 "실체"라 하지 않고 "주체"라 부르며, 스스로를 규정하는 과정을 은유적으로 "운동"이라 부른다.[39)] 그는 더 나아가 이 운동 속에서 주체로서의 대상이 어떻게 자신을 술어 속에서 완전히 제시하는가를 『논리학』 '개념론'에서 서술한다.

전통 형이상학이 이해하는 판단 형식이 진리의 형식일 수 없는 두 번째 이유를 헤겔은 대상의 본질을 드러내는 술어 자체의 제한성에서 찾는다. 그에 의하면, 만일 술어가 제한된 내용이라면 그것들이 각기 대상에 대한 하나의 규정은 될 수 있을지언정 "완전한 충족"(die erschöpfende Fülle)일 수는 없다. 예를 들면 '장미는 붉다', '장미는 향기롭다' 혹은 '장미는 아름답다' 등 장미에 대한 많은 판단들이 있을 수 있다. 이때 이 판단들의 술어 자리에 놓이는 것들은 모두 장미에 대한 부분적 규정들이기 때문에 아무리 많은 규정들을 결합한다고 할지라도 결코 장미 자체를 제시할 수는 없다. 이것은 곧 **판단을 통해** 제시되는 인식은 진리(das Wahre)로서의 **사물 자체**를 나타낼 수 없음을 의미한다. 헤겔은 사물 자체 혹은 "대상의 참된 **존재**"(was der Gegenstand wahrhaft ist)를 그 대상의 "개념"이라 부르며,[40)] "개념에 상응하지 않는 실재성"을 "현상"이라 부른다.[41)] 이러한 토대 위에서 헤겔은 판단을 통한 인식은 사물 자체에 대한 인식이 아니라 항상 "현상"으로서의 인식이라고 주장한다.[42)]

---

39) PhdG, S. 14 19 – 20.
40) Logik I, S. 16.
41) Logik III, S. 207 3 – 5.
42) Logik III, S. 60 28 – 30.

판단을 통한 인식은 사물 자체에 대한 것이 아니라 단지 현상이라는 생각은 이미 칸트가 제시한 것이다. 하지만 헤겔은 이 점에 있어서 결국 칸트도 옳은 통찰을 하고 있지 않다고 생각한다. 직접적으로 칸트를 언급하지는 않지만 일상적으로 이해되는 판단에 대한 설명 속에서 헤겔은 '표상 이론'으로서의 칸트식의 판단 이해를 비판한다. 그에 따르면 일반적으로 사람들은 판단이란 **서로에 대해 자립적인 양극단**을 갖는 주어와 술어로 이루어져 있다고 생각한다. 이 경우 판단이 성립된다는 것은 자기의식적 사유의 "작용"(eine Operation)을 통해 주관적 사유규정으로서의 술어가 그 외부에 있는 대상으로서의 주어에 결합됨을 의미하게 되는데[43] 이때 주어인 대상은 개별적 표상이고 술어인 사유규정은 일반적 표상이다. 그렇다면 자기의식적 사유의 "작용"이란 개별적 표상을 일반적 표상 아래로 **포섭하는**(subsumieren) 우리의 '반성'이 된다. 문제는 이 반성이란 판단이 제시하고자 하는 사태 자체와는 구분된다는 점이다. 만일 이렇게 구분된다면 사태 자체에 대해 **외적인** 반성을 통해 이루어지는 판단은 결코 대상 자체에 대한 인식일 수는 없으며 단지 **우리에게** 주어지는 한에서의 인식, 즉 '현상'으로서의 인식이 될 수밖에 없다. 이러한 근거로 판단을 현상에 대한 인식이라고 생각하는 칸트의 고찰을 헤겔은 사태 자체와는 무관한 "주관적인 고찰"이라고 평가한다.[44]

헤겔에 의하면 "판단의 객관적인 표현은 오히려 그러한 주관적인 의미와는 모순되며", 판단의 형식은 스스로 외적이며 주관적인 포섭 관계(die Subsumtion)를 지양하고 "대상 자체의 규정"으로 드러난다.[45] 왜냐하면 판단 속에서 계사인 'ist'는 술어가 주어에 대한 술어임을 나타내는

43) Enzy, § 166, Anm. 그리고 § 167.
44) Logik III, S. 60 13－61 6.
45) Enzy, § 166, § 167, Anm.

데 그와 함께 술어의 규정 내용은 주어에 "**귀속되는**"(zukommen) 것으로 이해될 수 있기 때문이다.[46] 예를 들어서 "장미는 붉다"(die Rose ist rot)라는 판단에서 계사 'ist'는 단순히 술어를 주어에 연결하는 것이 아니라 술어가 주어의 **존재**에 대한 규정임을 말하는데, 이때 판단의 **근거**를 헤겔은 주어 혹은 술어가 아니라 계사의 형태로 감추어져 있는 대상의 **존재**(was der Gegenstand ist)로서, 그 대상을 그러한 것이게끔 하는 "**개념**"으로서의 **자기동일성**으로 간주한다. 그에 의하면 이 자기동일성은 스스로를 동일성으로 **정립하기 위해서** 항상 주어와 술어로 **분할하므로**(ur-teilen) 결국 **판단**(Ur-teil)이란 대상의 존재인 "개념"이 자신을 제시하기 위해 "근원적으로 분할하는 것"(die ursprüngliche Teilung) 외에 다른 것이 아니게 된다.[47] 그러나 분할된(geurteilt) 것들 속에서 "개념"의 전체는 직접적으로 드러나지 않으며 단지 부분적으로만 파악된다. 다시 말해 **분할된** 개념인 판단은 그 근원적 "개념"에 직접적으로 상응하지 않는다. 따라서 헤겔은 바로 이러한 이유로 판단은 항상 현상일 수밖에 없다고 말한다.

이렇게 볼 때, 헤겔이 판단은 현상에 대한 인식이라고 할 때, 그것은 결코 칸트에게처럼 사물 자체와는 상관없는 것으로 간주하는 것이 아니다. 오히려 현상에 대한 인식으로서의 판단은 **부분적**이긴 하지만 "대상

---

46) Logik III, S. 61 7-9. "귀속된다"는 말은 단순히 논리적인 의미가 아닌 존재론적인 의미를 지닌다. 존재론적 의미로서의 "귀속된다"는 것은 판단의 주어 개념과 술어 개념에 부합되는 실재들, 즉 실체와 속성, 사물과 성질 혹은 질료와 형상 등의 관계를 나타낸다. M. Wolff "Der Satz vom Grund", in *Argumentaion in der Philosophie*, Göttingen 1986, S. 106 참조.

47) Enzy, § 166, Anm. 헤겔이 여기서 '판단'을 '개념의 분할'로 이해한다는 것은 그가 전통 형이상학의 범주 형식에 대한 비판과 일관된 입장을 갖고 있다는 것을 알 수 있다. 왜냐하면 판단이 단순히 주어와 술어의 외적 결합에 의한 종합적 통일이 아니라 근원적 통일이 전제된 분할로서의 종합적 통일이듯이 각각의 개념 혹은 범주들은 그 자체 단순히 분석적인 것이 아니라 종합적인 것이기 때문이다.

의 본질"에 대한 규정이 된다. 그리고 판단은 단지 **제한된** 한에서의 규정이며 그런 한에서 제한된 진리라고 생각한다.[48] 이때 판단이 제한된 한에서 진리일 수 있다는 것은, 판단의 형식이 이미 진리의 형식으로 전제되고 단지 유한한 표상인 내용에 의해 그 진리가 제한적으로 드러난다는 것이 아니라, 그 형식이 이미 그 자체로 제한적임을 의미한다. 왜냐하면 판단의 형식이란 주어 술어 간의 관계인데 이 관계가 설정된다는 것 자체가 판단의 근거로서의 근원적 동일성이 '규정되었다' 혹은 '제한되었다'는 것을 의미하기 때문이다. 헤겔은 『논리학』 '개념론'의 '판단' 장에서 개개의 판단 형식들이 어떻게 그리고 어디까지 진리의 형식일 수 있는가를 서술한다. 그때 진리 형식의 척도는 판단의 근원으로서 개념이 각 형식에서 어떻게 회복되는가에 있다. 그렇기 때문에 그곳에서 서술되는 판단의 유형들은 "주어와 술어를 한편으로 하고 그 관계를 다른 한편으로 하는 관계" 속에서 고찰된다.[49] 이러한 고찰은 제한된 개념들로서의 주어와 술어가 각기 그렇게 규정된 것으로 현상하는 관계 자체와 동일하게 될 때 '판단'(Ur－teil)은 지양되고 통일로서의 개념이 다시 복귀된다는 것을 보여준다.

3) 이성적 대상들에 대한 비판

범주와 판단 형식에 대한 헤겔의 비판이 대상 일반을 고찰하는 일반 형이상학(metaphysica generalis)으로서의 존재론이 가지는 문제점에 대한 지적이라면, 이제 세 번째 비판은 이성적 대상들에 대한 것으로서 특수 형이상학(metaphysica specialis)이 갖고 있는 문제점에 대한 비판이 된다. 헤겔은 "〔전통 형이상학의〕 **대상**들은 총체성들이며, 이러한 총체성

48) Logik III, S. 66 그리고 Enzy, § 172, Anm.
49) Logik III, S. 74 15－16.

들은 즉자 대자적으로 **이성**, 즉 그 자체(in sich) **구체적인** 보편자에 대한 사유에 속하는 것들이지만 전통 형이상학은 그 대상들을 단지 **표상**으로부터 받아들인다"고 말한다.[50] 전통 형이상학이 그 대상들을 표상으로부터 받아들인다는 것은 그것들을 경험에 근거해서 고찰한다는 것을 의미한다. 왜냐하면 '표상'이란 헤겔에게 경험으로부터 추상된 것을 의미하기 때문이다.[51] 이러한 지적을 통해 헤겔이 비판하고자 하는 것은 근본적으로 전통 형이상학이 갖고 있는 형이상학적 **인식 방식**이다. 그렇다면 우선 전통 형이상학은 우리의 인식을 어떻게 이해하는지 살펴볼 필요가 있다.

전통 형이상학은 우리의 인식 능력을 감각, 오성, 이성으로 구분한다. 감각은 우리에게 표상들을 제공하지만 그 표상이 분명하게(deutlich) 이해되는 것은 오성에 의해서이다. 오성에 의해 얻어진 분명한 인식은 이제 이성에 의해 서로 결합되고 추론을 통해 확장된다.[52] 이렇게 볼 때 경험이란 이성적 인식의 궁극적인 출발점이 될 뿐만 아니라 동시에 그 도달점을 이루게 된다. 왜냐하면 오성에 근거한 이성적 추론의 귀결은 다시 경험 속에서 확인되어야 하기 때문이다.[53] 예를 들자면 세계가 무엇인지 이해하기 위해서, 먼저 우리는 우리 앞에 놓여 있는 경험으로부터 출발해야 한다. 우리가 지각하는 것들을 서로 구분하여 그 본질을 인식하고 나서 이렇게 인식된 본질로부터 다시 추론을 통해 종합적으로 세계에 대한 규정을 얻게 되는 것이다. 이렇게 경험이 이성적 추론의 출발점이 된다는 것은 곧 총체성으로서의 이성적 대상들은 근본적으로 경험

50) Enzy, § 30. 헤겔 강조.
51) Enzy, § 20, Anm.
52) A. G. Baumgarten, *Deutsche Metaphysik*, Halle 1783, § 77.
53) C. Wolff 철학의 학문적 인식의 특성에 대해서는 M. Wundt, *Kant als Metaphysiker*, Hildesheim, Zürich, New York 1984, S. 36–49 참조.

으로부터 규정된다는 것을 의미한다. 헤겔이 비판하고자 하는 것이 바로 이 점이다. 다시 말해 이성적 대상들은 경험에 근거해서 규정될 수 없다는 점이다.

이성적 대상들을 경험에 근거해서 규정하는 태도는 이미 『순수이성비판』에서 칸트에 의해 비판되었다. 이때 헤겔은 칸트 비판의 핵심을 이성적 대상들을 규정한다는 것 자체가 아니라, 그것들을 규정함에 있어서 순수 사유규정들과 경험적(empirisch) 규정들을 혼동했다는 점을 지적하려는 것으로 이해한다. 이러한 전통 형이상학에 대한 칸트 비판을 이해하기 위해서 우리는 한 예로 '변증론'에서 영혼에 관한 고찰인 '순수이성의 오류추리'를 생각해볼 수 있다. 우리는 영혼을 나의 일상적인 의식 속에서 나를 항상 규정하는 주체이며, 단일하고, 내가 의식하고 있는 모든 것들 속에서 항상 동일하게 남아 있는 것으로 생각한다. 이런 근거로부터 전통 형이상학은 영혼에 대해 그것은 실체이고, 단적인 것이며, 시간에 따를 때 수적으로 동일한 것이며 그리고 공간적인 것과 관계하는 것으로 규정한다. 하지만 칸트에 의하면 이것은 잘못된 추리이다. 왜냐하면 "시간에 따를 때 수적으로 단일하다" 혹은 "공간적인 것과 관계를 갖는다" 등은 모두 경험적 사물들에 대해 가능한 규정들이며 순수이성적 대상들에 대한 규정일 수는 없기 때문이다.[54] 하지만 전통 형이상학은 그 규정들을 그대로 이성적 대상에 적용한다는 데 문제가 있다.

'변증론'에서 전개되는 전통 형이상학에 대한 칸트의 비판이 헤겔의 말대로 근본적으로 순수 사유규정과 경험적 규정의 구분을 주장하는 것이라면, 이것은 "이성에 속하는 대상들을 표상으로부터 받아들인다"고 하는 헤겔 자신의 비판과 다를 것이 없어 보인다. 하지만 헤겔은 여기서 칸트와는 달리 생각한다. 즉 헤겔에 따를 때 칸트는 참된 인식이란 경험

54) Enzy, § 47.

적 제약을 벗어날 수 없다는 전제에서 이성적 대상들과 경험적 대상들을 구분한다. 그리고 경험적으로 규정될 수 없는 이성적 대상들을 참된 인식의 영역에서 제외시킨다. 칸트의 이러한 생각을 헤겔은 "사유규정들 일반, 즉 보편성과 필연성은 지각 속에서 찾을 수 없으며, 경험적인 것은 그 형식과 내용에 따를 때 사유규정들과는 다른 것이라고 간파한 흄의 생각 이상도 이하도 아니다"라고 주장한다.[55] 다시 말해 흄은 "진리로 간주될 수 있는 것의 토대는 지각이기 때문에 〔지각되지 않는〕 보편성과 필연성은 정당화될 수 없는 어떤 것"이라고 생각하는데,[56] 칸트의 비판은 결국 흄의 이러한 경험론적 사유의 연장 외에 다른 것이 아니라는 것이다.

물론 헤겔이 이렇게 주장할 때, 그가 경험 속에서 확인될 수 있는 것들의 타당성을 부인하고자 하는 것은 아니다. 헤겔이 볼 때 칸트의 문제는 단지 경험을 감각적인 것으로만 이해하는 데 있다. 왜냐하면 감각적인 경험에 속하지 않는 순수이성적인 것들로서의 세계, 정신, 신 등이 우리 삶에 있어서 의미를 가질 수 있기 때문이다. 이러한 이유로 헤겔은 감각적 경험이 어떤 것들을 인식의 대상에서 배제시키는 유일한 기준일 수는 없다고 생각한다. 그는 다음과 같이 말한다.

"그러한 대상들(이성적인 대상들)은 경험에 속하지 않기 때문에 인식 대상들의 영역에서 발견되지 않는 것이 아니다. 그 대상들은 감각적으로 경험되지는 않지만 의식 일반 속에서는 경험된다. 따라서 그 대상들이 인식 대상에서 발견되지 않는 이유는 그것들이 내용에 따를 때 무한한 것으로 제시되기 때문이다."[57]

55) Enzy, § 47.
56) Enzy, § 39.
57) Enzy, § 8.

이러한 생각을 바탕으로 헤겔은 이성적 대상들과 경험적 현상이 일치하지 않을 때, 우리는 경험에 근거해서 이성적 대상들을 인식의 영역에서 제외시킬 것이 아니라 오히려 그 대상들을 그렇게 규정하는 사유규정의 유한성을 파악해야 한다고 주장한다. 왜냐하면 우리의 사유규정이 유한하다는 것은 곧 그것이 내용적으로 제한된 것임을 의미하는 데 반해, 이성적 대상들은 총체성으로서의 무제약자이기 때문이다.

사실 이러한 주장을 하기 위해서 헤겔은 먼저 유한한 사유규정들을 총체성으로 구성하는 것이 어떻게 가능한지, 다시 말해 "이성적 고찰"이 어떻게 가능할 수 있는지를 설명해야 한다. 이러한 설명이 주어지지 않는다면, 이전의 형이상학에 대한 비판을 넘어 스스로 "본래의 형이상학(eigentliche Metaphysik)"이고자 한 『논리학』의 의도는 한갓 사념에 머무르고 말 것이다.

2. '본래 형이상학'으로서 사변철학

헤겔이 볼 때 전통 형이상학은 사유가 사물 자체를 인식할 수 있다는 올바른 통찰을 했음에도 불구하고 "본래의 형이상학"은 될 수 없었다. 그 핵심적인 이유를 헤겔은 "사유란 자신 속에서 자신에 대해 대립한다"는 사유의 본성을 전통 형이상학이 깨닫지 못하였다는 데서 찾고 있다.[58] 그렇다면 "자신 속에서 자신에게 대립하고 있는 사유"란 도대체 무엇을 의미하는가? 이 물음에 답하기 위해 사유에 대한 헤겔의 설명을 살펴볼 필요가 있다.

헤겔에 의하면 우리가 어떤 대상을 철학적으로 사유한다는 것은 그

58) Enzy, 26.

대상의 필연적 본성을 인식하는 것이다.[59] 사유는 이때 필연적 본성을 인식하기 위해, 먼저 그 대상의 "〔감각적이며〕 직접적인 현존을 부정"하는데,[60] 이 부정 속에서 드러나는 것이 바로 보편적인 것으로서의 '표상'이다. 그렇다면 표상은 "직접적인 것"(das Unmittelbare)이 아니라 "매개된 것"(das Vermittelte) 혹은 "부정적인 것"(das Negative)이다.[61] 이러한 표상은 아직 철학적 사유가 인식하고자 하는 대상의 필연적 본성은 아니다. 왜냐하면 이 표상은 추상을 통해 주어진 것으로서 보편적이긴 하지만, 그 자체로 볼 때는 우연적이고 무규정적인 것이기 때문이다.[62] 표상의 보편성이 필연성을 지니려면, 보편성으로서의 그 규정이 다른 보편적 규정들의 **내재적 연관**으로부터 해명되어야 한다. 다시 말해 그 보편성은 사유규정들의 체계적 연관 속에 자리매김되어야 한다. 사유규정들의 체계적 연관 속에서 해명된 표상을 헤겔은 '개념'이라 부른다.[63] 그리고 사물의 필연적 본성을 고찰하고자 하는 철학적 사유가 얻고자 하는 것이 바로 이 '개념'이며, 이 '개념'은 보편적 규정들의 내재적 연관으로부터 해명되었다는 의미에서 "구체적 보편자"이다.[64]

여기서 헤겔이 말하는 '개념'이 획득되기까지 진행되는 사유의 과정을 우리는 다음과 같이 재구성할 수 있다. 첫째, 사유는 자신 앞에 놓인 감각적 대상을 부정한다. 둘째, 사유는 감각적인 대상을 부정함에 있어 자기 자신을 부정하게 된다. 왜냐하면 사유는 항상 무엇에 대한 사유이

---

59) Enzy, § 2.

60) Enzy, § 12, Anm.

61) Enzy, § 12.

62) Enzy, § 20, Anm. 헤겔은 여기서 감각적인 것과 표상, 그리고 개념의 구분을 명확히 한다. 이때 '무규정적'이라는 것은 그 보편적인 것이 다른 보편적인 것과의 관계 속에서 해명되지 않았다는 것을 의미한다.

63) Enzy, § 246.

64) Enzy, § 9.

며, 이 무엇은 사유의 가능 조건이 되는데, 이 조건이 부정된다는 것은 곧 자신이 부정됨을 의미하기 때문이다. 셋째, 자신을 부정하는 사유는 오히려 이러한 부정 속에서 스스로의 본성을 드러내게 된다. 왜냐하면 사유의 본성이란 무엇을 부정함이기 때문이다. 이렇게 감각적 대상을 부정하는 가운데서 자신을 정립하는 사유를 헤겔은 '사변적 사유'라고 부른다.

전통 형이상학이 사유를 "자신 속에서 자신과 대립하고 있는 것"으로 파악하지 못했다는 것은 바로 이 '사변적 사유'를 파악하지 못했다는 것을 의미한다. 사유가 부정 속에서 본성상 자신을 부정한다는 것은 부정된 것의 측면으로부터 볼 때, 부정적인 것으로서의 부정적인 것이 직접적으로 정립되는 것이다. 역으로 말하면 사유는 감각적인 것을 지양함으로써 자신을 지양하게 되는데, 이 경우 바로 자신이 부정 속에서 대상의 직접성은 회복되는 것이다. 헤겔이 말하는 개념이란 이때 회복된 직접성으로서의 대상이다.[65]

이렇게 본다면 헤겔이 말하는 부정적 본성으로서의 사유란 다름 아닌 반성으로서의 사유이다. 왜냐하면 반성 속에서 사유는 자신을 대상으로 분리하는 동시에 그 대상과의 통일 속에 머물기 때문이다. 그리고 바로 이러한 반성 속에서 사유는 감각적 대상의 감각적 규정들을 단순히 추상해버리는 것이 아니라 그 논리적 본성들을 드러내기 때문이다. 이 논리적 본성들이 바로 대상의 대상성이다. 중요한 것은 여기서 이 대상성이 감각적인 것으로부터 도출된 것이 아니라 감각적인 것에 대한 반성 속에서 정립되는 순수 논리적인 것들이라는 점이다. 헤겔은 바로 이 순

---

65) 헤겔은 이런 이유로 『논리학』 '개념론'에서 "개념"을 '직접성'과 '매개'를 자신의 생성의 계기로 갖게 되며 동시에 사유 활동 속에서 정립된 것(das Gesetztsein)이라고 규정하게 된다.

수 논리적인 것들을 순수 사유규정들이라 부르기 때문에, 결국 대상의 필연적 본성을 이루는 '개념'은 반성으로서의 사유가 "〔반성인〕 자신으로부터 자신을 전개하는 것" 외에 다른 것이 아니게 된다.[66] 이것을 헤겔은 다음과 같이 표현한다.

"이러한 전개란 한편에서는 자신 앞에 주어진 내용과 규정들을 받아들이는 것이며 동시에 다른 한편에서는 그렇게 받아들인 내용에게 근원적 사유라는 의미에 있어서 자유롭게 사태 자체의 필연성에 따르는 형태를 부여하는 것이다."[67]

헤겔에 의하면, 부정 속에서 스스로를 부정함으로써 오히려 대상을 정립하는 사유, 즉 단순히 추상적인 것이 아니라 반성적인 사유의 본성을 깨닫지 못하는 전통 형이상학은 애초에 주어지는 직접성에 대한 상실이 두려워, 반성으로 나타나는 사유의 본성을 거부하고 사유 활동을 단순히 긍정적(affirmativ)인 것 혹은 직접적인 것으로만 이해한다. 그 결과 단순히 감각적인 것들의 추상으로부터 도출된 표상을 대상의 본질이라고 이해하게 된다.

앞에서 여러 형태로 비판된 전통 형이상학의 문제점들은 결국은 사유의 부정적 본성을 이해하지 못하는 데 그 원인이 있다. 왜냐하면 범주 이해에 있어서 실재성과 부정을 분석적 대립으로 생각한다거나 혹은 사유규정은 **직접적**으로 대상의 근본규정이 될 수 있다는 믿음 속에서 감각적인 것과 순수 사유규정을 구분하지 못했던 것, 그리고 결국 이성적 대상들에 대한 고찰에 있어서 감각적 규정들로부터 직접적으로 순수 사유규정들로 추론해나가게 됨으로써 순수 사유규정들 자체의 구체적 필연성

---

66) 이 전개 속에서 대상의 진리인 존재는 사유에 의해 완전히 구성된 것으로서 드러나게 되고 그렇게 드러난 존재는 바로 반성으로서의 사유와 다른 것이 아니다. 따라서 헤겔은 존재의 진리인 필연적 본질을 '반성'으로 이해하게 되는 것이다.

67) Enzy, § 12.

을 고찰하지 못하였던 것 등, 모두는 부정의 부정 속에서 자신을 정립하는 사유의 본성, 즉 단순히 추상이 아니라 반성 속에서 대상의 논리적 필연성을 드러내는 사유의 본성을 이해하지 못해서 빚어지는 결과들이기 때문이다.[68]

헤겔은 자신의 '논리학'을 전통 형이상학과 마찬가지로 "사유규정들 속에서 파악된 사물의 본질에 관한 학"이라는 의미에서의 형이상학이라 부른다. 이 점에서 헤겔은 전통 형이상학의 맥을 잇는다. 하지만 헤겔은 동시에 전통 형이상학의 문제점 또한 비판한다. 이 비판의 핵심은 전통 형이상학이 사유의 본성을 제대로 이해하지 못했다는 점이다. 다시 말해 전통 형이상학은 사유의 본성을 단지 **추상하는 능력**으로서만 이해하였으며 **반성하는 능력**으로 이해하지 않았기 때문에 반성 속에서만 드러나는 대상의 논리적 필연성들을 파악할 수 없었다는 것이다. 이때 추상한다는 것은 "감각적인 것을 단순히 옆으로 밀어내어버리는 것"이며, 반성한다는 것은 "현상으로부터 본질적인 것을 드러내는 것"이라고 헤겔은 규정한다.[69]

따라서 "사유규정들 속에서 파악된 사물의 본질에 관한 학"이라는 의미에서 형이상학을 수행하려는 헤겔은 '논리학' 속에서 필연적으로 반성적 사유에 대한 분석과 재구성을 시도한다. '논리학'은 바로 이런 의미에서 **반성적 사유**에 대한 학이라고 이해될 수 있다.

---

68) Enzy, § 26, § 50, Anm.
69) Logik III, S. 18.

2…

칸트 철학 비판

1. 칸트의 선험적 증명

헤겔에 의하면 철학이란 "대상들에 대한 **사유하는 고찰**"(denkende Betrachtung der Gegenstände)로 규정될 수 있다.[70] 물론 그에 따를 때 인간의 모든 활동 속에는 이미 사유가 포함되어 있다. "하지만 철학이란 사유의 어떤 고유한 방식, 즉 그 방식을 통해 사유가 인식함(Erkennen)과 개념적으로 파악함(begreifendes Erkennen)이 되는 방식이기 때문에, 그것은 모든 사람들 속에서 활동하며, 인간의 인간성을 작동시키는 사유와는 상이성을 지니게 된다."[71] 다시 말하면 철학을 규정하는 '사유하는 고찰'이란 대상을 '개념적으로 인식하는 것'을 말한다. 그렇다면 대상을

70) Enzy, § 2.
71) Enzy, § 2.

개념적으로 인식한다는 것은 무엇을 의미하는가? 그것은 무엇보다도 "대상을 그 조건들로부터, 즉 그 가능성으로부터 통찰하는 것"(etwas aus seinen Bedingungen, aus seiner Möglichkeit einsehen)을 말한다.[72)]

대상을 고찰할 때 그 가능성에 대한 탐구가 철학의 과제라는 생각은 헤겔 이전에 이미 독일 전통 철학이 갖고 있었다. 볼프(Chr. Wolff)에 따르면 철학은 사물이 "어떻게 그리고 왜 가능한지"(wie und warum sie möglich sind)를 물어야 하며,[73)] 이러한 물음은 대상의 '규정 근거들'이 무엇인지 밝혀질 때 비로소 대답될 수 있다. 대상을 '개념적으로 인식하는 것'이 철학이라고 말할 때 헤겔이 염두에 둔 것은 바로 대상의 이러한 규정 근거들을 파악하는 것이다. 따라서 그는 자신의 근본 사상을 전개시킨 '논리학'을 "토대"(Grundlage), 즉 '사물이 그러한 모습으로 규정될 수 있는 근거들'에 대한 서술이라고 말한다.[74)] 그렇다면 사물의 규정 근거들을 다루는 철학은 단지 그 근거들에는 어떤 것들이 있는가를 제시함으로써 자신의 역할을 다하는가? 그렇지 않다.

헤겔은 사유적 고찰에 대한 설명에서 다음과 같은 내용을 덧붙인다. "사유적 고찰은 그 내용의 **필연성**을 제시해야 한다는 것, 즉 고찰 대상의 존재와 규정들을 **증명해야 한다**는 요구를 자신 속에 갖고 있음이 곧 드러난다."[75)] 이 말은 대상의 규정 근거를 고찰하는 철학은 그 고찰될 근거들 자체의 **필연성** 또한 제시해야 한다는 것을 의미한다. 근거들의 필연성을 제시한다는 것은 인용문에 의하면 곧 고찰 대상의 '존재'와 '규정

---

72) "Logik für Mittelklasse [50/82]", in Heidelbergschen Schriften, Werke 4 in zwanzig Bänden Frankfurt 1970, S. 99.

73) C. Wolff, Vorbericht von der Welt-Weisheit § 1 in *Vernünftige Gedanken von den kräftigen des menschlichen Verstandes*, Halle 1754.

74) Logik I, S. 16 10-25 그리고 19 25-30.

75) Enzy, § 1. 헤겔 강조.

들'을 증명하는 것이다. 그렇다면 어떻게 근거들의 필연성 제시가 고찰 대상의 '존재'와 '규정들'에 대한 증명으로 환원될 수 있는가?

만일 우리가 존재에 대한 증명으로 전개될 규정 근거들의 필연성 제시를 철학이 수행해야 할 증명이라는 의미에서 '철학적 증명'(philosophischer Beweis)이라고 부를 수 있다면,[76] 결국 이 물음은 철학적 증명이 어떻게 수행될 수 있는가라는 물음과 동일한 것이다. 이 물음에 대한 답을 우리는 헤겔 철학 속에서 살펴보고자 한다. 하지만 직접적으로 헤겔 철학으로 다가가는 것보다는 먼저 칸트 철학 속에서 이 문제가 어떻게 전개되는가를 이해하는 것이 중요하다. 왜냐하면 헤겔은 '철학적 증명'에 관한 문제에서 직접 혹은 간접적으로 칸트를 비판하며, 그 비판의 관점으로부터 자신의 철학을 발전시키기 때문이다.

칸트에 의하면 철학이란 "사실적인 것"(quid facti)이 아니라 "권리에 관한 것"(quid juris)을 다룬다. 이때 "권리에 관한 것"을 다룬다는 것은, 어떤 대상을 고찰할 때 그 대상의 "타당한 의미"(die gültige Bedeutung)에 대한 '정당화'(Deduktion)를 제시하는 것으로 이해될 수 있다.[77] 이러한 정당화를 위해 일반적으로 사람들은 감각에 직접적으로 주어진 경험을 제시한다. 하지만 칸트에 따를 때 경험은 우리에게 어떤 것이 그러한 상태에 있다는 것은 가르쳐주지만 "그것이 달리 있을 수 없다는 것"(daß es gar nicht anders sein könne)을 가르쳐주지는 않는다.[78] 여기서

76) 이에 따라 필자는 이 글에서 '철학적 증명'을 '규정 근거들의 필연성에 대한 제시'로 이해하고자 한다. 필자가 이것을 '철학적 증명'이라 부르는 이유는 아리스토텔레스가 『분석론 후서』에서 제시하는 원칙론에 대한 이해에 근거한다. 아리스토텔레스에 의하면 모든 학문들은 나름의 '원리들'(Prinzipien)을 전제한다. 이 원리들이란 각각의 학문들이 그 특성을 고찰해야 하는 '유'이지만, 그 학문들 자체 내에서는 증명될 수 없다. 이 원리들 자체를 탐구 대상으로 하는 것이 바로 철학이다. 이러한 의미에서 원리 자체를 증명하는 것을 '철학적 증명'이라 부르고자 한다.

77) KdrV, A 84.

'어떤 대상이 달리 있을 수 없다는 것'은 곧 대상의 그러한 모습이 '필연적'이라는 것을 말하므로,[79] 결국 철학이 '대상의 의미에 대한 정당화를 제시한다는 것'은 대상에 대한 그 인식의 필연성을 제시한다는 것을 의미하게 된다. 철학이 대상에 대한 인식의 필연성을 제시한다는 점에서 우선 철학에 대한 이해에 있어 칸트는 헤겔과 일치한다. 하지만 문제는 어떤 경우에 그 인식의 필연성이 제시되었다고 말할 수 있는가이다. 바로 여기에서 칸트와 헤겔은 서로 다른 길을 걷는다. 이 서로 다른 길 속에서 각각 '선험철학'과 '사변철학'이 형성된다. 그렇다면 우선 칸트가 걸어간 길을 고찰해보자.

칸트에 의하면, '경험' 즉 '대상에 대한 인식'이 필연적이기 위해서는 그것이 "선천적 인식"(Erkenntnis apriori)에 근거해야 한다.[80] 이때 '선천적 인식'이란 순수오성개념들로서의 범주들을 의미한다.[81] 대상에 대한 인식이 순수오성개념들에 근거해서만 필연적이라고 한다면, 정당화를 과제로 삼는 철학은 이제 대상에 대한 인식이 어떻게 순수오성개념들에 근거할 수밖에 없는가를 밝혀야 한다. 역으로 말하자면 대상에 대한 인식에 있어서 '선천적 인식'으로서의 범주는 어떻게 '객관적 타당성'을 갖는가가 해명되어야 한다. "순수오성의 대상들과 관련해서 그 선천적 개념들의 객관적 타당성을 해명"해야 하는 이러한 과제를 칸트는 이성적 인식능력의 한계를 보여주고자 하는 '비판' 속에서 사실상 철학이 수행해야 할 "첫 번째이며 가장 중요한 과제"라고 강조한다. 그렇다면 문제는 칸트가 '철학적 증명'일 수 있는 이러한 증명을 어떻게 수행하는가이다.

---

78) KdrV, A 734.
79) KdrV, B 3.
80) KdrV, B 3.
81) KdrV, B 89.

일반적으로 증명이란 아리스토텔레스가 말하듯이 '매개항의 제시'이다.[82] 매개항이란 이때 증명의 대상에 대해 그 증명 내용을 말할 수 있도록 하는 증명의 '원리' 혹은 '근거'이다. 증명에 대한 이러한 견해가 받아들여진다면 우선 우리는 아리스토텔레스가 지적했듯이 '증명'에서 나타나는 세 가지 구성 요소를 구분해볼 수 있다. 그것은 다름 아닌 증명의 **대상**, 증명의 **원칙** 혹은 **근거**, 그리고 증명의 **내용**이다.[83] 이러한 구분에 근거해서 칸트의 '철학적 증명'을 바라본다면 증명의 대상은 그때 '선천적 인식'으로서의 범주들이 될 것이며, 증명의 내용은 그 범주들의 "객관적 타당성"이라고 말할 수 있을 것이다. 그렇다면 문제는 증명의 '근거'이다. 즉 "증명의 본질"은 어디에서 성립되는가?[84]

사실 이 문제는 증명의 대상이 범주들인 한, 쉽게 풀리지 않는 딜레마를 함축하고 있다. 왜냐하면 범주들이란 대상을 그러한 것으로 규정하는 근거들인데, 범주가 근거 제시로서의 증명의 대상이 된다는 것은 그 규정 근거들에 대해 다시 그것을 매개하는 근거를 묻는 것을 의미하기 때문이다. 이러한 사태는 결국 증명의 '무한 퇴행'(regress ad infinitum)만을 의미하게 된다. 근거 제시로서의 증명의 문제 속에 놓일 수 있는 이러한 사태란 사실 한스 알버트가 Münchhausentrilemma의 형식으로 제시한 일반적인 증명이 갖게 되는 세 가지의 선택지, 즉 첫째, 무한 퇴행(infiniter Regreß), 둘째, 논리적 순환(logischer Zirkel), 셋째, 증명 과정에 대한 임의적 중단(Abbruch des Verfahrens)의 형태 중 하나에 속하는 것이다.[85] 이러한 선택지 중 어떤 것도 철학이 수행해야 할 증명의 참된 모습일 수는 없다. 그렇다면 범주의 객관적 타당성을 해명해야 하는 칸트

82) Z. A, 89 b 35 – 90 a 5.
83) Z. A, 75 a 35 – 40.
84) KdrV, A 782.
85) H. Albert, *Traktat über kritische Vernunft*, S. 13.

의 철학적 증명은 도대체 가능한 것일까? 만일 가능하다면 그 증명의 모습은 어떤 것일 수 있는가?

이 물음에 답하기 위해서 우리는 범주의 "객관적 타당성"을 증명하고자 하는 칸트의 철학적 증명은 어떤 전제를 함축하고 있는가 생각해볼 필요가 있다. 우선 칸트가 '선천적 인식'으로서의 범주를 증명할 때 그 증명 내용이 '객관적 타당성'이며 범주의 규정 자체는 아니라는 점을 우리는 주목해야 한다. 왜냐하면 이것은 범주의 규정 혹은 그 '정의'(Definition)는 문제 되지 않는다는 것을 함축하기 때문이다. 사실 이러한 함축은 칸트가 『순수이성비판』 서문에서 '선천적 인식'(die Erkenntnis apriori)이란 그 어떤 다른 것으로부터 도출(ableiten)될 수 없으며, 항상 그 자체 타당성을 지닌다고 말할 때 분명하게 드러난다.[86] 이것은 범주가 '선천적'(a priori) 인식인 한 그 규정은 분석적으로 타당하므로, 만일 누군가가 그 규정의 타당성을 묻는다면 그러한 물음은 철학적으로 볼 때 '사소한'(trivial) 물음이 된다는 것을 의미한다. 범주의 타당성에 대한 물음이 의미가 있으려면, 그 규정 자체에서가 아니라 그 규정될 대상과 연관해서이다. 따라서 범주의 타당성에 대해 제기될 수 있는 물음은 단지 그 '객관적' 타당성뿐이다. 이러한 전제 아래서 범주를 증명 대상으로 하는 칸트의 철학적 증명은 당연히 내용의 타당성이 이미 전제된 '주관적 조건'이 어떻게 대상과 관계해서, 즉 객관적으로 타당할 수 있는가를 해명하는 것이다.

그렇다면 범주의 '객관적' 타당성은 어떻게 증명될 수 있는가? 범주의 객관적 타당성을 밝히려는 칸트의 철학적 증명을 우리는 『순수이성비판』 § 14에서 전개되는 소위 '객관적 연역'에서 그 핵심 내용을 파악할 수 있다. 그곳에 따르면 종합적 표상과 그 대상이 필연적으로 서로 관계

---

86) KdrV, B 3.

할 수 있는 방법에는 두 가지가 있다. 우선 대상이 표상을 가능케 하는 경우이다. 하지만 이 경우 그 둘의 관계는 결코 '필연적'이지 못하다. 다른 하나는 표상이 대상을 "선천적으로 규정"하는 경우이다.[87] 바로 이 경우가 범주의 객관적 타당성을 제시할 수 있는 실마리이다. 칸트는 다음과 같이 말한다. "결국 선천적 개념들로서의 범주들의 객관적 타당성은 단지 그것들만을 통해 경험이 가능하다는 것에 근거한다."[88] 따라서 범주의 객관적 타당성을 제시하려는 칸트의 철학적 증명의 핵심은 범주란 그것 없이는 '경험', 즉 '대상에 대한 인식' 자체가 불가능하게 되는 "조건"이라는 점에서 성립된다. 이러한 방식의 증명을 칸트는 스스로 "선험적 증명"이라 부른다.[89]

'선험적 증명'의 핵심은 범주가 증명 근거인 '경험'을 비로소 가능하게 하며 동시에 이러한 증명 근거에 이미 전제되어 있다는 점이다.[90] 여기서 칸트가 범주의 '객관적' 타당성을 증명하기 위해 범주와 가능한 경험의 연관을 밝히는 '선험적 증명'의 방법을 택하는 것은 결코 우연이 아니다. 왜냐하면 만일 그때 가능한 경험과의 연관이 전혀 도외시된다면 범주의 타당성을 위해 제시되어야 할 근거는 범주와 같은 '유'

---

87) KdrV, B 125.

88) KdrV, B 126.

89) 물론 칸트는 '선험적 증명'(transzendentale Beweis)이란 표현을 철학적 명제, 즉 근본 원칙들(Grundsätze)의 증명에 대해 사용한다. 하지만 그 증명의 핵심은 "경험 자체, 따라서 경험의 대상은 그와 같은 결합 없이는 불가능하리라"(daß die Erfahrung selbst, mithin das Objekt der Erfahrung, ohne eine solche Verknüpfung unmöglich wäre)는 것의 제시함" 속에 있다(B 811). 이렇게 불가결한 조건의 제시 속에서 성립되는 방식의 증명을 Tugendhat는 "어떤 행위의 가능성의 조건으로서 그것 없이는 그 행위가 전혀 인식될 수 없음을 제시하는 것"이라고 규정하며 이러한 방식의 증명을 칸트 자신의 표현에 의거하여 일반적으로 "선험적 증명"이라 부른다. *Logisch-semantische Propädeutik*, S. 64 E. Tugendhat와 U. Wolff 공저, Stuttgart 1993.

90) KdrV, B 765.

(Gattung)가 될 터인데, 우선은 앞서 말했듯이 범주가 규정 근거이므로 더 이상 다른 근거를 전제하지 않을 뿐만 아니라, 설사 다른 근거가 제시된다고 할지라도 그 근거가 범주와 **같은 유**가 될 것이므로 증명 내용은 결코 '주관적 조건'의 '객관적' 타당성이 될 수 없을 것이기 때문이다. 그렇다면 헤겔은 이러한 칸트의 '철학적 증명'을 어떤 이유로 비판하며 동시에 그 비판으로부터 어떤 철학을 전개시키는지 고찰해보자.

2. 헤겔의 철학적 증명

우리는 앞에서 '대상에 대해 **사유하는 고찰**'(denkende Betrachtung der Gegenstände)인 철학은 그 '고찰 내용의 필연성'에 대한 제시뿐만 아니라 '존재'와 '그 규정들'에 대한 증명을 과제로 삼는다는 헤겔의 말 속에서 이미 그의 '철학적 증명'의 내용이 무엇이어야 하는지를 파악할 수 있었다. 즉 그의 주장에 의하면 철학적 증명은 고찰 내용의 필연성을 제시하는 것이다. 헤겔이 "철학은 사상(Gedanken) 혹은 범주들(Kategorien), 좀더 자세히 말하자면 개념들(Begriffe)을 표상의 위치에 정립시키는 것"이라고 말한 점을 기억한다면[91] 결국 대상에 대한 사유하는 고찰인 철학이 다루어야 할 대상은 다름 아닌 "범주들" 혹은 "개념들"이다. 여기서 "범주들" 혹은 "개념들"이란 대상을 그러한 것이게끔 하는 "토대"(Grundlage)로서의 "순수 사유규정들"(Denkbestimmungen)을 의미한다.[92] 따라서 헤겔의 '철학적 증명'이란 결국 '순수 사유규정들'의 필연성을 제시하는 것이 된다. 여기서 우리는 우선 두 가지 물음을 던져

91) Enzy, § 3, Anm.
92) Logik I, S. 16.

볼 수 있다. 첫째, 어떤 경우에 순수 사유규정들의 필연성이 제시되었다고 할 수 있는가? 둘째, 순수 사유규정들의 필연성의 제시는 '존재'와 그 '규정들'을 증명하는 것과 어떻게 관련되는가?

먼저 첫 번째 물음에 시선을 던져보자. "개념들" 혹은 "순수 사유규정들"(reine Denkbestimmungen)의 필연성에 대한 제시는 헤겔에 따를 때 그것들을 '연역함'(ableiten)으로써 이루어진다.[93] 이때 '연역함'이란 헤겔에게는 규정들의 근거인 "매개항을 제시하는 것"(das Aufzeigen der Vermittlung)을 의미하므로[94] 결국 문제는 매개항이 무엇인가가 된다. 칸트의 선험적 증명에서 증명의 매개항은 '가능한 경험'이었다. 왜냐하면 선천적 인식인 범주는 그 자체 분석적으로 타당한 것으로 전제되므로 타당성에 관한 문제는 단지 경험과 관련해서만 의미 있기 때문이다. 그렇다면 헤겔의 증명에서 매개항은 무엇인가? 이 물음에 직접적으로 답하기 전에 먼저 '매개항의 제시'가 곧 '연역 혹은 도출함'(ableiten)이라는 것이 의미하는 바를 생각해보자. 범주가 그 어떤 것으로부터 도출된다고 할 때 그 어떤 것이란 다름 아닌 범주의 '근거'(Grund)이다. 하지만 그 어떤 것이 범주규정의 근거가 된다면 우리는 심각한 문제에 부딪히게 된다. 왜냐하면 이것은 규정 근거인 범주의 근거를 다시 묻는 것이 될 것이기 때문이다.

이러한 상황이 야기시킬 문제에 대해 이미 칸트가 '비판'을 통해 경고하였다. 그것은 다름 아닌 〈변증론〉에서 보여지는 그 결과가 항상 "변증법적"일 수밖에 없는 범주의 "초월적 사용"(transzendentaler Gebrauch)의 문제이다.[95] 범주의 초월적 사용이란 다름 아닌 '규정 근거'로서 오로지

93) Enzy, § 42, Anm.
94) Logik III, S. 300.
95) KdrV, B 730, 805.

범주만을 갖고 있는 우리의 지성이 범주들을 범주에 적용하는 경우이다.[96] 바로 여기서 범주 혹은 개념 자체를 "연역"(Ableiten)을 통해 증명하고자 하는 헤겔의 시도는 칸트가 '비판'을 통해 경고한 이성의 "초월적 사용"과 직접적으로 맞닿아 있다는 것이 드러난다. 그렇다면 우리는 여기서 다음과 같은 의구심을 갖게 된다. 칸트적 '비판'의 의미를 누구보다 잘 알고 있을 헤겔이 무슨 이유로 그 비판의 내용을 직접적으로 부정하는 길을 가려고 하는가?

이것에 대한 답을 우리는 우선 철학은 사실을 단순히 서술하는 것이 아니라 근거를 제시해야 한다는 데서 찾아볼 수 있다. 헤겔에 의하면 칸트는 이러한 근거 제시의 길을 끝까지 걸어가지 않는다. 왜냐하면 만일 대상적 인식의 필연성의 근거가 '선천적 인식' 혹은 '순수 사유규정'에 근거한다면, 진정으로 근거를 제시하려는 철학은 먼저 '선천적 인식'으로서의 자신의 명제부터 근거 지어야 하기 때문이다.[97] 이때 '선천적 인식'을 근거 짓는다는 것은 바로 그것들을 하나의 원칙으로부터 '연역한다'(Ableiten)는 것을 말한다. 이것을 헤겔은 단적으로 다음과 같이 표현한다. "알다시피 칸트 철학은 범주 발견을 매우 쉽게 처리했다. 자아, 즉 자기의식의 통일은 완전히 추상적이며 전혀 규정되지 못하게 된다. 도대체 자아의 규정들, 즉 범주들에 어떻게 이르게 되는가?"[98] "관계개념들〔범주들〕의 연역은 자기의식의 단적인 통일로부터 이러한 규정들과 차이로의 이행에 대한 서술이어야 했다. 하지만 이러한 참된 종합적인 진행, 즉 자기 자신을 산출하는 개념을 제시하는 일을 칸트는 하지 않았다."[99] 이러한 작업을 하지 않은 칸트는 '선험적 증명'을 통해 범주들의

96) Enzy, § 48.
97) Enzy, § 42, Anm.
98) Enzy, § 42, Anm.
99) Logik III, S. 244 20–26.

“객관적 타당성”은 증명했을지 모르지만 범주들 서로서로에 대한 관계 속에서 주어질 수 있는 규정 자체의 “값”(Wert)은 제시하지 못하고 있다.[100) 이 말은 칸트의 선험철학은 경험에 대한 근거는 제시할지 모르지만, 그러한 근거 제시로서의 선험적 인식 자체는 결코 근거 지음 없이 남기고 있다는 것을 의미한다.

헤겔의 ‘철학적 증명’의 의도는 바로 여기에 있다. 왜냐하면 헤겔은 근거 지음으로서의 철학이 자신의 과제를 완전히 수행하려면 “범주들” 혹은 “개념들”의 ‘정의’(Definition)조차 증명해야 하며,[101) 이러한 증명은 “범주들”이 하나의 원리(Prinzip)로부터 도출될 때만, 즉 원리에 의해 매개된 것으로 제시될 때만 가능한 것이라고 생각하기 때문이다. 그러나 우리가 원리로부터의 범주들을 연역하고자 하는 헤겔의 의도를 받아들인다고 할지라도, 그 ‘철학적 증명’이 설득력을 가지려면 칸트와 연관해서 아직 한 가지가 더 설명되어야 한다. 그것은 다름 아닌 그 결과가 “변증법적”이 되는 범주들의 “초월적 사용”에 관한 문제이다. 왜냐하면 규정 근거인 범주들을 다시 규정하려는 헤겔의 ‘철학적 증명’은, 이성 사용에 대해 칸트가 경고한 인식능력의 ‘한계’를 벗어나 “초월적 사용”을 하려는 시도이기 때문이다. 사실 이러한 문제를 헤겔도 분명히 알고 있었다. 따라서 헤겔은 이 문제를 풀어가기 위해 우선 칸트가 전제하는 ‘비판’의 관점 자체를 반성하고자 한다.

헤겔은 칸트의 ‘비판철학’을 “우리가 사물의 본성을 인식하기 이전에 인식능력(Erkenntnisvermögen)이 사물의 본성을 파악할 수 있는가를 먼저 검토하려는 시도”로 이해한다.[102) 하지만 이러한 비판을 수행하는

100) Logik III, S. 27.
101) Enzy, S. 6 20－26.
102) Enzy, § 10, Anm.

'반성적 인식' 자체는 결코 칸트의 철학 체계 속에서 설명될 수 있는 인식이 아니다. 헤겔이 문제 삼는 점이 바로 이것이다. 즉 **현실적으로 인식하기 전에** 먼저 그 인식의 능력을 비판하려는 인식은 스스로 **참된** 비판이고자 한다. 그렇다면 비판하는 인식은 이미 그 자체 현실적 인식의 근본적인 요구, 즉 "진리 요구"(Wahrheitsanspruch)를 함축하고 있어야 한다. 그렇다면 결국 비판하는 인식, 즉 선험적 인식도 하나의 '현실적 인식'으로 보아야 한다.[103] 따라서 현실적 인식의 기준은 경험 내용과 선천적(a priori) 형식의 통일이 아니라 오히려 '진리 자체'여야 한다.[104] 인식에 대한 이러한 이해에 근거해서 헤겔은 현실적으로 인식하기 **이전에**, 오류를 막기 위해 인식함 자체에 대해 비판해보자는 칸트의 생각은 "물에 들어가기 전에 수영을 배우려고 하는 것"과 마찬가지이며,[105] 더 나아가 그것은 진리로서의 스스로의 인식을 부정하는 태도라고 말한다.[106] 이와 더불어 헤겔은 "인식함에 대한 탐구는 **인식하는** 것 외에 달리 진행될 수 없다"(die Untersuchung des Erkennens kann nicht anders als

103) '비판하는 인식'이 '선험적 인식'이라는 점에 대해서는 KdrV, B 81 참조.

104) '진리'를 한 명제와 현실 간의 일치라고 할 때, 이 둘의 일치 혹은 불일치를 말할 수 있다는 것은 그 명제를 말하는 인간이 이미 현실 자체(wie die Wirklichkeit an sich ist)와 그 명제가 포함하는 내용을 비교했다는 것을 통해서만 설명될 수 있다. 이 말은 참 혹은 거짓일 수도 있는 현실적 인식은 이미 그 기준으로 '진리'를 전제하고 있음을 의미한다. 따라서 헤겔은 "진리란 자신과 거짓의 기준이며(index sui et falsi), 역으로 거짓으로부터는 진리가 파악될 수 없다"고 말한다(Enzy, S. 19 17–19). 물론 이때 그 기준인 '진리'는 '이성'에 놓인다. 이러한 진리는 이성이 자신에 대해 '반성'(Nachdenken)함으로써 자신의 행위 방식뿐만 아니라 현실과의 상응을 파악할 때 드러난다. 결국 진리 인식의 마지막 근거는 이성의 "자기 내 머무름"(Bei-sich-sein)이다. 이러한 이유로 헤겔은 자기 내에 머무르면서 즉자 대자적으로 정립된 순수 사유규정 자체는 "진리의 형식"일 뿐만 아니라 "진리 자체"라고 한다(Enzy, § 19 그리고 21–23). 헤겔 철학과 직접적으로 상관은 없지만 헤겔의 근본 태도를 이해하는 데 B. Weissmahr, *Ontologie*, Stuttgart 1985, S. 44–48 은 도움이 될 것이다.

105) Enzy, § 10, Anm.

106) PhdG, S. 58 39 – 59, 1.

erkennend geschehen)고 말한다.[107] 왜냐하면 우리가 직접적으로 대상을 인식하든지 혹은 대상에 대한 인식을 반성적으로 고찰하든지 간에 그 어느 경우라도 우리는 이미 인식하고 있기 때문이다.[108] 따라서 헤겔에 의하면 "인식함을 정당화하는 것은 참되고 현실적으로 인식함 속에 놓일 것이며, 또한 놓여야 한다"(daß im wahrhaften und wirklichen Erkennen auch die Rechtfertigung des Erkennens liegen wird und muß). 현실적 인식을 칸트처럼 경험적 제한을 갖는 유한한 주관에 한정하는 것은 임의로 "만들어진 정당화되지 못한 오성의 전제"일 뿐이다.[109]

이렇게 본다면 결국 헤겔에게서는 인식에 대한 규정 자체가 칸트와는 달라질 수밖에 없다. 헤겔에게 인식은 더 이상 감성 내용과 오성 형식의 결합으로 이해되지 않는다. 오히려 인식이란 "규정하면서 규정되는 사유"(bestimmendes und bestimmtes Denken)이다.[110] 헤겔이 범주들에 대한 증명을 경험적 인식의 한계를 벗어나는 방법으로 수행할 수 있는 이유는 그가 인식에 대해 바로 이렇게 이해하기 때문이다. 이러한 이해에 근거한다면 범주들에 대한 반성 또한 하나의 인식으로 체계화될 수 있다. 이것에 대한 구체적인 내용을 우리는 『논리학』 '본질론'의 반성(Reflexion) 장에서 찾을 수 있다. 그때 '반성'은 헤겔에게 더 이상 체계를 근거 짓는 전제로서 체계에 대해 외적으로 머무르지 않는다. 오히려 반성은 범주와 마찬가지로 "규정"으로서 이해된다. 단지 "반성규정들"은 "규정들 사이의 관계의 규정"(Bestimmungen von Beziehungen zwischen Bestimmungen)이라는 점에서 직접적 규정인 범주와 다를 뿐이다.[111]

107) Enzy, § 10, Anm.
108) *Vorlesung über die Beweise vom Dasein Gottes*, Werke 17, in zwanzig Bände, S. 354-355.
109) Logik III, S. 355, 그리고 PhdG, S. 58 31-40.
110) Enzy, § 48, Anm.

하지만 우리가 여기서 놓치지 말아야 할 것은 헤겔이 범주 자체에 대해 근거 지음을 가능케 하는 이러한 인식의 이해를 이미 칸트 자신 속에 근거된 것으로 파악한다는 점이다. 왜냐하면 결과가 항상 변증법적으로 되는 범주의 자기 자신에 대한 적용을 칸트는 이미 인간 이성의 **본성적인** 모습으로 파악했기 때문이다.[112] 헤겔이 볼 때 문제는 이러한 변증법적 특성에 대한 칸트의 해결책이 너무 미약하다는 데 있다.[113] '비판'을 통한 칸트의 해결책이란 다름 아닌 우리의 인식을 "경험적인 것"과 "선천적인 것"으로 구분해서 범주들을 단지 "경험적인 것"에 제한시키는 것이었다.[114] 하지만 이러한 처방이란 헤겔의 눈에는 "오성의 근거 지어지지 못한 전제"일 뿐이며,[115] 만일 우리의 사유가 **본성적으로** 변증법적이라면, 변증법적인 그 "사유규정들"(Denkbestimmungen)을 그 자체에서 고찰해야 하는 것이 "참된 비판"의 태도이다.[116] 따라서 헤겔은 사유규정들을 그 자체에서 고찰하는 자신의 『논리학』이야말로 "참된 비판"이라고 말하며, 더 나아가 사유규정들을 그 자체에서 고찰함으로써 본성적으로 "변증법적인" 사유규정들의 긍정적인 것을 파악하려는 『논리학』은 바로 '사변철학'(spekulative Philosophie)의 내용이라고 생각한다.[117]

그렇다면 앞에서 제기한 두 번째 물음, 즉 '순수 사유규정들' 혹은 '개념들'의 필연성의 제시가 '존재'(Sein)와 그 '규정들'(Bestimmungen)을

---

111) M. Wolff, "Über Hegels Lehre vom Widerspruch" in *Hegels Wissenschaft der Logik*, hrsg. D. Henrich, Stuttgart 1986, S. 129 참조.

112) Logik I, S. 41.

113) Enzy, § 48, Anm.

114) Enzy, § 47.

115) *Vorlesung über die Beweise vom Dasein Gottes*, Werke 17, S. 355.

116) Logik I, S. 51.

117) Enzy, § 82 그리고 Logik I, S. 41.

증명하는 것과 어떻게 관련되는지 살펴보자. 단적으로 말한다면 개념들의 필연성 제시로서의 '연역'(Ableiten)은 고찰 대상의 존재 및 규정들에 대한 증명과 직접적으로 일치한다. 왜냐하면 '존재' 및 '규정들'은 바로 그 대상의 개념이기 때문이다. 하지만 '존재'와 그 '규정들'이 '개념' 및 '개념들'이라는 것은 도대체 무슨 말인가? 먼저 고찰 대상의 '존재'란 그 대상의 '대상**임**'(was der Gegenstand **ist**)을 의미한다.[118] 이 '대상임'은 그 대상의 '개념'을 진술함으로써 제시된다.[119] 따라서 '존재'는 본래적으로 '개념'이다. 하지만 이렇게 드러난 개념을 "개념 자체"(der Begriff als solcher)라고 한다면 존재는 아직 개념으로 드러나지 않은 개념, 즉 "즉자적인 개념"(der Begriff an sich)일 뿐이다.[120] "즉자적인 개념"인 '존재'가 개념으로 드러나려면 그 존재는 정립되어야 한다. 이 정립된 존재가 바로 '대상인 바 그것'(was der Gegenstand ist)을 말하는 본질적 규정으로서의 '본질'(Wesen)이다.

여기까지 본다면 '존재'는 '본질' 속에서 드러난다는 의미에서 "존재의 진리는 본질이다."[121] 하지만 '본질'도 결국 '개념', 즉 '대상인 바 그것'을 진술하는 것 외에 다른 것이 아니다. 따라서 헤겔은 '본질'을 "정립된 개념"이라고 말한다. 다만 '존재'와 '본질'은 "개념으로서의 개념"(der Begriff als Begriff),[122] "개념의 개념"(der Begriff des Begriffs)이[123] 드러나는 과정의 "계기들"(Momente)일 뿐이다. "즉자적 개념"인 '존재'와 "정립된 개념"(gesetzter Begriff)인 '본질'은[124] "개념으로서의 개념"인

---

118) Logik III, S. 59 25 – 30.
119) Logik III, S. 293 35 – 36.
120) Logik I, S. 47 1 – 5.
121) Logik II, S. 3.
122) Logik I, S. 47.
123) Logik III, S. 11, 35.

'개념' 속에 '계기'로서 통일되어 있다. '존재'와 '규정들'을 증명한다는 것은 따라서 어떻게 '개념들'이 하나의 원리인 '개념'을 통해 매개되어 있으며 동시에 통일 속에 있는가를 제시하는 것이다. 이것은 존재, 본질, 개념이라는 서술의 관점으로부터 보자면 어떻게 "즉자적인 개념"이 "즉자 대자적"으로 드러나는가를 제시하는 것이다.

이렇게 헤겔의 '존재'에 대한 증명이 '개념들'에 대한 연역과 동일시된다는 것은 헤겔의 '존재론'(Ontologie)이 존재에 대한 물음을 존재에 대한 우리의 인식에 관한 물음으로 이해하는 라이프니츠-볼프학파 형이상학의 전통 속에 서 있다는 것을 의미한다. 즉 라이프니츠-볼프학파 형이상학이 존재에 관한 물음을 인식 대상들의 '대상성'(Gegenständlichkeit)을 묻는 '대상 이론'으로 이해했듯이,[125] 헤겔도 스스로 자신의 『논리학』은 "사상 속에서 파악된 사물에 관한 학"으로서의 '형이상학'이라고 규정한다.[126] 그러나 여기서 헤겔은 '사유규정들이 대상의 근본 규정들일 수 있다'는 라이프니츠-볼프학파 형이상학의 근본 입장을 단순히 받아들이지 않는다는 점은 지적되어야 한다.[127] 오히려 그는 사유규정들이 어떻게 하나의 원리로부터 이끌어지는지, 역으로 말하자면 여러 개념들이 어떻게 하나의 존재에 대한 규정인지를 제시하고자 한다. 이것은 곧 **'존재론'이 어떻게 가능한가**를 제시하는 것이다. 이런 점에서 헤겔의 '사변철학'은 **비판적 정신**의 토대 위에 있다고 말할 수 있다.

---

124) Enzy, § 112.

125) "Die transzendentale Logik Kants und die Ontologie der deutschen Schulphilosophie", B. Giovanni, J. Salas, in *Philosophisches Jahresbuch*, 95, 1988 참조.

126) Enzy, § 24 그리고 Logik I, S. 50 20-23.

127) 학파 형이상학(Schul-Metaphysik)에 대한 헤겔의 근본 이해에 대해서는 Enzy, § 28 참조.

3. 철학적 증명으로서 변증법

'개념들', '순수 사유규정들'을 '연역'(Ableiten)을 통해 증명하려는 헤겔의 철학적 과제는 『논리학』의 내용을 이루게 된다. 『논리학』은 순수 사유규정들을 칸트처럼 "주관성과 객관성의 대립 구도" 속에서 고찰하는 것이 아니라 그 규정들의 "내용 자체 및 서로서로에 대해 규정된 관계"로부터 고찰한다.[128] 이러한 고찰 속에서 사유규정들의 '연관'(Zusammenhang)이 드러나게 되고, 그와 더불어 사유규정들 각각의 위치가 확정된다. 바로 이러한 위치의 확정 속에 그 사유규정들의 고유한 "논리적 의미"가 주어진다.[129] 이때 각각의 사유규정들은 앞선 범주로부터 '연역된'(abgeleitet) 것이며 동시에 그 다음에 올 범주의 '근거'가 된다. 이 말은 각각 범주들은 우연적으로 얻어진 것이 아니라 하나의 원리로부터 주어진 것임을 의미한다. 이러한 범주의 연역 전체는 결국 모든 순수 사유규정들이 어떻게 근거 지음(begründung)의 **출발**(Anfang)인 그 하나의 원리(das Prinzip) 아래로 통일되는가에 대한 **서술**(Darstellung)이기도 하다. 하지만 만일 모든 규정들이 하나의 원리 아래로 통일된다면 다음과 같은 물음이 제기된다. 이 원리 자체는 '무한 퇴행'(regress ad infinitum)에 빠지지 않고 어떻게 근거 지어질 수 있는가?

무한 퇴행 없이 원리를 근거 지을 수 있다고 한다면, 그것은 오로지 원리으로부터의 제 규정들의 도출(Ableiten)이 오히려 원리 자체에 대한 정당화가 되는 경우일 것이다. 이것은 각 범주들의 도출이 다음의 두 가지를 동시에 만족시킬 때만 가능하다. 첫째, 원리로부터의 각 사유규정의 도출은 '원리인 바의 것'의 "생성"(Genesis)이어야 하며, 둘째, 이 생성의

128) Enzy, § 41 그리고 Logik I, S. 50 1－5.
129) KdrV, A 147.

과정은 동시에 원리 자체의 "현시"(Exposition)여야 한다. 만일 원리로부터의 제 규정의 도출이 '원리인 바의 것'에 대한 단순히 "생성"이기만 한다면, 우리는 그 과정을 원리에 대한 정당성, 즉 **근거 지음으로** 인정할 수 없을 것이며, 역으로 그 도출이 '원리인 바의 것'에 대한 단순한 "현시"일 뿐이라면 그 과정은 원리에 대한 단지 '기술'(Deskription)로 머무르고 말 것이다. 원리로부터 제 규정의 도출이 '원리인 바의 것'에 대한 근거 지음이려면 결국 그 과정은 "생성"이며 동시에 "현시"여야 한다. 이것은 생성의 결과인 '원리인 바의 것'이 출발의 원리와 동일한 경우에만 가능하다. 만일 그 둘이 동일한 것이라고 한다면 '원리인 바의 것'의 "생성"(Werden)이란 원리가 "자기 자신으로 귀환"(Rückehr in sich)하는 과정이 될 것이다. 이러한 과정 속에서 결과로 주어지는 "원리인 바 그것은" "연역된"(abgeleitet) 것이며, 동시에 그것으로부터 제 규정이 "연역될 수 있는"(ableitbar) '근거'(Grund)이다.

헤겔은 자신의 『논리학』에서 원리에 대한 이러한 모습의 증명 과정을 제시하며, 그 증명을 "발생적 현시"(die genetische Exposition)로서 "변증법적 운동"이라 부른다. '철학적 증명'으로서의 이러한 "변증법"은 원리의 관점에서 볼 때, 첫째, 스스로를 산출하면서(sich selbst erzeugend), 둘째, 점진적으로 나아가면서(fortschleitend), 셋째, 자신으로 귀환한다는(in sich zurückgehend) 특징을 지닌다.[130] 그렇다면 이러한 변증법으로서의 철학적 증명이 구체적으로 어떻게 가능한가? 이 물음에 대한 대답은 물론 이미 말했듯이 헤겔 『논리학』 자체가 될 것이므로 우리는 여기서 『논리학』의 기본 구조에 대한 이해 속에서 이 문제의 답을 찾아보자.

『논리학』의 이해에 있어서 가장 어려운 점은 우선 증명의 첫 번째 전제인 '원리'(Prinzip)의 설정에 있다. 매개항의 제시인 증명에 있어서 도

---

130) PhdG, S. 48 18 – 20.

대체 이러한 '원리', 즉 그것으로부터 제 규정들이 연역될 수 있으며 동시에 자신은 전혀 매개되어 있지 않은 첫 번째 전제로서의 '원리'가 가능한가? 이 물음은 모든 사유규정들을 **증명을 통해** 근거 지으려는 『논리학』의 '근거'로서의 '시원'(Anfang)에 관한 문제이다. 헤겔에 의하면 이러한 '원리'(Prinzip 혹은 Anfang)는 바로 "단적인 자기 관계"(die einfache Beziehung auf sich selbst)로 이해되는 '존재'(Sein)이다. 그렇다면 "단적인 자기 관계"인 '존재'가 어떻게 "증명된 학"(die demonstrierte Wissenschaft)으로서의 『논리학』의[131] 최초의 '원리'일 수 있는가? 헤겔이 '존재'를 증명의 첫 번째 원리로 간주하는 근거는 부정적 딜레마의 긍정적 딜레마로의 변형으로부터 성립한다.[132] 우선 부정적 딜레마를 정형화시키면 다음과 같다.

a) 만일 매개항의 제시로서의 증명의 출발점이 있다면, 그 첫 번째 전제는 매개되어 있든지, 아니든지이다.

b) 증명의 출발점은 그것이 증명의 **첫 번째 전제**이므로 결코 '매개된 것'일 수 없다.

c) 증명의 출발점은 그것이 증명의 첫 번째 전제이므로 '무매개적인 것'일 수 없다.

d) 그러므로 매개항의 제시로서 증명의 절대적 출발점은 있을 수 없다.

헤겔은 이러한 부정적 딜레마를 다음과 같은 형식의 긍정적 딜레마로

131) Logik I, S. 7.

132) 필자는 증명의 출발점에 대한 이러한 이해를 M. Wolff의 논문 "Die Momente des Logischen und der Anfang der Logik in Hegels philosophischer Wissenschaft", in *Skeptizismus und spekulatives Denken in der Philosophie Hegels*, S. 226－242에 근거하고 있다. 이때 부정적 딜레마의 형식은 1) 만일 p라면, q이거나 －q이다. 2) －q이다. 3) －－q이다. 4) 따라서 －p이다.

바꾼다.[133)]

a) 매개항의 제시로서의 증명의 출발점은 '직접적인 것'이거나 혹은 '매개된 것'이거나이다.

b) 만일 그 증명의 출발점이 '직접적인 것'이라고 한다면 그것은 다름 아닌 '존재'이다. 왜냐하면 존재는 "**단적인** 자기 관계"로서 '직접자'이기 때문이다.

c) 만일 그 증명의 출발점이 '매개된 것'이라고 한다면 그것은 다름 아닌 '존재'이다. 왜냐하면 존재가 자기 **관계**인 한 그것은 '매개된 것'이기 때문이다.

d) 고로 증명의 출발점은 '존재'이다.

이렇게 증명의 첫 번째 원리로 이해된 "단적인 자기 관계"로서의 '존재'는 『논리학』의 서술에서 우선 **전혀 규정을 갖지 않는** '추상적 직접자'로 이해된다. 하지만 이 '직접자'는 곧 '매개된 것'으로 드러난다. 왜냐하면 헤겔은 "단적인 자기 관계" 자체를 이미 '하나의 규정'(eine Bestimmung)이라고 생각하기 때문이다.[134)] 그것이 **하나의 규정**이라는 것은 존재는 더 이상 증명의 첫 번째 원리일 수 없다는 것을 의미한다. 왜냐하면 규정은 이미 그 자체 '부정'으로서의 '매개'를 함축하기 때문이다. 따라서 우리는 '매개된 것'으로 드러나는 추상적 직접자인 존재의 근거를 다시 찾아야 한다. '매개된 것'으로 나타나는 존재의 부정은 『논리학』의 서술에서 '반성'(Reflexion)으로서의 '본질'(Wesen)로 이해된다.

133) 긍정적 딜레마의 논리적 형식은 다음과 같다. 1) p 혹은 −p이다. 2) 만일 p라면 q이다. 3) 만일 −p라면 q이다. 4) 따라서 q이다.

134) Logik III, S. 289 10−12.

그렇다면 '매개된 것'으로 드러나는 추상적 직접자의 근거를 다시 찾는다는 것은 '본질'의 근거를 찾아야 함을 의미한다. 여기서 우리는 하나의 물음을 던져볼 수 있다. 다시 찾아져야 할 근거는 '직접자'(ein Unmittelbares)이어야 하는가 아니면 '매개된 것'(ein Vermitteltes)이어야 하는가?

우선 그것이 '근거'인 한에서 '매개된 것'일 수는 없다. 그렇다고 그것이 애초의 '출발점에 놓였던 것'처럼 '추상적 직접자'일 수도 없다. 왜냐하면 '추상적 직접자'는 다시 '매개된 것'으로 드러날 것이기 때문이다. 그렇다면 우리가 찾아야 할 그 근거는 도대체 어떤 것이어야 하는가? 헤겔에 의하면 그 근거는 '직접자'와 '매개된 것'의 통일이어야 한다. 그리고 이러한 통일은 "매개의 지양"(die Aufhebung der Vermittlung)을 통해서만 가능하다. '지양한다'는 말은 '보존한다'(aufbewahren, erhalten)와 '소멸시킨다'(aufhören, ein Ende machen)의 두 가지 의미를 동시에 지닌다.[135] 따라서 "매개의 지양"을 통해 드러나는 근거는 우선 '보존한다'는 의미에서 '직접자'와 '매개된 것' 둘 다를 자신 속에 포함한다. 하지만 '소멸시킨다'는 의미 때문에 '직접자', 즉 '존재'와 '매개된 것', 즉 '본질'을 계속해서 그러한 규정으로 자신 속에 포함할 수는 없다. 그 둘은 '직접자'와 '매개된 것'으로서의 규정성(Bestimmtheit)을 포기하고 "매개의 지양"을 통해 드러난 '근거'의 "생성"(Werden)의 "계기"(Moment)로서 포함되어야 한다. "매개의 지양"을 통해 드러나는 근거를 헤겔은 '개념'이라 부른다. 근거를 찾아가는 과정의 결과인 이러한 개념을 우리가 그 과정의 출발인 존재와 비교해본다면 우선 개념은 직접자이다. 그러한 점에서 개념은 존재이다. 하지만 단순한 추상적 직접자가 아니다. 오히려 매개된, 즉 근거 지어진 직접자이다. 그렇다면 존재로부터 개념으

135) Logik I, S. 101 15–17.

로의 생성은 바로 존재에 대한 근거 지음이다. 이러한 근거 지음은 동시에 존재 자체의 '현시'(Exposition)이다. 왜냐하면 이미 말했듯이 결과가 '직접자'라는 점에서 출발과 동일한 것으로 이해되기 때문이다. 결국 결과인 개념으로서의 '매개된 직접자'란 출발에 놓이게 되는 "단적인 자기관계"로서의 '존재'가 단적이며 동시에 매개되어 있는 자신인 바를 드러낸 것이다. 이러한 존재 자체의 '현시'는 또한 근거 자체의 "발생"(Genesis)이기도 하다. 왜냐하면 매개된 직접자로서의 '근거'는 근거를 찾아가는 과정의 결과로 **비로소** 드러나기 때문이다.

이러한 과정 속에서 제시되는 모든 범주들은 존재로부터의 '연역'(Ableiten)이며 동시에 이 연역 과정의 결과가 개념으로서 존재의 근거인 한 이 연역 과정은 앞서 말한 철학이 수행해야 할 '존재' '그 규정들'에 대한 증명이다. 헤겔은 이러한 범주들의 '도출'(Ableiten)이 그것들의 '발생'(Genesis)을 포함한다는 의미에서 도출을 통한 증명을 "내재적 연역"(die immanente Deduktion)이라 부른다.[136] 이러한 "내재적 연역"은 범주들의 '정의'(die Definition der Kategorien)에 대한 진술이며 동시에 그 "정의의 필연성에 대한 증명"이다.[137] 만일 우리가 이러한 "내재적 연역"을 칸트식의 범주 연역과 비교해 본다면 그 연역이 갖는 의미를 조금 더 분명히 이해할 수 있다.

먼저 칸트의 "형이상학적 연역"(die metaphysische Deduktion)과 비교해서 "내재적 연역"에 대하여 다음과 같이 말할 수 있다. "형이상학적 연역"은 판단으로부터 범주의 발견(Entdeckung)이든 아니면 '연역'(Deduktion)이 말하듯 판단을 통한 범주의 정당화이든[138] 범주 자체의 '발생'(Genesis)을 다루지는 않지만, 그에 반해 "내재적 연역"은 바로 범

---

136) Logik III, S. 12.
137) Enzy, S. 6 24–26.

주의 '발생'을 제시한다. 그렇다면 칸트의 "선험적 연역"에 대해 갖는 의미는 무엇일까? 이 물음을 우리는 개념의 실재성(Realität)에 관한 문제와 연관지어 설명하고자 한다. 왜냐하면 범주가 "객관적 타당성"을 갖는다는 것은 곧 그것이 경험 대상에서 "객관적 실재성"(die objektive Realität)을 갖는다는 것을 의미하기 때문이다.[139)]

4. 개념의 실재화로서 변증법

헤겔이 "발생적 현시"(die genetische Exposition)의 방법인 '변증법'을 통해 범주들의 "값"(Wert)을 증명했다고 할지라도 칸트와 연관해서 볼 때 한 가지 물음이 남는다. 그것은 다름 아닌 증명된 사유규정들이 "객관적 실재성"(die objektive Realität)을 가질 수 있는가 하는 문제이다. 이 문제는 헤겔이 칸트가 전혀 고려하지 않은 범주의 순수 "논리적 의미"를[140)] 제시했다는 점이 인정된다고 할지라도[141)] 또 하나의 다른 문제, 즉 근거 지어진 선천적 사유규정들이 어떻게 현실적 인식 속에서 "의미"(Bedeutung)를 가질 수 있는가라는 물음으로 이해될 수 있다. 칸트는 단지 형식인 오성개념이 어떻게 "의미"(Bedeutung), 즉 "객관적 실재성"를 갖는가를 〈도식론〉에서 상세히 서술한다.[142)] 그에 의하면 범주는 '의미'

138) 범주의 '형이상학적 연역'에 대한 여러 가지 해석 가능성은 R. Aschenberg의 저서 *Sprachanalyse und Transzendentalphilosophie*, Stuttgart 1981, S. 103–113 참조.
139) KdrV, A 156.
140) KdrV, A 147.
141) 순수 "논리적 의미"에 대한 제시와 관련해서 L. Bruno Puntel, "Transzendentalität und Logik", in *Zur Zukunft der Transzendentalphilosophie*, *Neue Hefte für Philosophie*, S. 85–90 참조.

를 얻기 위해 감성적 조건에 의해 "제한되고"(restringieren) 동시에 "실재화"(realisieren)되어야 한다.[143] 헤겔도 "순수 사유규정"이 "의미"를 갖기 위해서는 제약되어야(bedingt) 한다는 점에서는 칸트에 동의한다.[144] 하지만 그는 칸트식의 감성을 통한 '제한'과 '실재화'는 진정한 의미에서 개념을 조건 짓는 것이 아니라고 생각한다. 왜냐하면 직관이나 표상의 잡다는 먼저 그 자체로 거기에 있으며 그러고 나서 오성이 그러한 잡다들로 나아가서 통일을 이룬다는 것은 오성 그 자체로 본다면 여전히 "공허한 형식"으로 남게 되기 때문이다.[145] 그 경우 개념은 "실재성"을 자신과는 관계없는 "외적인 것"으로부터 얻게 되는데 이것은 엄밀한 의미에서 **개념의** 실재성이라고 말할 수 없다.

헤겔에 의하면 순수 사유규정이 현실적 인식으로 사용되기 위해서는, 즉 경험을 가능하게 하기 위해서는 오히려 그 규정이 이미 그 자체로 '실재성'(Realität)을 지녀야 한다. 왜냐하면 대상에 대해 말한다는 것은 이미 범주들의 구분을 전제하는 것이기 때문이다. 따라서 헤겔이 말하는 '실재성'은 칸트가 말하는 것처럼 "감각에 상응하는 것"이 아니라[146] 형식인 범주의 "규정들"이 된다.[147] 따라서 한 범주의 '실재화'(Realisierung)는 헤겔에 따를 때 "그 범주가 다른 범주들을 비로소 상이한 범주로 만들며, 더 나아가 이 범주를 서로 구분되는 계기로 포함할 때 가능하게 된

---

142) B 185, 칸트에게 선천적 인식인 범주의 "의미"는 "대상에 대한 관계"(Beziehung auf Objekte)이다.

143) KdrV, A 146–147.

144) Logik III, S. 18 15–22.

145) Logik III, S. 17 6–16.

146) KdrV, A 143.

147) Logik III, S. 24 1–5. 범주의 규정들이 '실재성'(Realität)이라는 점에서 헤겔은 전통 형이상학의 입장 위에 서 있다. 왜냐하면 라이프니츠–볼프학파 형이상학에서 '실재성'이란 긍정적 술어로서의 규정을 의미하기 때문이다.

다. 그리고 한 범주의 '제한'(Restriktion)은 그 범주가 어떤 범주의 계기가 된다는 것을 통해 주어진다." [148] 이러한 설명은 바로 개념의 변증법적 증명의 내용 외에 다른 것이 아니게 된다. 왜냐하면 개념의 증명 속에서 제 규정들은 서로에 대한 타자이면서 동시에 '계기'로 개념 속에 통일됨으로써 '실재성'을 획득하게 되며, 동시에 '제한' 되기 때문이다. 결국 이러한 이유로 개념에 대한 헤겔의 변증법적 증명은 "개념의 실재화"(die Realisierung des Begriffs)라고 할 수 있다. [149]

실재화된(realisiert) 개념은 "분석적"(analytisch)이며 동시에 "종합적"(synthetisch)이다. 제 규정이 원리인 존재로부터 도출(abgeleitet)되었다는 의미에서 그것은 분석적이며, 그 도출은 존재의 '타자화'(Anderswerden)라는 점에서 종합적이다. 이러한 점에서 헤겔은, 선천적 인식은 종합적일 경우에 "의미" 즉 "객관적 실재성"을 갖는다는 칸트의 견해를 받아들이는 것처럼 보인다. 하지만 그는 단지 '경험적 조건'에 의해서만 종합적일 수 있다고 생각하는 칸트와는 달리 범주는 **그 규정 자체에 있어서** 종합적이며 동시에 분석적이라고 생각한다. 이러한 생각 속에서 헤겔은 순수개념이 그 자체 종합적이 된다면 그 결과는 '변증법적'이 된다는 칸트의 견해를 받아들인다. 그렇기 때문에 '분석적'이며 동시에 '종합적'인 것을 헤겔은 '변증법적'(dialektisch) 이라고 부른다. [150] 그러나 어떤 인식이 '변증법적'이라고 하는 것은 그 인식이 단순히 거짓된 '허상'(Schein)과 관계된다는 칸트의 입장은 단호히 거부한다. 오히려 헤겔은 어떤 인식이 변증법적이라는 것은 그 인식이 순수 사유규정에 근

---

148) M. Wolff의 논문 "Der Satz vom Grund oder : Was ist philosophische Argumentation?", in *Argumentation in der Philosophie*, *Neue Hefte für Philosophie*, 26, S. 110 참조.

149) Logik III, S. 288 35－36.

150) Logik III, S. 291.

거하는 현실적 인식 자체의 모습이라고 주장한다.

이제까지 우리는 대상에 대한 고찰에서 철학이 수행해야 할 '철학적 증명'을 칸트부터 헤겔로 전개된 것을 중심으로 살펴보았다. 헤겔 자신은 물론 자신의 철학이 칸트로부터의 '전개'라고 생각한다.[151] 하지만 두 철학이 갖고 있는 인식에 대한 이해의 근본적인 상이성을 염두에 둔다면 칸트와 헤겔의 관계를 '전개'라는 개념 속에 묶을 수 있을지 의심스럽다. 오히려 그 둘의 입장은 '선험적인 것'과 '변증법적인 것'으로서 인식 형이상학에 대한 근본적인 서로 다른 두 태도로 이해하는 것이 바람직해 보인다. 하지만 철학이란 근본적으로 사실적 인식의 문제가 아니라, 근거 지음을 과제로 한다는 것이 칸트와 헤겔 모두에게 공통적으로 받아들여진다면, 그 두 철학의 관계를 근거 지음의 관점에서 '전개'로 이해하는 고찰 또한 어느 정도 설득력을 가질 수 있을 것이다.

151) Logik I, S. 47－48.

제3장

사변철학의 구조

1...

개념의 개념과 '논리학'의 구조

1. '개념이란 무엇인가' 라는 물음의 의미

어떤 특정한 대상이 **무엇**인가(**was** ein bestimmter Gegenstand ist)를 말한다는 것은 헤겔에 따를 때 그 대상의 '개념'을 진술하는 것이다.[1] 개념이란 그때 '무엇'에 해당하는 것으로서, 진술하려는 대상의 "고유한 본질"(das eigentümliche Wesen) 혹은 "현상함의 잡다한 것과 우연적인 것에 있어서 실체적인 것"(das Sustantielle bei der Mannigfaltigkeit und Zufälligkeit des Erscheinens)이다.[2] 달리 말하면 개념이란 어떤 대상이 그것이기 위해 "빠뜨릴 수 없는 토대"(die unerlässliche Grundlage)이다.[3]

---

1) Logik III, S. 293.
2) Logik I, S. 16.
3) Logik I, S. 16.

그렇다면 우리는 이런 개념을 어떻게 제시할 수 있을까? 개념을 제시한다는 것은 그 개념이 무엇인지를 말하는 것이므로, 개념의 제시에 관한 물음을 다음과 같은 형태로 제시될 수 있다. 즉 개념이란 무엇인가?

아리스토텔레스에 따르면 "어떤 대상이 **무엇**인가"(was ein Gegenstand ist)는 정의(Definition)를 통해 주어지며 결코 증명될 수 없다. 왜냐하면 그때 진술되어야 할 것, 즉 개념은 증명의 원칙 자체로서 그 증명의 첫 번째 전제이기 때문이다.[4] 따라서 만일 누군가가 개념 자체를 증명을 통해 제시하고자 한다면 그는 결국 그 전제를 사취하게 될 것이다(petitio principii). 하지만 개념이 단지 정의를 통해서만 제시될 수 있다고 한다면 새로운 문제가 나타난다. 즉 정의를 통해 제시된 개념의 필연성은 어디에서 보장될 수 있는가? 아리스토텔레스는 우리가 어떻게 정의에 도달할 수 있는가를 설명하고자 했을 때 이미 이 물음을 염두에 두고 있었다.[5] 그에 따르면 우리는 올바른 정의에 도달하기 위해서는 해당되는 유(Genus)에 속하는 모든 요소(Glieder)의 본질적인 징표를 찾아야 한다. 하지만 그 징표의 완전성에 대해 우리는 여전히 물음을 가질 수 있다. 이러한 문제 상황을 정확히 이해하고 개념의 필연성을 아리스토텔레스와는 다른 방식으로 설명하고자 했던 철학자가 바로 칸트이다.

칸트는 우리의 이성적 인식을 "개념으로부터의 인식"(Erkenntnis aus Begriffen)과 "개념의 구성으로부터의 인식"(Erkenntnis aus der Konstruktion der Begriffen)으로 분류한다.[6] 전자는 철학적인 인식이며 후자는 수학적인 인식이다. 철학적 인식은 "개념으로부터" 이루어지기 때문에 철학자는 주어진 개념을 단지 분석함으로써 한 대상을 설명한

---

4) Z. A, 90 b 20.

5) 물론 여기서 문제가 되는 "개념"의 정의란 더 이상 연역될 수 없는 원칙으로서 "무매개자에 대한 정의"(die Definition des Unvermittelten)를 말한다. Z. A, 94 a, 11.

6) KdrV, B 741.

다.[7] 반면 수학자는 스스로 개념을 만들 수 있다.[8] 이때 "만들어진", 즉 "구성된" 개념은 오류일 수 없다. 왜냐하면 구성은 그 개념의 "발생"(genesis) 자체를 제시하기 때문이다. 이렇게 개념의 구성이 그 개념의 발생 자체라는 것은 다음의 두 가지 사실을 동시에 말해준다. 첫째, 한 개념이 구성될 수 있다는 것은 곧 그 개념이 타당하다는(gültig) 것을 말하며, 따라서 수학자는 그 개념의 타당성을 별도로 증명할 필요가 없다.[9] 둘째, 한 개념의 구성은 그 개념 자체에 대한 '정의'이다. 왜냐하면 칸트에 의하면 '정의'란 "어떤 개념의 대상을 그 한계 내에서 근원적으로 서술하는 것"이기 때문이다.[10]

정의에 대한 이런 규정을 따른다면, 이제 주어진 개념을 분석함으로써 한 대상을 설명하려는 철학은 결코 어떤 개념도, 그것이 "경험적"(empirisch)이든 "선천적"(apriori)이든 상관없이 정의할 수 없다. 왜냐하면, 우선 경험적 개념에 대해서는 우리가 결코 그 징표들(Merkmale)을 완전히 드러냈는지를 확인할 수 없기 때문이며, 선천적 개념에 대해서는 그 개념에 대한 분석의 완전함을 우리는 확신할 수 없기 때문이다.[11]

철학이 개념을 진술할 수 있는 방법은 단지 그 개념을 "현시"(Exposition)하는 것이다.[12] 하지만 우리의 분석은 항상 불완전하므로 그때 현시된 개념이 그 자체 필연적 타당성을 지니는지는 알 수 없다. 따라서 우리는 그 타당성을 항상 증명해야 한다. 이때 철학에는 정의의

---

7) KdrV, B 758.
8) KdrV, B 758.
9) '구성'(Konstruktion)이란 애초에 기하학에서 한 명제 혹은 형태의 '존재 증명'(Existenzbeweis)을 의미한다. E. Niebel, *Untersuchung über die Bedeutung der geometrischen Konstruktion in der Antike*, Köln 1959, S. 9–25 참조.
10) KdrV, B 755.
11) KdrV, B 756.
12) KdrV, B 758.

능력이 없으므로 그 증명 방식도 결코 수학처럼 직접적으로 공리로부터 시작되는 "Demonstration"일 수 없다. 철학적 증명은 오히려 "간접적"(akroamatisch)이어야 한다.[13] 이런 증명이란 칸트에게서는 바로 "선험적 연역"(transzendentale Deduktion)이다. 칸트에 의하면 선험적 연역의 근본적인 의도는 '순수오성개념이 어떻게 객관적 타당성(objektive Gültigkeit)을 가질 수 있는가'를 해명하는 것이다.[14] 이 말은 개념의 순수 논리적인 형식 자체를 증명하는 것이 아니라,[15] 이미 선천적으로 주어진 개념이 대상을 인식할 때 어떻게 반드시 필요할 수밖에 없는가를 제시하는 것이다. 그렇다면 개념 자체에 대한 제시, 즉 '개념이란 **무엇**인가'(**was** der Begriff ist)에 대한 진술은 여전히 이루어지지 않는다.

개념에 대한 진술이 갖는 이러한 문제점들은 결국 우리들로 하여금 헤겔 『논리학』을 고찰하도록 한다. 왜냐하면 헤겔은 자신의 『논리학』에서 그가 '개념'이라고 부르는 것을 탐구하기 때문이다. 즉 헤겔의 『논리학』은 어떤 대상에 "빼놓을 수 없는 토대"로서 개념을 탐구한다. 이때 '개념을 탐구한다'는 것은 어떤 임의적인 **대상에 대한** 개념이 아니라 "개념 자체"(der Begriff selbst), 즉 "개념으로서의 개념"(der Begriff als solcher)을 탐구한다는 것이다. 이런 탐구는 곧 개념이란 무엇인가(was der Begriff ist)라는 물음에 의해 이끌어진다. 여기서 우리가 어떤 대상인 바 그것(was ein Gegenstand ist)은 곧 그 대상의 '개념'이라는 것을 기억한다면, 개념인 바 그것(was der Begriff ist)은 곧 "개념의 개념"(der Begriff des Begriffs)임을 말한다는 것을 알 수 있다.

"개념의 개념"은 이미 그 자체 개념의 규정 문제를 함축한다. 하지만

---

13) KdrV, B 763.

14) KdrV, B 122.

15) Logik III, S. 27 1–11.

이때 '개념인 바 그것'(was der Begriff ist), 즉 "개념의 개념"(der Begriff des Begriffs)은 정의를 통해서 "자의적"(willkürlich)으로, 즉 "근거 지어짐 없이"(unbegründet) 제시될 수는 없다. 왜냐하면 헤겔 스스로 말하고 있듯이 "논리학이 증명함"(Beweisen)을 가르치려고 한다면 우선 무엇보다 그 자신의 내용인 '개념의 개념'을 증명할 수 있어야 하기 때문이다.[16] 따라서 개념이 무엇인가를 제시하는 것은 곧 그 제시될 내용의 증명이어야 한다.

'개념의 개념'에 대한 진술이 그 개념에 대한 증명이라는 것을 우리는 아리스토텔레스의 증명 이론을 통해 쉽게 이해할 수 있다. 왜냐하면 아리스토텔레스에 따를 때 증명이란 증명의 근거 혹은 토대인 매개항의 제시인데,[17] 이때 근거 혹은 토대란 다름 아닌 개념의 개념이 될 것이기 때문이다. 그렇다면 이제 문제는 '개념의 개념이 구체적으로 어떻게 제시될 수 있는가' 혹은 위에서 말했듯이 '개념인 바 그것의 증명이 어떻게 가능한가'이다. 우선 분명한 것은 개념에 대한 증명이 칸트식의 "선험적 증명"일 수는 없다는 것이다. 왜냐하면 헤겔 『논리학』의 과제는 더 이상 어떤 **'대상의** 개념'의 필연성을 제시하는 것이 아니라 개념 자체의, 즉 **'개념으로서의** 개념'의 필연성을 제시하는 것이기 때문이다.

논의를 발전시키기 전에 우선 우리는 헤겔이 증명을 어떻게 이해하고 있는지 살펴보아야 한다. 아리스토텔레스에 따르면 증명이란 근거 혹은 토대로서의 매개항의 제시이다.[18] 하지만 증명의 마지막 근거로서의 매개항은 더 이상 증명될 수 없다. 이미 말했듯이 그것은 정의를 통해서만 제시될 수 있다. 헤겔도 아리스토텔레스와 마찬가지로 증명을 "매개항

16) Enzy, § 42, Anm.
17) Z. A, 90 a.
18) Z. A, 90 a.

의 제시"(das Herbeibringen der Mittelglieder)로 이해한다.[19] 개념 자체에 대한 증명에서 매개항이란 바로 그 개념을 개념이게끔 하는 토대(Grundlage)이다.

그러나 우리가 개념 자체를 증명하고자 할 때, 해결할 수 없는 난제에 부딪힌다. 왜냐하면 개념의 토대는 '개념인 바 그것'으로서 개념 자체이기 때문이다. 이와 함께 우리는 결국 개념의 증명에서 무한 퇴행에 빠지게 된다. 헤겔도 '개념인 바 그것'은 증명되어야 한다고 말할 때 사실 일반적 증명에서 나타나는 이러한 어려움을 분명히 인식하고 있었다. 왜냐하면 그는 『정신현상학』에서 "이것은 일상적인 증명에서 나타나는 것, 즉 증명이 사용하는 근거가 다시 그 자체 어떤 근거 지음을 필요로 하고, 그런 식으로 무한히 진행되는 것과 비슷하다"고 말하기 때문이다.[20] 그렇다면 개념인 바 그것은 어떻게 증명될 수 있는가? 그것은 개념 "스스로가 자신을 토대로 만들 때"(sich selbst zur Grundlage macht) 가능하다.[21] 개념 스스로가 자신을 토대로 만든다는 것은, 헤겔에 의하면 개념 스스로가 자신을 개념으로서 구성한다(konstruieren)는 것을 의미한다. 이때 개념이 스스로를 개념으로서 구성하는 과정이란 곧 개념 자체의 '변증법적 운동'이다. 따라서 헤겔은 "변증법이 증명에서 분리되고 난 이후에 사실 **철학적 증명**의 개념은 사라져버리게 되었다"고 말한다.[22]

이제까지의 논의에 따른다면 '개념의 개념'을 진술할 때, 문제는 '개념이 어떻게 스스로 자신을 개념으로 구성하는가'이다. 이 문제는 곧 개

19) Enzy, § 231.
20) PhdG, S. 48 25－32.
21) Logik III, S. 5 14－15.
22) PhdG, S. 48 20－24. 여기서 "변증법"을 증명에서 분리되었다고 할 때, 헤겔은 아리스토텔레스를 염두에 두고 있다. 왜냐하면 아리스토텔레스에게 변증법이란 그 전제가 Hypothese인 추론이며, 그와 더불어 변증론자는 철학자와 구분되기 때문이다.

념이란 무엇인가라는 물음에 대한 대답이며 동시에 개념인 바 그것, 즉 "개념의 개념"에 대한 증명이 될 것이다.

2. '개념의 개념'에 대한 진술 구조

여기서 개념인 바 그것의 진술이 어떻게 이루어지는가를 구체적으로 살펴보기 전에, 먼저 대상의 개념(der Begriff eines Gegenstandes)을 다시 한 번 생각해보자. 왜냐하면 대상의 **개념**도 그 자체가 **개념이라는 면에서는** 개념의 개념과 다르지 않기 때문이다. 먼저 칸트에게 개념이란 "매개된 표상"(eine vermittelte Vorstellung)이다. 즉 개념이란 대상들의 공통적인 징표를 매개로 그 대상들과 관계할 수 있는 표상이다.[23] 이 말은 개념이 매개된 표상인 한 그 개념은 직접적으로 진술될 수 없다는 것을 의미한다. 헤겔이 어떤 대상의 개념이란 "매개된 것"이라고 생각할 때, 그는 분명히 이와 같은 칸트의 견해를 받아들인다. 하지만 이때 매개된 것의 의미는 칸트와 다르다. 그렇다면 헤겔에게 매개된 것의 의미는 무엇인가?

헤겔은 다음과 같이 생각한다. 어떤 대상이 무엇인가를 파악하기 위해서는, 즉 대상에 대한 개념을 형성하기 위해서는 우선 "사유규정들"(Denkbestimmungen)이 전제되어야 한다. 이런 사유규정들이란 『논리학』에서 탐구되는 '범주들' 혹은 '사유규정들'이다. 예를 들면 한 대상이 무엇인지 진술하기 위해서 우리는 먼저 대상 가운데서 공통적인 표징(Merkmale)을 뽑아야 한다. 그러기 위해서는 그 대상들을 비교해야 하는데, 이때 이미 반성규정들인 '동등함'(Gleichheit) 혹은 '상이함'(Verschiedenheit) 등이 적용된다. 이렇게 비교를 통해 제시된 대상은 매

---

23) KdrV, B 377.

개된 것이다. 그렇다면 그 어떤 대상에 대한 진술은 그때 전제된 사유규정들이 없으면 불가능하다. 따라서 그 사유규정들은 어떤 대상을 진술할 때 "빼놓을 수 없는 토대"(die unerlässliche Grundlage)가 된다. 헤겔은 이제 바로 이러한 "빼놓을 수 없는 토대"를 '개념'이라 부른다. 즉 어떤 대상이 진술될 때 전제되는 규정을 '개념' 혹은 '사유규정'이라고 부르는 것이다.[24)]

헤겔 『논리학』의 과제는 이러한 개념을 탐구하는 것이다. 하지만 그 탐구의 대상이 **개념**인 한 그것에 대한 진술도 마찬가지로 직접적으로 이루어질 수는 없다. 왜냐하면 앞서 말했듯이 개념은 "매개된 것"이기 때문이다. 그렇다면 이러한 개념, 즉 사유규정에 대한 진술은 어떻게 이루어질 수 있는가? 이 문제를 다룸에 있어서 우리는 먼저 중요한 두 가지 점을 확인해두어야 한다. 첫째, 개념인 바 그것에 대한 진술은 "주관적"이며 "자의적"일 수 없다는 것과, 둘째, '개념인 바 그것'은 연역되어야 한다는 것이다.[25)] 이러한 이해를 바탕으로 이제 '개념인 바 그것'의 진술을 고찰해보자.

개념의 진술을 위해서는, 즉 그것의 연역을 위해서는 원리와 같은 어떤 첫 번째 것이 주어져야 하는데 이 "첫 번째 것"(das Erste)은 "직접적인 것"(ein Unmittelbares)이다. 왜냐하면 그렇지 않을 경우 첫 번째 것인 진술의 토대는 매개된 것이 되므로, 그 경우 다시 그 토대의 토대에 대한 물음이 제기되기 때문이다. 이때 직접자가 "단적인 것"(Einfaches)으로 이해된다면 그 단적인 것이란 어떠한 "상이성"(Verschiedenheit)도 갖지 않음을 의미한다. 이렇게 '상이성을 갖지 않는 직접적인 것'을 헤겔은 "추상적 직접자"(das abstrakt-Unmittelbare)로 이해한다.[26)] 그렇다면 개

---

24) Logik I, S. 50, 19.
25) Logik III, S. 5 10-15.

념에 대한 진술은 이 "추상적 직접자"를 제시함으로써 끝나는 것인가? 그렇지 않다. 오히려 문제는 여기서부터 시작된다. 왜냐하면 추상적 직접자란 이미 그 추상성(Abstraktheit) 때문에 "매개된 것"(ein Vermitteltes)으로 드러나기 때문이다. 달리 말하면 "추상적 직접자"는 매개되어 있지 않다는 것, 즉 단적이며 보편적이라는 것 때문에 개념의 진술에 있어서 첫 번째 것일 수 있지만, 헤겔에 따르면 이러한 "단적이며 보편적임"(das Einfache und Allgemeine zu sein) 자체는 오히려 하나의 "규정성"(Bestimmtheit)이 된다.[27] 왜냐하면 추상적 직접자는 그것이 다른 것을 부정하든 혹은 다른 것에 의해 부정되든 항상 그 다른 타자를 전제하므로,[28] 이미 그 자체 매개된 것이며, 바로 이 매개됨이 추상적 직접자의 규정이기 때문이다.

---

26) 우리는 das abstrakt Unmittelbare와 das abstrakte Unmittelbare를 구분해야 한다. 전자는 추상적인 방식에서의(in abstrakter Weise) 직접자이고, 후자는 추상적인 것으로서(als Abstraktes) 직접자이다. 전자는 어떤 다른 것을 통해서도 매개되어 있지 않기 때문에 "단정적인 것"(Assertorisches)이다(Logik III, S. 287 30－33). 반면 후자는 추상화하는 작업과 연관되어 있다. 즉 그것은 추상함의 결과로서 매개된 것이다. 그렇다면 개념인 바 그것의 진술에서 첫번 째일 수 있는 것은 어느 것인가? 헤겔은 사실 자신의 『논리학』의 시원(Anfang)에서 두 경우를 모두 염두에 둔다. 즉 『논리학』의 시원은 das abstrakt Unmittelbare일 수도 있고, 또한 das abstrakte Unmittelbare일 수도 있다는 것이다. 만일 우리가 "사유 그 자체"(das Denken als solches)를 고찰하고자 한다면, 시원은 das abstrakt Unmittelbare로서 어떤 "주관적 전제"(eine subjektive Voraussetzung)가 된다(Logik I, S. 58 25－30). 그러나 이 시원이 의식의 마지막이며 절대적인 진리인 한에서, 그것은 의식의 전개 과정을 통해 이미 "매개된 어떤 것"이 된다(Logik I, S. 57 6－10).

27) Logik III, S. 289 10－12.

28) "추상함"이란 일반적으로 두 가지로 이해될 수 있다. 곧 어떤 것으로부터 추상되는 경우와 어떤 것을 추상하는 경우이다. 첫 번째 경우에는 우리가 추상된 것에서 다른 나머지 것을 주목하지 않는다. 헤겔은 바로 이러한 의미에서 추상함을 구체적인 것으로부터 단지 우리의 주관적인 목적을 위해 이러저러한 징표를 뽑아내는 것이라 규정한다. 두 번째 경우 추상함이란 추상적인 것이 감각적으로 구체적인 것과 함께 결합되어 있는 경우이다. 이 경우 추상함이란 추상적인 것을 경험적으로 구체적인 것으로부터 분리함을 의미한다. 헤겔에 따를 때 추상함이란 감각적 질료를 떼어내고 사유의 그 순수한 기반에서 "순수 사상"(reinen Gedanken)을 파악하는 것이다(Logik III, S. 17 36－S. 18 5 & S. 18 22－25).

따라서 이제 추상적 직접자는 더 이상 그것에 의해 '개념인 바 그것'이 제시될 수 있는 토대일 수 없게 된다. 오히려 '개념인 바 그것'을 제시하기 위한 토대를 찾기 위해서는 스스로 매개된 것으로 드러나는 **추상적 직접자의 토대**가 찾아야 한다.

이때 찾아야 할 토대가 그 자체 매개된 것으로 드러나는 추상적 직접자의 토대라는 점으로부터, 그 찾아야 할 토대가 갖고 있을 두 가지 특징이 드러난다. 첫째, 추상적 직접자와 매개된 것은 그 찾아야 할 토대 안에서 통일되어 있어야 한다. 왜냐하면 그 토대란 추상적 직접자의 토대이며 **동시에** 매개된 것의 토대이기 때문이다. 둘째, 그 찾아야 할 토대는 추상적 직접자와 매개된 것의 통일의 연관을, 즉 어떻게 그리고 어느 정도까지(wie und inwiefern) 그들이 통일되어 있는가를 드러내야 한다. 왜냐하면 그 찾아야 할 토대는 추상적 직접자의 토대이고, **또한** 매개된 것의 토대이기 때문이다. 그렇다면 우리는 여기서 다음과 같은 질문을 던져볼 수 있다. 찾아야 할 토대 그 자체는 결국 '직접적인 것'인가 아니면 '매개된 것'인가? 이 물음에 대한 답은 분명하다. 그것은 **토대**이기 때문에 '직접적인 것'이어야 한다. 하지만 애초의 추상적 직접자와 같은 방식의 직접자일 수는 없다. 왜냐하면 추상적인 한에서 그것은 다시 매개된 것으로 드러날 것이기 때문이다.

헤겔에 따르면 이 토대는 "매개의 지양"(die Aufhebung der Vermittlung)을 통해서만 가능하다.[29] 매개가 지양된다면, 우선 토대는 직접자(das Unmittelbare)가 될 것이다.[30] 하지만 "지양한다"(Aufheben)는 말이 "보존한다"(aufbewahren), "없앤다"(aufhören lassen)는 의미를 갖고 있으며,[31] "보존한다"는 것은 "어떠한 것을 그것인 바로서 계속 파악한다"는

---

29) Logik III, S. 298 35－36.
30) Logik III, S. 298 36－38.

것을 의미한다.[32] 따라서 찾아야 할 토대가 매개의 지양을 통해서 성립한다는 것은 곧 그 토대가 직접자이지만 동시에 매개를 그 자체에 포함한다는 것을 의미한다. 결국 찾아야 할 토대는 직접자이자 동시에 매개이다.[33] 이것은 토대가 자기 자신과 매개되는 한에서만 가능하다. 왜냐하면 토대가 **자기 자신과** 매개되는 한 그것은 직접자이며, 동시에 자기 자신과 **매개되어** 있는 한 매개자이기 때문이다. 그렇다면 매개의 지양이란 결국 찾아야 할 토대가 자기 자신과 매개하는 운동이자 동시에 토대로서 그것이 스스로를 토대로 만드는 과정 외에 다른 것이 아니게 된다. 또한 그것은 이미 토대였기 때문에 토대가 스스로 토대로서 자신을 드러내는 운동과 다른 것이 아니게 된다.

결국 토대를 찾아가는 과정은 토대가 스스로를 토대로 구성하는 과정이며 동시에 그 과정은 매개에 대한 제시이므로 토대에 대한 증명이 된다. 이때 제시된 근거인 토대는 과정의 결과이므로, 그 증명은 연역(Ableiten)이 된다.[34] 그렇다면 개념의 토대인 개념의 개념은 연역된(abgeleitete) 것이며, 동시에 그것으로부터 또한 개념이 연역될 수 있는(ableitbare) 토대가 된다. 이제까지의 논의를 우리는 다음과 같이 정리할 수 있다.

첫째, '개념에 대한 개념'의 진술에서 "첫 번째 것"은 추상적 직접자이다.

둘째, 추상적 직접자는 그 스스로 매개된 것이다.

셋째, 스스로 매개된 첫 번째 것의 토대는 단지 매개의 지양을 통해서만 가능하다.

---

31) Logik I, S. 101.
32) PhdG, S. 71 15–16.
33) Logik III, S. 299 3.
34) Logik III, S. 300 29–38.

넷째, 매개의 지양은 토대가 스스로를 토대로 만드는 과정이며, 동시에 토대로서 자신으로의 귀환이다.

지금까지의 고찰이 '개념이 무엇인가'를 진술할 때 드러나는 내용이라면, 이 내용은 곧 '개념이 무엇인가'를 탐구하는 헤겔 『논리학』의 내용이 된다. 그리고 '개념이 무엇인가'에 대한 진술이 그 개념에 대한 증명인 한, 『논리학』의 서술은 개념에 대한 증명이 된다. 헤겔은 이러한 증명을 바로 개념의 "변증법적 운동"(dialektische Bewegung)이라 부른다. 따라서 우리는 개념에 대한 진술이 갖는 구조에 의해 변증법적 운동을 다음과 같이 정리할 수 있다. 변증법적 운동은 첫째, 개념이 "자기 스스로를 산출하면서"(sich selbst erzeugend), 둘째, "점진적이며"(fortleitend), 셋째, "자기 스스로에게 되돌아가는"(in sich zurückgehend) 과정이다.[35] 이러한 개념의 변증법적 운동은 개념이 스스로를 산출하는 한에서 개념 자신의 "발생"(Genesis)이며, 동시에 그 과정이 점진적인 한에서 전제로부터의 "연역"(Ableiten)이다. 그리고 그 과정이 전제로 되돌아가는 것인 한, 이 연역이란 오히려 증명되어야 할 개념 자체의 "현시"(Exposition)가 된다. 이러한 변증법적 운동을 헤겔은 단적으로 "발생적 현시"(die genetische Exposition)라 부른다.[36]

이러한 이해는 그가 '변증법적'이라는 말의 의미를 '분석적'과 '종합적'의 결합으로 이해할 때와 같은 것이다. 왜냐하면 '분석적'이란 이후 주어지는 규정이 이미 출발 자체에 놓여 있는 것을 말하며, '종합적'이란 출발이 그 과정을 통해 자신의 타자로 드러나는 것을 의미하기 때문이다.[37] 결국 개념이 무엇인가라는 진술에서 드러나는 변증법적 과정이

35) PhdG, S. 48 18－20.
36) Logik III, S. 5 32.
37) Logik III, S. 291 10－27.

란 개념에 대한 규정이며 동시에 그 규정에 대한 증명이다. 헤겔은 이러한 증명을 "정의의 증명"(Beweis der Definition)이라 부른다.[38] 이러한 증명은 그 "증명 수행"(Beweisführung)이 증명되어야 할 내용에 대해 "외적"(äußerlich)이지 않다. 따라서 이러한 증명은 "증명된 학문"(die demonstrierte Wissenschaft)으로서의 『논리학』의 내용이 된다.[39]

이러한 증명의 의미를 칸트와 비교해서 살펴보는 것은 흥미롭다. 왜냐하면 앞서 말했듯이 헤겔의 『논리학』은 칸트의 '선험적 논리학'과는 달리, **어떤 대상에 대한 개념**을 탐구하는 것이 아니라 **개념 자체**를 탐구하는 것이기 때문이다. 칸트에 따를 때 주어진 개념을 분석함으로써 한 대상을 설명하려는 철학은 그 분석의 불완전성 때문에 항상 그 개념의 타당성을 증명해야 한다. 이러한 개념의 타당성 증명은 "가능한 경험"을 증명 근거 혹은 매개항으로 삼게 되며,[40] 그 구체적인 내용은 '선험적 연역'에서 전개된다. 반면 헤겔에게서 개념은 스스로를 구성한다. 때문에 이러한 구성으로서의 증명을 헤겔은 그 구성이 개념 자체의 발생이라는 의미에서 "내재적 연역"(immanente Deduktion)이라 부른다.[41] 물론 여기서 개념 스스로의 구성이 철학적 인식과 연관해서 무엇을 의미하는가가 해명되어야 하지만, 그것은 일단 이 글의 한계를 넘어 또 다른 고찰을 필요로 하는 주제일 것이다.

---

38) Enzy, S. 6 25.
39) Logik I, S. 7 19–20.
40) (이것을 칸트는 "선험적 증명"이라 부른다.) KdrV, B 765.
41) Logik III, S. 12 4–6.

3. '개념의 개념'에 대한 진술과 『논리학』

앞서 고찰된 내용이 '개념의 본성'(die Natur des Begriffs)에 대한 진술이라면, 우리는 이제 다음과 같은 물음을 갖게 된다. 이 진술이 『논리학』의 전개 속에서 구체적으로 어떻게 이해될 수 있는가? 우선 '개념인 바 그것'의 진술에 있어서 첫 번째 것은, 앞선 내용을 돌이켜볼 때 "추상적 직접자"였다. 『논리학』의 전개도 마찬가지로 이러한 "단적인 자기 관계"(die einfache Beziehung auf sich selbst) 또는 "계속된 규정이나 충족이 없는 추상적인 자기 관계"(die abstrakte Beziehung auf sich selbst ohne alle weitere Bestimmung und Erfüllung)로서의 직접자와 함께 시작된다. 특히 헤겔은 이러한 직접자를 '존재'(Sein)라 부른다.[42] 하지만 앞에서 추상적 직접자는 그 추상성 때문에 오히려 매개된 것으로 드러나고 다시 그 토대가 찾아져야 했듯이, 『논리학』의 내용도 존재와 함께 종결되지 않는다. 오히려 '존재'란 '개념의 개념'을 진술해야 하는 전체 『논리학』의 관점에서 보자면 "단지 **즉자적인** 개념"(der Begriff nur **an sich**)일 뿐이다.[43] 그렇다면 직접자로서의 존재가 "매개된 것"(das Vermittelte)으로 드러날 때, 그 "매개된 것"은 무엇일까? 그것은 다름 아닌 "반성으로서의 본질"이다. 왜냐하면 그 매개된 것이란 바로 첫 번째 것의 **부정으로서** 그 첫 번째 것을 자신 속에 포함하기 때문이다. 이것은 곧 "부정적인 것"이 "자신 속에서 자기 자신과 매개되어 있음"(Vermittlung seiner in sich mit sich selbst)을 말한다.[44]

매개된 것은 그 첫 번째 것에 대해 무관한 것으로서의 타자가 아니라 단지 "즉자적인 타자"(das Andere an sich) 혹은 "타자의 타자"(das

---

42) Logik I, S. 58 13 – 20.
43) Logik I, S. 47 3 und Enzy, § 84.

Andere des Anderen)이다.[45] 이러한 반성(Reflexion)으로서의 본질은 바로 "매개 속에 있는 개념"(der Begriff in seiner Vermittlung) 외에 다른 것이 아니다.[46] 이러한 개념을 헤겔은 "정립된 개념으로서의 개념"(der Begriff als gesetzter Begriff)이라 부른다.[47] 존재란 즉자적인 개념이고 본질이란 매개 속에 있는 개념이라면, 존재와 본질은 개념인 한에서는 하나이다(dasselbe). 단지 그 하나인 개념이 한 번은 즉자적으로, 다른 한 번은 매개 속에 있을 뿐이다. 그렇기 때문에 헤겔은 "단지 **하나의** 개념이 본질의 발전에서나 존재의 발전에서 동일한 규정이지만, 전자의 경우에는 반성된 형식으로 나타날 뿐이다"라고 말한다.[48] 존재와 본질은 그 하나인 개념의 모습들이다. 그러나 그 개념이 아직 **존재** 혹은 본질로 이해된다는 것은, 그것이 스스로를 **개념으로서** 드러내지 않았다는 것을 의미한다. 이것은 개념의 진술에 있어서 그 토대, 즉 '개념으로서의 개념' 혹은 '개념인 바 그것'(was der Begriff ist)을 계속 찾아야 한다는 것을 의미한다.

따라서 우리는 '매개 속에 있는 개념', 즉 '본질'의 토대를 찾아야 한다. 이때 찾아야 할 토대가 진정한 의미에서 토대라면 그것은 존재와 본질에 대해 제3자일 수는 없을 것이다. 오히려 그 둘의 통일일 것이다. 바로 이러한 통일, 즉 개념의 **개념**을 헤겔은 『논리학』의 전개에서 세 번째로 서술되는 '개념'이라 부른다. 이 개념은 존재와 본질의 통일이기 때문에 "즉자-대자적인 개념"(der Begriff an und für sich)이다.[49]

그렇다면 우리는 여기서 한 가지 물음을 갖게 된다. 존재와 본질이 모

---

44) Enzy, § 112, Anm.
45) Logik III, S. 295 35 – S. 296 6.
46) Enzy, § 83 und Logik I, S. 47 16 – 28.
47) Enzy, § 112.
48) Enzy, § 114, Anm.

두 개념이라면 왜 이제야 그 개념들이 비로소 '개념'으로 불리는가? 이 물음에 대해 우리는 다음과 같이 대답할 수 있다. **존재, 본질, 개념으로의 진행은 '개념인 바 그것' 의 진술을 위한 토대를 찾아가는 과정이며, 동시에 이 과정은 개념이 스스로를 개념으로 드러내는 과정이다. 즉 이것은 '개념인 바 그것' 이 스스로를 개념으로 정립하는 과정이다. 이 과정의 끝에서 개념은 비로소 개념으로 이해된다.** 그렇기 때문에 헤겔은 이 '개념'을 "개념의 개념" 혹은 "개념으로서 개념"이라 부른다.[50] 개념은 이제 비로소 자기 자신을 **개념**으로 제시한다. 개념이 자신을 개념으로 제시한다는 것은 즉자적인 개념이 그 자체에서 즉자-대자적으로 '정립되는 것'을 말한다. 따라서 개념의 **개념**이란 "정립된 존재"(das Gesetztsein)이다. 그렇기 때문에 헤겔은 '개념의 개념'이란 "정립되어 있음"(das Gesetztsein)과 "즉자-대자적으로 있음"(das An-und-Fürsichsein)의 통일이라고 말한다.[51]

『논리학』의 내용이 '개념인 바 그것'이 자신을 드러내는 과정이라면, 우리는 이제 이 과정에 대한 이해를 토대로 그 『논리학』을 구성하는 두 부분, 즉 **'객관적 논리학'**과 **'주관적 논리학'**의 관계를 살펴볼 수 있다. 하지만 그 이전에 우리는 다음과 같은 궁금증을 가질 수 있다. 즉 '대상인 바 그것'(was der Gegenstand ist)으로서의 어떤 대상이 그것이기 위해 "빠뜨릴 수 없는 토대"인 '개념'이 그 진술 속에서 왜 '존재'와 '본질'로 파악되는가? 사실 이 물음은 근본적으로 '개념'을 탐구하는 헤겔의 『논리학』이 왜 '존재론'일 수 있는가에 대한 문제를 함축한다.[52]

우선 '존재'란 대상의 그 대상**임**(was der Gegenstand **ist**)을 의미한다.[53]

49) Enzy, § 84.
50) Logik I, S. 47 11 und Logik III, S. 11 35.
51) Logik III, S. 6 14-19.

이러한 존재는 그 '대상인 바 그것'을 제시하는 한 분명히 '개념'이다. 그렇기 때문에 '개념'이란 바로 '존재'라고 말할 수 있다. 하지만 '존재'가 대상의 '개념'을 완전히 보여주지는 않는다. 왜냐하면 이때 존재란 단순히 '주어'일 뿐이기 때문이다.[54] 어떤 대상을 규정할 때 그 규정되어야할 내용은 주어에서 주어지는 것이 아니라 술어에서 주어진다. 술어가 빠진 주어란 단지 "이름"(Name)에 불과하다. 이것은 곧 술어가 그 대상의 대상**임**을 말한다는 것을 의미한다. 술어는 본질이다. 따라서 "존재의 진리는 본질이다."[55] 예를 들자면, "신은 영원하다"(Gott ist ewig)라는 문장에서 신**임**, 즉 신의 존재(was Gott **ist**)는 '영원하다'는 술어 속에서 드러난다. 주어 자리에 있는 '신'이란 단순한 "의미 없는 소리"(ein sinnloser Laut), 혹은 "단순한 이름"이다.[56] 그렇다면 존재와 본질은 서로 다른 것인가? 그렇지 않다. 둘 다 모두 하나이며 동일한 '대상인 바 그것', 즉 그 '개념'이다. 존재는 단지 그 개념이 아직 완전히 전개되지 않은 "즉자적인" 모습일 뿐이며, 본질이란 그 개념이 "정립된" 것이다. 따라서 참된 '개념'이란 존재와 본질의 통일인 것이다. '개념이 무엇인가'에 대한 진술은 따라서 존재와 본질이 통일되는 과정에 대한 진술이 된다. 그렇다면 이제 우리는 논리학의 두 부분, 즉 **'객관적 논리학'**과 **주관적 논리학'**의 관계를 살펴볼 수 있다.

---

52) Logik I, S. 50 20 – 27.
53) Logik III, S. 59 28 – 29, S. 293 35 – 36.
54) Logik III, S. 59 22 – 27.
55) Logik II, S. 3 3.
56) Logik III, S. 59 27 – 34, Enzy, § 31, Anm. und PhdG, S. 17 8 – 21.

4. '객관적 논리학'과 '주관적 논리학'의 관계

'객관적 논리학'은 존재(Sein)와 본질(Wesen)을 내용으로 하며, 주관적 논리학은 '개념으로서의 개념'을 고찰 대상으로 한다. 개념으로서의 개념이란, 개념으로 자신을 제시한 개념이다. 이러한 개념의 제시는, 앞에서 이미 말했듯이, "매개의 지양"을 통해서 가능하다. 이러한 "매개의 지양"은 이제 '개념이 스스로를 즉자적, 대자적으로 정립하는 과정'이다. 그리고 이 과정의 결과에서 비로소 개념이 개념으로서 드러나는 한, 이 매개의 지양이란 개념으로서의 개념의 "생성"(werden)이다. 또한 그 때 개념은 '존재'와 '본질'**로부터** "생성된 것"(das Gewordene)이므로, 존재와 본질은 그 개념의 생성의 "계기"가 된다. 물론 여기서 '계기'라는 것은 개념의 어떤 측면들을 의미하는 것은 아니다. '계기'가 정확히 무엇을 의미하는지 이해하기 위해 우리는 개념의 생성 과정을 돌이켜볼 필요가 있다.

우선 '추상적 직접자'로서의 '존재'는 그 추상성 때문에 매개된 것으로 나타났다. "이와 더불어 차후로 있게 되는 것은 매개된 것이다. 왜냐하면 첫 번째 것은 이 매개된 것 속에서 소멸되었기 때문이다."[57] '개념의 개념'은 다시 이렇게 매개된 것의 지양으로부터 드러난 결과이다. 그렇다면 이러한 과정의 결과인 개념의 개념 속에는 전 과정이 포함되어 있게 된다. 왜냐하면 "지양한다"는 것은 곧 "보존한다"(aufbewahren)는 것을 의미하기 때문이다. 이러한 "개념의 생성"에 대한 파악으로부터, 우리는 '계기'를 다음과 같은 방식으로 이해할 수 있다. 첫째, '계기'란 개념의 **생성의 결과가 드러난 후에야** 비로소 의미 있게 말해질 수 있다.

---

57) Logik III, S. 295 13-16.

왜냐하면 존재, 즉 "즉자적 개념"과 본질, 즉 "매개된 개념"이란 단지 '개념의 개념'이 드러난 후에 그러한 규정으로서 이해될 수 있기 때문이다. 그렇다면 여기서 우리는 헤겔 『논리학』의 내용에서 보여지는 두 가지 서로 다른 관점을 이해할 수 있다. 하나의 관점은, 『논리학』이 존재-본질-개념으로 서술되는 것이며, 다른 하나의 관점은 즉자적 개념, 매개 속의 개념, 즉자 대자적 개념으로 서술되는 것이다. 우선 후자는 개념의 개념이 드러난 후에 붙여질 수 있는 내용 규정이다. 이러한 규정을 우리는 개념이 자신을 개념으로 "현시"(Exposition)하는 관점이라고 한다면, 전자는 단지 개념이 개념으로 "발생"(Genesis)하는 관점이라고 이해할 수 있다. 하지만 이제, '개념의 개념'이 드러난 지금 『논리학』의 서술을 발생적 관점과 현시적 관점으로 구분하는 것은 무의미하다. 왜냐하면 그 두 과정은 개념이 자신을 제시하는 하나의 동일한 운동이기 때문이다. 이러한 운동이란 앞서 말한 변증법적 진행, 즉 "스스로를 산출하면서", "점진적이며", "자기 자신으로 돌아가는" 운동이다.

둘째, '계기'란 개념의 서로 다른 측면들(Aspekte)이 아니라 개념이 스스로를 개념으로서 드러내는 과정에 있어, **그 드러남의 정도**이다. 왜냐하면 존재란 개념이 '즉자적으로 있는 것'이고, 본질은 개념이 '대자적으로 있는 것'이며, 개념으로서의 개념이란 그 개념이 자신을 '즉자-대자적으로 정립한 것'이기 때문이다. 이렇게 본다면 개념이 생성되는 과정인 매개의 지양이란 개념이 자기 자신을 개념으로 드러내는 과정이다. 그렇기 때문에 헤겔은 "개념의 생성은 개념의 본성(die Natur des Begriffs)에 관한 서술"이라고 말한다.[58]

여기서 우리는 앞서 제기된 물음, 즉 '매개의 지양을 통해 드러난 토대는 직접자인가, 아니면 매개된 것인가'라는 물음을 '개념의 개념'과

58) Logik III, S. 6 20 – 21.

연관해서 대답해보자. 개념의 개념이 매개의 **지양을 통해** 드러난 것인 한 그것은 직접자이다. 하지만 직접자란 바로 '존재'였다. 따라서 개념으로서의 개념의 생성은 존재의 자기 자신으로의 귀환(zurückgehen)이다. 헤겔은 다음과 같이 말한다. "개념이란 존재와 본질의 연관 속에서 규정하자면 단적인 직접성인 존재로 되돌아간 본질이다."[59] 그러나 이때 존재는 더 이상 출발점에 있던 존재가 아니다. 왜냐하면 존재는 이제 자신 속으로 반성되었기 때문이다. 개념으로서의 개념은 오히려 존재이면서 동시에 반성, 즉 본질이다. 따라서 존재와 본질의 통일이다. 이러한 통일 속에서 보자면, 존재와 본질은 더 이상 **존재로서**, 그리고 **본질로서** "자립적 규정들"(selbständige Bestimmungen)이 아니다. 그것들은 단지 개념의 생성 과정에서 나타났던 규정들이다. 따라서 그 규정들의 "근거"(Grund) 혹은 "토대"(Grundlage)는 개념으로서 개념이다.

존재와 본질은 개념으로서 개념 속에서, 즉 그 근거 속에서 서로 통일되고 분리된다. 이때 그 근거는 개념이 스스로를 개념으로 드러내는 과정의 결과물인 한 "연역된 토대"(die abgeleitete Grundlage)이다. 또한 이 연역된 토대로서의 결과물이 그 과정의 출발점과 다르지 않는 한, 이 토대는 "연역할 수 있는 토대"(die ableitbare Grundlage)이다. 이 개념으로서 개념이 연역된 것인 한 개념인 바 그것의 생성은 "발생"(Genesis)이며 연역할 수 있는 것인 한 그 생성은 개념의 "현시"(Exposition)이다. 이에 덧붙여 헤겔은 개념으로서 개념을 계기들의 "진리"로 이해한다. 이때 "진리"란 바로 계기들의 "동일성"을 의미한다.[60] 이 동일성은 계기들인 존재와 본질이 개념으로서 개념 속에 "소멸되고"(untergegangen) 동시에 "포함되어"(enthalten) 성립된 것이다. 만일 존재와 본질이 개념으로서의 개념 속에서 소멸되지 않는다면, 그것들은 계속해서 존재와 본질

59) Enzy, § 159, Anm.

로서 남게 될 것이고 그것들의 동일성은 불가능할 것이다. 반면 단지 소멸되고 보존되지 않는다면, 그 동일성은 "상이성"(Verschiedenheit)을 전혀 포함하지 않는 "추상적 동일성"으로 남게 될 것이다. 헤겔에 따를 때 이러한 "추상적 동일성"은 결코 "근거"(Grund)일 수 없다.[61] 왜냐하면 "참된 근거"란 "동일성과 차이의 통일"이기 때문이다. 결국 이러한 "근거"는 바로 '개념으로서의 개념'이다.

이제 우리는 이제까지의 논의를 정리함으로써, **'객관적 논리학'**과 **'주관적 논리학'**의 관계를 해명할 수 있다. 존재와 본질이 개념의 생성의 계기이며, 그 생성은 '개념인 바 그것'의 발생적 현시인 한, 존재와 본질을 내용으로 하는 **'객관적 논리학'**은 '개념인 바 그것'의 "발생적 현시"(die genetische Exposition)이다.[62] 이에 반해 **'주관적 논리학'**은 현시된 개념의 구체적인 내용을 다룬다. 존재 혹은 본질에서의 규정들은 아직 **개념으로서의** 규정들이 아니었다. 그러나 **'주관적 논리학'**에서 그 규정들은 이제 **개념의** 규정들로 고찰된다.[63] 그렇기 때문에 헤겔은 그 규정들을 "개념의 규정" 혹은 "규정된 개념"들이라고 부른다.[64]

이러한 개념의 개념을 그 내용에서 다루는 논리학을 헤겔은 **Subjektive Logik**이라고 부른다. 이것을 우리는 일반적으로 **'주관적 논리학'**이라고 번역하지만 그 내용에 비추어 보자면 **'주체의 논리학'**이란

---

60) '개념인 바 그것'에 대한 증명은 따라서 헤겔에게서는 진리 증명이라고 할 수 있다. 왜냐하면 개념이 스스로를 개념으로서 드러내는 것은 곧 그 개념이 스스로를 진리로서 제시하는 것이기 때문이다. 여기서 진리 증명이 "동일성"으로의 제시라는 관점에서 볼 때 볼프가 이미 지적했듯이 헤겔의 진리 증명은 라이프니츠의 기획의 한 변형인 것은 틀림없다. "Der Satz vom Grund oder : Was ist philosophische Argumentation?", S. 92–111 참조.

61) Enzy, § 115, Anm.

62) Logik III, S. 5 31–32.

63) Logik III, S. 32 29–34.

64) Logik III, S. 32 25–27.

말이 더욱 타당해 보인다. 왜냐하면 '개념의 개념'은 그 생성에서 볼 때 자신에 반성된 존재이다. 바로 이렇게 "자신에 반성된 것"(ein in sich Reflektiertes)을 헤겔은 "주체"(Subjekt)라 부르며,[65] 바로 이러한 주체를 다루는 논리학을 헤겔은 'Subjektive Logik'이라 부르기 때문이다. 따라서 여기서 말하는 "주체"란 객관에 대한 대립으로서 이해될 수 없으며 오히려 '자기 반성적인 것'으로 이해되어야 한다. 헤겔은 다음과 같이 말한다.

주관적 논리학은 개념, 즉 자유로이 자립적이며 스스로를 자신 속에서 규정하는 주관적인 것 혹은 오히려 주체 자체라 할 수 있는 본질의 논리학이다. 주관적인 것은 우연적인 것, 자의적인 것 혹은 의식에 속하는 규정이라는 오해를 불러일으킨다. 그렇기 때문에 차후에 논리학 내에서 다루어지게 될 주관적인 것과 객관적인 것의 구분에 너무 무게를 두면 안 된다.("Die subjektive Logik ist die Logik des Begriffs, – des Wesens, das das freie **selbständige, sich in sich bestimmende** Subjektive oder vielmehr das **Subjekt selbst** ist. – Indem das Subjektive das Mißverständnis von Zufälligem und Willkürlichem sowie überhaupt von Bestimmungen, die in die Form des Bewußtseins gehören, mit sich führt, so ist hier auf den Unterschied von Subjektivem und Objektivem, der sich späterhin innerhalb der Logik selbst näher entwickeln wird, kein besonderes Gewicht zu legen."[66])

지금까지의 논의는 다음과 같이 정리될 수 있다.

첫째, 존재와 본질을 고찰하는 **'객관적 논리학'**은 개념에 대한 개념의 '발생적 현시'이다.

---

65) PhdG, S. 14 19 – 23.

66) Logik I, S. 51 9 – 20. 필자는 여기서 'subjektiv'라는 말의 해석 때문에 의도적으로 원문을 번역하지 않았다. 필자 강조.

둘째, 그 발생적 현시는 '존재'로부터 결과됨이며 동시에 '존재' 자체의 드러냄이다.

셋째, 존재는 '즉자적 개념'이고 본질은 '매개 속에 있는 개념'이며, 개념이란 '즉자-대자적인 개념'이다. 따라서 개념에 대한 개념의 생성은 "즉자, 대자적으로 있는 것"(was an und für sich ist)의 **정립**이다.

넷째, 이렇게 "정립된 것"(das Gesetztsein)은 "자신으로 반성된 것"으로서 '주체'이다. 이 주체를 다루는 것이 '주체의 논리학'(subjektive Logik)이다.

이미 여러 번 말했듯이 헤겔 『논리학』은 '개념이란 무엇인가'에 대한 물음에 답하려는 시도이다. 헤겔이 볼 때 그 이전의 많은 철학자들은 개념을 이미 아는 것으로 전제하고 그것에 대한 물음 없이 철학을 수행했다. 물론 이러한 태도에 대한 비판을 시도한 사람은 칸트이다. 칸트는 종래의 형이상학이 사용하는 오성개념들에 대해 '비판'이라는 이름 아래서 그 능력과 한계를 물었다. 하지만 그 진행 과정은 '선험적(transzendental)'이라고 이해될 수 있는 구도, 즉 선천성(apriori)과 후천성(aposteriori) 혹은 주관성(Subjektivität)과 객관성(Objektivität)의 대립 속에서 고찰되었다.[67] 이러한 비판의 결과는 오성개념들은 사물 자체에 대한 규정일 수 없으며 단지 현상에 대한 인식으로서만 머무를 수 있다는 것이다.

하지만 헤겔이 볼 때 오성개념을 단지 현상에 대한 인식으로 규정하는 칸트의 근거는 "심리학적"이며 "주관적인 반성"일 뿐이다.[68] 즉 순수 오성개념들이 단지 우리의 주관적 오성의 규정들이기 때문에 그 규정을 통한 인식은 현상에 머무른다는 것이다. 헤겔은 단적으로 오성개념을 통해 규정된 인식은 현상이라는 점에 대해 칸트에게 동의한다. 하지만

67) Logik I, S. 51 5-8 그리고 Enyz, § 41.
68) Logik III, S. 20 1-15.

그 근거는 다르다. 칸트에게 있어 오성적 인식이 현상인 이유는 사물 자체의 규정이 아니기 때문인 반면, 헤겔에게서는 사물의 본질을 규정하는 범주 자체가 유한하기 때문이다. 따라서 "진정한 의미의 비판"은 범주를 그 자체 내용에 있어서 고찰해야 한다.[69] 이러한 고찰은 이제 '개념이란 무엇인가'라는 물음 아래서 전개될 수 있다. 왜냐하면 '개념이란 무엇인가'라는 물음은 곧 범주인 개념을 그 자체에서 탐구하기를 요구하기 때문이다. 이러한 탐구란 바로 우리가 지금까지 고찰한 내용이다. 만일 이 고찰된 내용이 일말의 타당성을 지닌다면 우리는 헤겔 스스로가 주장한 내용, 즉 헤겔 자신의 『논리학』이 범주들에 대한 "진정한 의미의 비판",[70] 즉 "범주를 그 자체 내용에 있어서 고찰하려는 시도"임을 어느 정도 인정할 수 있겠다.

69) Logik I, S. 51 5-6.
70) Logik I, S. 51 5-6.

2...

존재, 본질, 개념

1. 진리존재와 그 해명

존재론이란 존재를 탐구하는 학문이다. 이때 존재를 탐구한다는 것은 '존재란 무엇인가'라는 물음을 던지고 이에 대답하는 작업이다. 우선 '존재란 무엇인가'라는 물음을 생각해보면 우리는 이 물음이 존재에 대한 정의(Definition)를 요구한다는 것을 알 수 있다. 하지만 존재는 간단히 정의될 수 없다. 왜냐하면 실재적 정의를 위해서는 유와 종차가 필요한데, 존재는 가장 추상적인 개념이므로 그에 해당하는 유와 종차가 있을 수 없기 때문이다. 그렇다면 존재의 정의를 요구하는 이 물음과 함께 존재론은 수행될 수 없다는 것인가? 그렇지는 않다. 헤겔의 존재론은 사실 그 전체가 이 물음에 답하는 과정이라고 할 수 있다. 즉 『논리학』의 전개는 존재에 대한 정의 과정이고 그렇게 서술된 『논리학』의 내용은 곧 존재에 관한 정의 자체이다. 따라서 『논리학』의 내용인 존재, 본질,

개념은 각기 존재의 정의에 대한 진술이며, 그런 한에서 '존재란 무엇인가'라는 물음은 『논리학』의 출발점에서 대답될 수 있는 물음이 아니라 『논리학』 전체에 대한 서술과 함께 대답될 수 있는 물음이다.

다른 한편 '존재란 무엇인가'라는 물음은 존재의 의미에 대한 물음으로 이해될 수도 있다. 존재의 의미에 관한 물음은 이미 하이데거에 의해 현존재(Dasein)에 대한 현상학적 분석을 통해 대답된 적이 있다. 하지만 여기서 우리가 말하는 존재의 의미란 하이데거의 시도와는 다른 것으로서 아리스토텔레스가 말했던 존재의 의미에 따라 존재를 고찰하는 것을 말한다. 아리스토텔레스에 따를 때, 언어를 통해 표현되는 '존재'(to be)는 일반적으로 네 가지 의미로 이해될 수 있다. 그 첫째는 우연적인 것 혹은 속성으로서의 존재이고, 둘째는 범주들로서의 존재이며, 셋째는 참과 거짓을 의미하는 진리존재(das Wahrsein)이며, 마지막으로는 가능적인 것과 현실적인 것으로서의 존재이다.[71] 헤겔은 『논리학』에서 존재가 이 중 어떤 의미를 지니는지 명시적으로 말하지는 않는다. 하지만 우리가 그 논의를 자세히 살펴보면 가능한 답을 찾을 수 있다. 이때 중요한 것은 헤겔에게 존재론은 곧 논리학이라는 것을 염두에 두고, 존재와 사유는 동일한 것이라는 사상으로부터 출발해야 한다는 점이다.

사실 존재론이 논리학과 같은 것이라는 생각은 이미 고대 그리스 철학에 그 기원을 두고 있다. 왜냐하면 파르메니데스가 말하듯이 "안다는 것(to know)과 알려지는 것(that which is known)은 같은 것"이라고 한다면 전자를 고찰하는 것은 논리학이 될 것이며 후자를 고찰하는 것은 존재론이 될 것이기 때문이다.[72] 같은 의미로 헤겔은 다음과 같이 말한다. "참된 존재는 또한 사상(Gedanke)의 존재이지만 그러나 그 참된 존재가

71) Aristoteles, *Metaphysik*, V, 1017a – 1017b 5.
72) E. Gilson, 정은해 역, 『존재란 무엇인가』, 서광사, 1992, 35 – 36쪽 참조.

단순히 사상만은 아니다. 그 둘은 대자적으로 동일하다."[73] 존재와 사상이 대자적으로 동일하다는 것은 곧 사상이 반성 속에서 존재와 동일한 것이며, 존재는 그 논리적 고찰 속에서 사상과 동일한 것임을 의미한다. 따라서 반성 속에서 주어지는 사유의 자기 고찰인 논리학과 존재에 대한 물음에 답하는 존재론(onto－logy)은 하나이며 같은 것이 된다. 이처럼 존재와 사유가 같은 것이라고 한다면 이제 헤겔의 존재가 어떤 의미인가 하는 물음에 대한 답은 사유와의 연관 속에서 찾아야 한다.

헤겔 『논리학』의 출발점(Anfang) 혹은 원리(Prinzip)는 존재이다. 존재가 사유를 고찰하는 『논리학』의 원리라는 것은 굳이 『정신현상학』을 끌어들이지 않더라도[74] 일반적인 언어 사용에 대한 반성을 통해 쉽게 이해될 수 있다. 왜냐하면 헤겔이 생각하듯이 언어가 사유 형식을 표현하는 것이라고 할 때, 그 언어의 기본적인 형식 속에는 늘 존재(sein)가 드러나 있기 때문이다.[75]

그렇다면 언어 형식 속에서 드러나는 『논리학』의 원리로서의 이 존재는 아리스토텔레스가 제시한 네 가지 존재 이해 가운데 어떤 의미를 지니는 것인가? 헤겔은 '판단론'에서 『논리학』의 원리인 "추상적이며, 직접적인 존재"란 사실 판단의 계사임을 말한다.[76] 물론 『논리학』의 원리인 존재가 판단의 계사라는 것이 그 출발점에서부터 이해되지는 않는다. 그러나 원리로부터 시작하여 전개되는 과정이 원리인 존재의 참모습을 드러내는 과정이며 그리고 그 과정 속에서 결국 출발점의 존재가

73) *Vorlesung über Logik und Metaphysik*(Heidelberg 1817), hrsg. von K. Gloy, Hamburg 1992, S. 47.

74) 헤겔은 『논리학』에서 『논리학』의 원리에 대한 연역은 『정신현상학』에서 주어진다고 말한다. Logik I, 1990, S. 33. 그리고 *Hegels Logik, Eine Einführung*, von J. Hartnack, Frankfurt/M. 1995, S. 8－12 참조.

75) Logik I, S. 9 35－11 34.

76) Logik III, 1994, S. 68 1－2.

판단의 계사로 드러난다면, 우리는 판단의 계사에 대한 이해로부터 역으로 출발점의 존재가 어떤 의미를 지니는지 생각해볼 수 있다.

출발점에서의 사유란 아직 활동하기 이전, 즉 판단하기 이전의 사유이다. 따라서 그 사유는 아무것도 직관하거나 규정하지 않으며 그런 한에서 전혀 매개되어 있지 않은 "무규정적 직접자"이다. 하지만 사유가 활동하기 시작한다면 그 사유는 더 이상 무규정적 직접자가 아니라 규정된 것으로 이해될 것이다. 문제는 여기서 활동으로 나타나기 직전의 사유가 존재로 이해될 때, 우리는 그 존재를 어떤 의미로 이해할 수 있는가이다.

판단 속에서 계사로서 주어와 술어의 결합인 판단을 가능케 하며 판단 이전에는 단적인 사유로 이해될 수 있는 존재란 다름 아닌 '진리존재'이다. 왜냐하면 진리존재란 존재에 대한 선험적(transzendental) 규정으로서, 즉 존재와 사유의 동일성으로서 항상 판단하는 사유와 연관되어 이해되는 존재이기 때문이다.[77] 이 진리존재를 좀더 구체적으로 이해하기 위해 사유의 활동을 고찰해볼 필요가 있다. 사유의 활동은 늘 어떤 사물에 대하여 '그 사물이 그러하다'(daß es so ist)는 판단의 형태로 나타난다. 하지만 이러한 판단에는 그것이 어떤 형태이든 상관없이 항상 판단인 한에서 '그 사물이 그러하다는 것은 사실이다'(Es ist der Fall, daß p) 혹은 '그 사물이 그러하다는 것은 참이다'(Es ist wahr, daß p)라는 주장이 전제되어 있다. 이러한 주장은 모든 판단의 근저에 놓여 있는 단적인 것이며, 그 판단을 가능케 하는 것으로서의 사유의 자기동일성에 근거한다. 그리고 이러한 사유의 동일성 속에서 사물의 존재(was es ist)와 그 "사물의 개념인 사상"(Sache)은 하나이며 동일한 것으로 이해된다.[78] 바

77) *Metaphysik*, von L. Bauer, München 1923, S. 90–91 참조.
78) Logik I, S. 14 35–15, 9.

로 이러한 사유의 동일성이란 아리스토텔레스가 말하는 존재의 의미에 따를 때 판단에 대한 술어로서 진리존재(veritatives Sein)이다. 『논리학』의 출발점에서 단적으로 주어지는 순수존재란 이처럼 판단으로 활동하기 이전에 단적으로 전제되며 무매개적인 사유로서의 진리 존재 외에 다른 것이 아니다.

『논리학』의 원리인 존재가 진리존재라는 것은 『논리학』에 대한 연역에 해당하는 『정신현상학』을 생각하면 더욱 분명해진다. 『정신현상학』은 '의식의 경험에 관한 학'이라는 부제가 말하듯이, 대상에 대한 일상적인 의식으로부터 시작해서 이 의식을 반성하는 의식에 이르기까지 의식이 진행해나가는 과정을 현상학적으로 서술한다. 이 서술 과정에서 의식은 의식과 대상에 대한 구별을 지양하고 더 이상 그 차이가 없는 순수 지의 형태에 도달하게 된다. 이렇게 도달된 순수 지란 대상과 의식을 통합하고 아우르는 선험적(transzendental) 지평에서 파악되는 의식으로서, 대상과 지라는 구분이 무의미하다는 이유로 더 이상 지라 불릴 필요가 없는 의식이다. 이러한 의식이 바로 『논리학』의 출발점에 놓이게 되는 순수존재이다. 여기서 순수 지가 순수존재로 고찰되는 이유는 그것이 대상과 지에 대해 "무차별적인 것"(das Unterschiedlose)이기 때문이다.[79] 대상과 지에 대해 무차별적이라는 것은, 지가 항상 판단으로 이해되는 한, 판단으로 나타나기 이전에 아직 어떤 특정한 것으로 규정되지 않은 상태에서의 사유임을 의미한다. 그렇다면 순수존재란 대상과 지의 구분을 지양하고 있는 선험적 차원의 순수 사유라고 할 수 있다. 이러한 순수 사유란 바로 활동으로서의 판단을 근거 지으며, 그 진리성을 주장하는 힘으로서의 진리존재라 할 수 있다.[80]

『논리학』의 원리인 순수존재가 진리존재라고 한다면, 이제 이러한 존

---

79) Logik I, S. 58 8–16.

재로부터 어떻게 여타의 범주들이 도출될 수 있는지를 생각해볼 필요가 있다. 이를 위해서 우선 순수존재가 왜 "무규정적 직접자"로 이해되는가를 생각해보자. 앞서 말했듯이 『논리학』은 순수 사유에 대한 고찰이다. 하지만 『정신현상학』의 결과로 주어진 순수 사유란 '나는 내가 그것을 생각한다는 것을 알고 있다'는 의미의 반성적 사유이다. 왜냐하면 『정신현상학』의 결과인 사유는 지와 대상의 구분이 지양되는 선험적 지평에 서 있는 사유이기 때문이다. 그러나 이와 같은 자기 반성적 사유는 『논리학』의 원리가 될 수 없다. 왜냐하면 그러한 사유는 직접적인 것이 아니라 이미 매개된 것이며, 그런 한에서 더 이상 고찰의 시발점이 될 수 없기 때문이다. 그렇다면 사유규정의 출발을 위해서 우리는 반성 이전의 것으로 돌아가야 한다. 이러한 상태에서 볼 때 출발이 되는 것은 내용 없는 공허한 사유 자체가 될 것이다

여기서 짚고 넘어가야 할 것은 『정신현상학』의 결과인 선험적 사유와 반성 이전의 순수 사유가 서로 모순적이지 않은가 하는 점이다. 하지만 중요한 것은 『정신현상학』이 일상적인 의식으로부터 자기 의식적 정신으로의 진행을 서술하는 것이라면, 『논리학』은 그렇게 획득된 정신으로서의 사유에 대한 단적인 논리적 구조를 고찰한다는 점이다. 다시 말해 『논리학』의 원리인 존재는 발생적으로 고찰할 때, 『정신현상학』의 결과로서 매개된 것이지만 사유 자체에 대한 단적인 논리적 고찰로서는 직접적인 것이다.[81] 이렇게 볼 때 단적인 통일성인 사유의 논리적 표현은 바로 '무규정적 직접자'이다. 이러한 직접자는 전혀 규정되지 않은, 그

---

80) 『논리학』의 원리인 존재가 진리존재라는 것을 염두에 둔다면 우리는 존재와 사유의 동일성 아래서 얼마나 많은 것들이 오해되어왔는가를 알 수 있다. 특히 그 가운데 존재를 마치 자연과학적 고찰 대상인 사물로 이해하고 사유는 주관적 사유로 생각하여 서로 다른 두 개의 사물이 일치하는 것으로 생각하는 경우가 그러하다. 이러한 입장에 설 경우 존재와 사유의 동일성은 신비한 주문으로밖에는 들리지 않는다.

래서 존재로 드러날 수조차 없는 내용 없는 사유 자체이다. 바로 이러한 이유로 헤겔은 원리가 되는 이 존재를 아무 내용이 없는 단순한 "사유 자체"(das Denken als solches)라 부른다.[82] 그리고 이것을 헤겔은 다음과 같이 표현한다. "순수존재 그 자체 속에서는 아무것도 직관되지 않는다. 만일 직관에 대해서 말한다면 순수존재는 순수하고 공허한 직관 자체이다. 순수존재 속에서는 마찬가지로 아무것도 사유될 수 없다. 혹은 순수존재는 공허한 사유이다."[83]

순수존재가 이처럼 반성 이전의 순수 사유로서 내용 규정이 전혀 없다면, 그것은 굳이 존재라 할 것 없이 '무'(Nichts)라 불러도 무리가 없을 것이다. 왜냐하면 '무'라는 것은 헤겔이 볼 때 "아무것(Nichts)도 직관되지 않음"이기 때문이다.[84] 이런 까닭에 헤겔은 "순수존재와 순수 무(Nichts)는 동일한 것"이라고 말한다.[85] 여기서 헤겔이 말하는 '무'의 의미를 좀더 자세히 이해하기 위해 우리는 칸트가 설명하는 무에 대한 네 가지 의미를 떠올려볼 필요가 있다.

칸트에 따르면 '무'는 다음과 같이 네 가지로 구분된다.[86] 첫째, "대상 없는 개념"(ens rationis)으로서 본체계에 해당하는 개념들. 둘째, "대상의 결핍에 대한 개념"(nihil privativum)으로서 실재성에 대립되는 부정. 셋째, "대상의 단순한 형식적인 조건"(ens imaginarium)으로서 순수 공간 혹은 시간 등. 넷째, "스스로 모순되는 개념의 대상"(nihil negativum)으로서, 예를 들면 둥근 사각형 등. 헤겔이 순수존재란 "아무것도 직관되지 않음" 혹은 "직관함 자체"이며 그런 한에서 무라고 할 때, 이 무는 여

---

81) J. Hartnack, *Hegels Logik, Eine Einführung*, Frankfurt/M. 1995, S. 8-12 참조.
82) Logik I, S. 58.
83) Logik I, S. 71-72.
84) Logik I, S. 72 12.
85) Logik I, S. 72 20-21.
86) KdrV, B 347-348.

기서 세 번째 의미인 "대상의 단순한 형식적 조건"에 해당한다. 다시 말해 대상의 단순한 형식적 조건이란 바로 아무것도 직관하지 않고 있는 공허한 사유 자체를 말하는 것 외에 다른 것이 아니다. 그리고 이러한 공허한 사유 자체란 바로 판단으로 활동하기 직전의 아무것도 직관하지 않는 무규정적 직접자로서의 순수 사유다. 따라서 헤겔은 다음과 같이 말한다. "순수 무란 완전한 공허성이며, 규정 및 내용 없음이다." 혹은 "무란 공허한 직관함이며 혹은 사유(Denken)이며 순수존재와 마찬가지의 공허한 직관함이며 사유 자체다."[87]

순수존재가 내용 규정이 전혀 없다는 의미에서 무와 동일한 것이라고 한다면 이제 존재론의 첫째 원리에 대한 물음이 새롭게 제기된다. 즉 존재론의 첫 번째 원리는 존재인가 아니면 무인가? 이 물음에 대해 헤겔은 다음과 같이 말한다. "진리인 바 그것은 존재도 아니고 무도 아니다. 오히려 그것은 존재는 무로 무는 존재로 ─이행하는 것이 아니라─ 이행되어 있다는 것이다."[88] 여기서 존재가 무로 그리고 무가 존재로 이행되어 있다는 것은 진리존재로서의 사유란 곧 "순수 추상"(die reine Abstraktion)으로서의 사유임을 의미한다.[89] 사유가 추상인 이유는 무엇인가를 사유한다는 것은 그 무엇인가를 규정하는 것인 만큼 무엇인가를 무화시킨다는 데 있다. 하지만 출발점에서 반성 이전의 사유란 아직 아무것도 규정하지 않는 사유이다. 따라서 이러한 사유는 순수 추상이다. 그러나 사유는 항상 이러한 순수존재 혹은 순수 추상으로 남아 있을 수는 없다. 왜냐하면 사유가 사유인 한 그것은 사유해야 하며 그리고 사유한다는 것은 곧 규정이 주어진다는 것을 의미하기 때문이다. 따라서 "무와 하나인 존재" 혹은 "존재와 하나인 무"는 통일 속에서 새로운 규정 '현

87) Logik I, S. 72.
88) Logik I, S. 72.
89) Enzy, § 87.

존'(Dasein)으로 이해된다.[90] 헤겔 스스로 사유규정(Denkbestimmungen)이라고 부르는 이 현존은 이후 계속하여 전개되는 규정들, 즉 양, 질, 관계, 척도 등과 함께 순수존재 자체의 규정들로 이해된다. 그리고 존재가 진리존재인 한, 이러한 범주들은 진리존재의 규정들, 즉 판단 속에서 제시되는 주어와 술어의 결합 방식들로 이해된다.[91]

이렇게 이해된 범주들이 존재론으로 체계화되기 위해서는 그때그때의 존재 규정이 되는 것 외에 그 전체가 통일적으로 하나의 존재(das Sein)를 규정하는 것으로 드러나야 한다. 범주들이 하나의 존재 의미로 통일되지 못하고 각기 개별적인 방식으로 존재를 드러낸다면, 하나의 범주에서 다른 범주의 도출은 단순히 타자로의 "이행"(Übergang)이 될 것이며,[92] 범주와 범주의 관계가 단지 "이행"으로 이해된다면 존재론의 성립에 있어서 문제가 발생하게 된다. 왜냐하면 각각의 범주들이 존재의 내용이라고 할 때, 그것들이 어떤 근거에서 **하나의 존재**에 대한 규정들인지를 논리적으로 해명할 수 없기 때문이다. 이 문제는 존재론의 이론적 토대에 있어서 중요한 문제이다. 왜냐하면 존재론이 가능하기 위해서는 존재에 대해 말해지는 다양한 술어들이 하나로 존재에 대해 말하고 있다는 것이 해명되어야 하기 때문이다.

다양한 범주들이 하나로 존재에 대하여 말하고 있다는 것을 설명하는 전통적 논의가 바로 '존재의 유비'이다. 아리스토텔레스는 존재의 유비를 '건강한'이란 말을 예로 들어 설명한다. 그에 의하면 '건강한'이란 원래 한 생명체의 성질을 의미하며, 그 생명 기능이 방해받지 않고 순조로이 진행되고 있다는 것을 의미한다. 다시 말해 우리가 '건강한' 아이나

---

90) Enzy, § 89.

91) 이에 대해 졸고 「헤겔 논리학, 범주론인가 아니면 신지학인가?」, 『哲學』, 제65집, 106–134쪽 참조.

92) Enzy, § 161.

'건강한' 망아지를 말할 때 바로 이런 의미에서 말한다. 하지만 그 말은 다른 방식으로도 사용된다. 즉 우리는 건강한 생활 방식이나 건강한 안색을 말하기도 하고 이삭이 건강하다고도 말한다. 이렇게 하나의 말을 유추적으로 사용할 경우, 이 말의 의미는 그때그때마다 다른데도 이들 상이한 용법 사이에는 내면적 연관과 통일성이 있다. 이러한 유비는 존재에서도 마찬가지이다. 왜냐하면 서로 다른 범주들만큼 다양한 방식으로 존재가 말해지고 있지만 그러한 표현들은 모두 공통적으로 존재를 말하는 것이기 때문이다.

그렇다면 유비 문제의 핵심은 어떻게 서로 다른 것들이 하나의 통일 속에서 결합될 수 있는가 하는 점이 될 것이다. 이 점은 동일성과 차이(Unterschied)에 대한 반성적 고찰 속에서 해결될 수 있다. 왜냐하면 다양한 범주들이 서로 다름에도 불구하고 공통으로 존재를 말할 수 있기 위해서는 곧 동일성과 차이가 서로 배타적이지 않을 경우에만 가능하기 때문이다.[93] 각각의 범주들이 서로 구분되지만 동시에 하나로 존재를 말하는 것이라면 하나의 범주로부터 다른 범주로의 '이행'(Übergehen)은 더 이상 '타자'(ein Anderes)로의 이행이 아닐 것이며, 하나의 통일성 속에 묶여 있는 체계 내에서의 관계로 이해될 것이다.[94] 이 경우 다양한 범주들은 관계 속에서 하나의 존재를 구성하게 될 것이며, 그와 함께 존재론(Onto-logie)이 가능케 될 것이다. 하지만 동일성과 차이의 개념에 대한 고찰은 『논리학』의 첫 번째 부분인 '존재' 장에서는 설명되지 않는다. 왜냐하면 동일성과 차이는 비교 속에서만 가능한 반성개념들인 반면 '존재' 장에서는 반성 이전의 직접자로서의 사유가 고찰되기 때문이

---

93) B. Weismahr, *Ontologie*, Stuttgart 1985, (허재윤 역, 『존재론』, 서광사, 1990), S. 128-135 참조.

94) Enzy, § 161, § 240.

다. 결국 존재론의 가능성에 대한 해명은 직접성으로서의 사유를 넘어 반성으로서의 사유에 대한 고찰 속에서만 가능하게 된다. 헤겔은 바로 '본질론'에서 이것을 고찰한다.

2. '반성'으로서 본질

'본질론'은 "존재의 진리는 본질이다"라는 문장과 더불어 시작된다. 이 문장에 따르면 우선 '존재론'에서 고찰된 존재는 진리가 아니라는 점이다. 왜냐하면 그것은 본질이 아니기 때문이다. 진리란 헤겔에 따를 때, "즉자 대자적으로 있는 바의 모습"이므로[95] '존재론'에서 고찰된 존재가 진리가 아니라는 것은, 그것이 즉자 대자적인 바의 모습이 아니라는 것을 의미한다. 그렇다면 진리인 즉자 대자적인 모습의 존재는 어떻게 얻어질 수 있는가?

헤겔은 다음과 같이 말한다. "지(das Wissen)는 진리, 즉 즉자 대자적인 바의 존재를 인식하기 원하므로, 직접자와 그 규정들에 머무르지 않고 존재 배후에 존재 자체와는 다른 어떤 것이 있으며 이것이 존재의 진리를 이룰 것이라는 가정 아래서 존재를 관통하여 나아가게 된다."[96] 여기서 존재란 앞서 설명되었듯이 반성 이전의 직접성으로서의 사유이다. 따라서 지가 존재를 관통하여 그 배후로 나아간다는 것은 곧 사유가 반성을 통해 스스로의 배후로 들어간다는 것을 의미한다. 그 배후에서 사유는 즉자 대자적인 바의 존재를 인식하고자 한다. 그렇다면 이때 즉자 대자적인 바의 존재란 바로 자신을 자신으로 파악하는 사유 외에 다른

95) Logik II, S. 35.
96) Logik II, S. 3 4-10.

것이 아니게 된다. 다시 말해 사유가 존재를 관통하여 그 배후로 나아가는 것은 반성하는 사유가 반성으로서의 자신의 모습을 드러내는 것 외에 다른 것이 아니게 된다.

반성으로서의 사유가 반성으로 자신을 드러내게 될 때, 그 사유는 즉자 대자적으로 있게 된다. 그리고 바로 이러한 대자적인 모습이 "본질"(Wesen)로서 직접성으로서의 사유의 진리가 된다. 이렇게 본다면 본질은 반성을 통해 비로소 드러난 것이지만 사실은 반성으로 드러나기 이전에 이미 "있었던"(gewesen) 사유이다. 따라서 헤겔은 "직접적 존재로부터 지가 스스로 내면화됨으로써(sich erinnert), 즉 지는 이러한 매개를 통해서 비로소 본질을 발견한다"고 말하며,[97] 더 나아가 "이러한 운동이 지의 길로서 표상된다면 시원으로부터 본질에 이르는 운동은 인식의 활동처럼 현상하지만 그러나 이러한 진행은 존재 자체의 운동이다"라고 말한다.[98] 이처럼 존재를 관통해서 본질로 가는 지의 운동과 직접성으로부터 스스로를 매개로 드러내는 존재의 운동이 하나이며 동일한 것이라고 한다면, 그 운동의 결과 획득된 본질이란 스스로를 반성하는 사유이다. 이런 이유로 헤겔은 본질이란 '반성'이라고 말한다.

존재의 진리가 본질이며 그 본질이 반성이라는 것 속에서 헤겔 존재론의 근본적인 특성이 드러난다. 우선 '존재의 진리를 본질로 간주한다'는 점에서 헤겔은 플라톤 이래 중세 스콜라주의를 거쳐 라이프니츠-볼프학파에 이르기까지의 서구 형이상학의 전통을 형성하는 본질주의 계열에 서게 된다. 존재에 대한 물음에 사물인 바 그것인 본질로 답하는 본질주의 형이상학에 따를 때 본질이란 본질적인 것으로서 항상 어떤 것에게 본질적인 것이다. 본래적 본질개념은 절대적 본질개념이며, 절

---

97) Logik II, S. 314-16.
98) Logik II, S. 3.

대적 본질개념이란 절대적인 것에게 본질적인 것이다. 따라서 중세 본질주의 형이상학에게 본질은 궁극적으로 신의 지성에 대한 본질이었다.[99] 반면 헤겔에게 본질은 더 이상 초월적 사유로서의 신의 지성에 대한 본질이 아니다. 그에게 본질은 사유에게 주어지며, 더 나아가 사유가 주어지는 방식으로 이해된다. 따라서 헤겔에게 사유는 존재의 진리로서 본질의 장소가 된다. 그렇기 때문에 헤겔은 존재의 진리인 본질이 '반성'이라고 분명하게 말하는 것이다.

특히 본질이 반성이라는 것은 헤겔 존재론이 전통적 본질주의 형이상학 위에 서 있음에도 불구하고 궁극적으로는 그 본질주의를 칸트 이후의 자기의식에 근거한 선험적 존재론의 토대 위에서 다시 해석한다는 것을 의미한다. 이것을 이해하기 위해서 우선 토마스 아퀴나스를 살펴볼 필요가 있다. 토마스 아퀴나스에 의하면 존재와 본질은 밀접하게 연관되지만 서로 구분된다. 다시 말해 존재와 본질이 일치하는 것이 아니므로 '존재'(seiend)로 불리는 모든 것에 본질이 있는 것은 아니다.[100] 그에 의하면 존재는 두 가지로 이해될 수 있다. 첫째, 존재란 10개의 범주 아래 놓이며 그것을 통해 사물에 있어서 어떤 것을 긍정적으로 정립하는 것이다. 둘째, 존재란 어떤 진술에서의 진리존재를 의미한다. 이러한 두 가지 방식으로 존재가 이해될 때, 그 본질을 말할 수 있는 것은 첫 번째 것뿐이다. 다시 말해 진리존재에는 본질이 귀속되지 않는다. 왜냐하면 본질이란 종차와 최근 유를 통해 정의되는 것, 즉 그것에 근거해서 어떤 것이 종과 유로 있게 되는 것으로서 모든 종과 유에 공통적인 것이

---

99) 막스 뮐러, 박찬국 역, 『실존철학과 형이상학의 위기』, 서광사, 1990, S. 28-30 참조. 중세의 본질주의 형이상학에 대해서는 E. 질송의 『존재란 무엇인가』, 정은해 역, 서광사, 1988, 제3장 '실존과 본질', S. 139-191 참조.

100) T. Aquin, *De esse et essentia, Über Seiendes und Wesenheit*, übersetzt, von H. Seidl, Hamburg 1988, S. 5, Kapitel I 참조.

므로 본질이 말해질 수 있기 위해서는 사물에 어떤 것이 긍정적으로 정립 가능해야 하는데, 진리존재는 그렇지 못하기 때문이다.[101] 예를 들어 '그는 맹인이다'라는 주장에서 'Blindheit'를 생각해보자. 이것은 본질이 없는, 즉 결핍인 경우에 대해서도 참인 명제로 말해질 수 있다. 하지만 그 내용이 긍정적으로 정립될 수는 없다. 따라서 진리존재는 본질과 관계없다고 말할 수 있을 것이다.

하지만 헤겔은 존재가 진리존재임에도 그것의 본질을 말한다. 이것은 헤겔이 말하는 본질이 더 이상 토마스 아퀴나스가 말하는 종과 유에 공통적인 정의의 내용으로 해석될 수 없다는 것을 의미한다. 헤겔에게 본질이란 사유의 "자기 내로의 반성"(Reflexion in sich)이다. 존재의 진리인 본질이 이와 같은 반성이라는 것은 이제 사유와 무관한 어떤 존재의 장소도 있을 수 없으며, 존재는 오로지 사유에 의해 사유로부터 해명된다는 것을 의미한다. 사실 존재를 사유로부터 구성하려는 헤겔의 존재론은 이미 존재론을 "오성에 대한 분석론"으로[102] 환원시킨 칸트의 선험적 존재론의 변형이라고 할 수 있다. 여기서 헤겔의 존재론이 선험적 존재론의 변형인 이유는 헤겔이 칸트와 선험적 존재론을 공유함에도 불구하고 차이를 가지고 있기 때문이다. 즉 칸트에게 대상을 정초하는 것이 사유인 한, 사유규정은 대상규정이지만, 동시에 이 규정을 반성하는 사유는 존재론적 규정이 될 수 없고 단지 '반성규정'으로서 존재론의 틀 외부에 남는다. 이에 반해 헤겔에게 사유규정에 대한 반성은 그 자체 존재

101) 토마스 아퀴나스는 본질을 네 가지로 정리하지만, 여기서처럼 진리존재에 부재하는 것으로 파악할 때 그가 염두에 두는 것은 quiditas(Wesenheit)로서 정의의 내용을 의미한다. M. Feigl, "Der Begriff des Wesens und die Verschiedenheit von Wesen und Sein nach De ente et essentia des hl. Thomas v. Aquin", in *philosophisches Jahrbuch*, Bd. 55, 1942, S. 277–280 참조.

102) KdrV, A 247.

론적 원리로 이해될 뿐만 아니라 한 걸음 더 나아가 존재의 진리로 이해된다. 물론 헤겔이 칸트와 달리 반성을 본질로 보는 데는 이유가 있다. 그것은 헤겔이 볼 때, 칸트의 '오성 분석론'에는 이미 반성적 고찰이 전제되어 있으며, 그런 한에서 반성은 선험적 사유의 내적 구성의 원리가 된다는 점이다. 이런 근거로 헤겔은 존재가 사유로부터 구성되는 한, 반성이 대상의 본질을 이룬다고 보았으며, 반성인 사유의 자기 구성으로서의 존재론을 선험적 존재론으로부터 구분하여 '사변적' 존재론이라 부르는 것이다.[103)]

존재의 진리인 본질이 반성이라는 것에 대한 의미가 해명되었다면 이제 반성규정들도 새롭게 파악될 수 있다. 우선 본질이 반성이라는 것은 사유가 "자기 자신에 대한 관계"라는 것을 의미한다.[104)] 따라서 반성규정들도 이제는 서로 무관한 타자가 아니라 서로의 관계 속에서 성립되는 규정들로 이해되며, 하나의 규정으로부터 다른 규정의 도출도 타자로의 "이행"이 아니라 대립적 통일 속에서 그러한 규정으로 비추어지는 Scheinen으로 이해된다.[105)] 그리고 직접자이던 존재는 이제 자기 관계하는 존재인 한에서 '동일성'으로 파악된다.[106)] 그리고 마찬가지로 직접성이던 무는 단적으로 자기 관계하는 부정성으로서의 '차이'(Unterschied)로 이해된다.[107)] 이때 차이란 순수존재가 아무것도 말하지 않는다는 측면에서 무였듯이 동일한 말을 통해 아무것도 말해지지 않는다는 의미에서 무이다.[108)] 존재와 무가 동일한 것이었듯이 동일성과 차

103) 졸고, 「철학적 증명에 관하여」, 『哲學硏究』, 제45집, 313 – 319 참조.
104) Enzy, § 112.
105) Enzy, § 161, 240.
106) Enzy, § 113.
107) Enzy, § 87, Anm.
108) Logik II, S. 33 26 – 28.

이는 반성의 동일한 모습이다. 즉 반성으로서의 **자기** 관계가 동일성이라고 한다면 자기 **관계**를 위한 자기 구분이 차이인 것이다. 그리고 존재론에서 존재와 무의 진리가 생성이었듯이 동일성과 차이의 진리는 이제 그 둘의 통일인 '근거'가 된다.

존재와 본질이 다른 것이 아니라 하나이며 동일한 사유의 직접성과 매개라는 측면에서 구분된다면, '본질론'에서 다루어지는 범주들도 '존재론'에서 다루어지는 범주들과 다른 것이 아니라 같은 것이 단지 관계 속에서 고찰되는 것일 뿐이다. 따라서 헤겔은 다음과 같이 말한다. "하나의 개념이 모든 것 속에서 실체적인 것이기 때문에 이전에 존재의 발전에 있어서처럼 동일한 규정들이 이제 본질의 발전에서도 나타난다. 하지만 여기서는 반성된 형태 속에서 나타난다. 그러므로 존재와 무 대신에 긍정적인 것과 부정적인 것의 형식들로 나타난다. 긍정적인 것은 동일성으로서 대립 없는(gegensatzlos) 존재에 상응하는 것이며, 부정적인 것은 차이로서 전개된다."[109]

동일성 차이, 근거로 나타나는 반성규정들 속에서 '존재' 장에서는 해결되지 않았던 '존재 유비'의 문제가 해결된다. 왜냐하면 동일성과 차이란 바로 다양한 범주들이 서로 다르면서도 동시에 하나로 통일되어야 하는 유비 문제의 핵심 개념이기 때문이다. 헤겔에 따르면 동일성과 차이는 각기 관계로서 타자를 관계항으로 자신 속에 포함할 뿐만 아니라 동시에 각자가 관계항으로서 전체의 계기를 이룬다. 다시 말해 동일성과 차이가 서로에 대한 근거로서 매개된 통일을 이루며 동시에 그 통일은 두 개의 다른 것이 아니라 하나이며, 동일한 것이 된다.[110] 이렇게 됨으로써 '존재론'에서는 각기 서로에 대한 타자로서 분리되어 고찰되던 범주들이 하나의 통일된 존재로 이해되게 된다. 이것은 곧 각기 다른 범

---

109) Enzy, § 114, Anm.

주들이 어떻게 하나로 존재를 말할 수 있는가에 대한 논리적 해명이 되는 것이며 결국 존재론(Onto-logie)의 가능성에 대한 해명이 되는 것이다.

이렇게 존재론이 가능케 되었지만 우리는 아직 풀어야 할 한 가지 의문점을 갖는다. 그것은 다름 아닌 주체로서의 **하나의** 대상에 대한 진술 가능성의 문제이다. '존재론'과 '본질론'에서 고찰된 범주들은 사물 일반에 대한 해명이 될 수 있다. 하지만 그러한 해명만으로 사물 일반이 아닌 개별적 대상이 진술될 수 있는가? 사실 모든 존재론은 궁극적으로 **하나인** 대상을 진술하고자 한다. 그 과정에서 필요에 따라 질료와 형상이 구분되기도 하고 때로는 본질과 실존이 구분되기도 한다. 이 문제를 보다 심층적으로 이해하기 위해서 칸트가 말하는 '반성개념의 모호성'을 돌아볼 필요가 있다.

『순수이성비판』의 '반성개념의 모호성' 속에서 칸트는 하나의 대상에 대한 규정 문제를 고찰한다. 그에 따르면 대상에 대한 개념적 진술만으로는 하나의 대상에 대한 규정은 가능치 않게 된다. 왜냐하면 하나라는 개체의 가능성은 감각으로부터 주어지는데, 진술된 개념들은 오성의 개념들이기 때문이다. 하지만 가끔 이것을 혼동해서 개념적 규정들만으로 개별적 대상을 진술할 수 있다고 생각하는 사람들이 있다. 칸트에 따를 때, 그 대표적인 인물이 라이프니츠이다. 그에 의하면 라이프니츠는 감각의 대상과 개념의 대상을 구분하지 못하고 개념의 영역에 있는 대상에 대해서만 타당할 수 있는 '구별 불가능한 것의 동일성 명제(principium identitatis indiscernibilium)'를 감각적 대상의 영역으로까

110) 헤겔이 볼 때, 차이는 우선 "절대적 차이"로서, 즉 "어떤 외적인 것을 통해서가 아니라 자기 관계하는 단적인 차이"로서 동일성과 차이라는 두 계기를 포함한다 (Logik II, S. 33 34-35). 왜냐하면 자기 관계하는 차이란 곧 차이로서의 자기동일성이기 때문이다. 이렇게 본다면 역으로 동일성도 마찬가지로 동일성과 차이라는 두 계기를 포함하게 된다. 따라서 동일성과 차이는 하나이며 동일한 반성의 계기로 이해되는 동시에 전체로 이해된다.

지 확대한다. 그 결과 모든 현상들을 지성화하게 된다. 다시 말해 라이프니츠가 말하는 '구별 불가능한 것의 동일성 명제'에 따르면, 개념적으로 완전히 동일한 사물들은 사실 두 개가 아니고 하나의 사물이다. 즉 어떤 사물들이 서로 다른 것이라고 한다면, 그 사물들은 개념적으로도 구분되어야 함을 의미한다. 만일 그 사물들이 개념적으로 구분이 가능치 않다면 그것은 두 개의 사물이 아니고 하나의 사물이라는 것이다. 하지만 칸트가 볼 때 어떤 사물들이 개념적으로 아무리 같다고 할지라도 그것은 하나의 사물이 아니라 두 개의 다른 것일 수 있다. 왜냐하면 그 둘은 개념이 아니라 감성적 직관에 의해 구분될 수 있기 때문이다.

이에 대한 예로 칸트는 두 개의 물방울을 든다. 두 개의 물방울은 개념적으로 완전히 동일할 수 있다. 하지만 공간 속에서는 그것들이 하나가 아니라 두 개가 된다. 이 예를 통해 칸트가 비판하고자 하는 것은 개념적 규정만으로는 주체로서의 하나의 개별적 대상을 진술할 수 없다는 것이다. 그렇다면 헤겔의 경우는 어떠한가? 이제까지 **개념적 규정들**을 고찰한 헤겔의 논의 속에서 과연 하나라는 개체에 대한 존재론적 규정이 주어질 수 있는 것인가? 헤겔은 기본적으로 이 문제에 있어서 라이프니츠의 이념을 따른다. 즉 그에 의하면 어떤 사물이 주체로서 하나의 대상인 한, 그 사물은 개념적으로 완전히 **개별자**로 규정될 수 있어야 한다는 것이다. 개념을 통한 개별자에 대한 규정 가능성은 사실 아리스토텔레스로부터 시작하여 중세에 이르기까지 활발하게 논의되어온 보편자 논쟁의 핵심을 이루는 부분이다. 왜냐하면 개념만으로는 개별자가 규정될 수 없다는 것은 곧 개념이란 단순한 이름에 불과함을 주장하는 유명론에 해당할 것이며, 반면 개념을 통해 개별자가 규정될 수 있다고 한다면 그것은 개념 실재론에 해당할 것이기 때문이다. 헤겔은 '개념론'에서 바로 보편자와 개별자를 고찰함으로써 개별자에 대한 개념적 규정에 관한 자신의 입장을 개진한다.

3. '주체'로서 개념

개념은 존재와 본질의 통일이다. 존재가 사유의 직접성이고, 본질이 반성이라면, 개념은 "매개된 직접성"이다. 이때 매개된 직접성이란 사유가 스스로를 정립하는 가운데서 자기동일성으로 머무는 것을 의미한다. 개념이 이처럼 스스로를 정립한 사유의 동일성이라고 한다면 존재, 본질, 개념으로 전개되는 존재론적 구조는 **사유의 반성적 자기 해명에 대한 논리적 파악**이 된다. 즉 존재란 대상 일반에 대한 사유의 진리 주장이며, 본질이란 그러한 사유의 자기반성이고, 개념이란 이러한 반성 속에서 파악된 자기동일성이다.

존재, 본질, 개념으로 이어지는 과정은 또한 개념의 '생성'(Werden)이라는 관점에서도 고찰될 수 있다. 이 관점에서 존재란 사물 일반을 정립하는 사유가 아직 그러한 것으로 드러나지 않은 상태로서의 "즉자적인 개념"(Begriff an sich)이며, 본질이란 사물 정립이라는 계기로 스스로를 반성하는 사유로서 "대자적인 개념"(Begriff für sich)이고, 개념은 반성으로 자신을 파악한 사유로서 "개념으로서의 개념"(Begriff als Begriff)이라고 할 수 있다. 이 개념에 대해 헤겔은 다음과 같이 말한다. "이것〔개념〕은 개념에 대한 개념 자체이다. 그러나 단지 비로소 그의 개념이다. 혹은 개념 자체는 이제 단지 그 개념이다."[111]

특히 존재와 본질의 통일이 개념으로 이해되는 이유는 첫째, 그것이 사유 자체가 스스로를 '파악한'(begriffen) 것이기 때문이며[112] 둘째, 그렇게 파악된 모습이 순수 **사유**이기 때문이며[113] 셋째, 그것은 직접성과 반

111) Logik III, S. 28 24－25.
112) Enzy, § 162, Anm.
113) Enzy, § 162, Anm.

성을 자신 속에 '포괄'(Begreifen)하기 때문이다.[114] 개념이 이처럼 자기를 파악한 사유라고 한다면, 그의 생성이란 "스스로를 정립하는" 과정일 것이며,[115] 그런 한에서 그 결과인 개념은 정립된 제 규정들을 자신 속에 포괄하는 토대(Grundlage)일 것이다.[116] 스스로 정립하면서 동시에 정립된 규정들의 토대인 개념을 헤겔은 더 이상 '실체'라 부르지 않고 '주체'라 부른다. 그리고 이러한 주체가 주체로 정립되기까지의 과정을 고찰하는 논리학을 "객체의 논리학"이라고 부르는 반면, 스스로 주체로 파악한 개념을 고찰하는 논리학을 "주체의 논리학"(subjektive Logik)이라 부른다. 특히 전자가 "객체의 논리학"인 이유는 그 고찰되는 내용이 개념의 자기 정립 과정에서 산출된 산물이며 동시에 **사물의** 본성인 범주를 이루기 때문이라면, 후자가 "주체의 논리학"인 이유는 그 고찰 대상인 개념이 "자립적이면서 자유롭게 스스로를 스스로에서 규정하기" 때문이다.[117]

개념의 자기 정립 속에서 정립된 내용들이 사물의 본성을 이루는 범주들이고, 개념은 그러한 범주들을 포괄하는 토대라고 할 때, 우리는 다음과 같은 물음을 던질 수 있다. 즉 헤겔이 말하는 개념이란 결국 칸트가 말하는 대상 일반의 구성 원리로서의 선험적 통각과 같은 것이 아닌가? 사실 이러한 의문은 정당한 것이다. 왜냐하면 헤겔 자신도, "따라서 칸

114) 헤겔은 개념을 "규정의 그 대립 속에서의 동일성"으로 이해한다. Enzy, § 162, Anm.
115) PhdG, S. 14 21-22.
116) Enzy, § 164, Anm.
117) Logik I, S. 51 9-20 참조. 『논리학』에 있어서 '객관적 논리학'과 '주관적 논리학'이라는 기존의 한국어 번역은 이런 의미에서 오해의 소지가 다분하다고 할 수 있다. 왜냐하면 '객관'과 '주관'이라는 말이 인식론적인 객체, 주체로 이해될 수 있기 때문이다. 필자는 이런 의미에서 주관적 논리학을 주체의 논리학으로 번역하는 것이 더 타당하다고 주장한 바 있다. 졸고, 「개념이란 무엇인가」, 『哲學』, 제59집, 136-138 쪽 참조.

트 철학의 주요 논의를 통해, 개념이 무엇인지를 알기 위해서는 자아의 본성을 기억해야 한다는 것이 정당화된다"고 말하기 때문이다.[118] 칸트에게 순수 자아란 선험적 통각으로서 그 자체는 결코 인식의 대상이 될 수 없으며, 모든 대상에 대한 인식의 근거로서 자아의 근원적 동일성이라고 할 수 있다. 헤겔은 개념 속에서 바로 이러한 칸트의 자아의 근원적 동일성을 받아들이고자 한다.[119] 즉 선험적 통각이 인식을 위한 논리적 조건으로서 보편적인 개념이듯이 헤겔의 개념은 대상규정들의 토대로서 주체이다. 그렇기 때문에 헤겔은 "개념의 본질을 이루는 통일을 통각의 근원적이며 종합적인 통일, 즉 ich denke, 자기의식의 통일로서 인식한다는 것은 이성 비판에 있는 가장 깊고 올바른 통찰들에 속하는 것이다"라고 말한다.[120]

이처럼 헤겔의 개념의 본성이 칸트의 선험적 자아의 통일과 공통점을 갖는다고 할지라도 조금 더 자세히 고찰하면 그 사이에 차이가 있다는 것을 알 수 있다. 첫 번째 차이는 칸트에게 자아가 그 자체 더 이상 규정될 수 없는 순수 추상적 동일성인 데 반하여, 헤겔에게 개념은 스스로를 자아로 정립하면서 동시에 "정립된 존재"로 이해되는 "구체자"이다.[121] 헤겔이 볼 때 칸트는 스스로를 자아로 정립하면서 동시에 "정립된 존재"로 이해되는 자아의 본성을 고찰하지 못했다. 그렇기 때문에 칸트에게 선험적 통각은 추상적 동일성으로 머무르게 된다. 이것을 헤겔은 다음과 같이 표현한다.

"통각의 근원적 종합은 사변적 발전에 있어서 가장 중요한 원리들 가운데 하나이다. 그것은 개념의 본성을 참으로 파악하기 위한 출발점을

118) Logik III, S. 15 3 – 7.
119) J. Hartnack, *Hegels Logik, Eine Einführung*, Frankfurt/M. 1995, S. 83 – 84 참조.
120) Logik III, S. 13 25 – 30.
121) Enzy, § 164, Anm.

이루며, 자신 속에 어떤 종합도 포함하지 않는 저 공허한 동일성 혹은 추상적 보편성에 대립된다. 하지만 〔칸트의〕 계속된 상론은 이러한 출발점에 부응하지 못한다." [122)]

칸트의 선험적 통각과 헤겔의 개념과의 보다 더 근본적인 차이는 그 고찰 지평으로부터 성립된다. 즉 칸트에게 선험적 통각은 대상과 연관되어 그것을 근거 짓는 자기의식으로서 고찰되는 반면, 헤겔에게 개념은 대상 연관으로부터 "해방된" 순수 추상으로서의 사유로 고찰된다. 다시 말해 헤겔에게 대상을 구성하는 원리로서의 사유가 고찰되는 것은 『정신현상학』과 『정신철학』이며, 『논리학』에서 고찰되는 순수 추상으로서의 사유란 그 자체 존재로 이해되는 사유의 순수 논리적 구조이다. 따라서 헤겔은, "여기서〔논리학에서〕 개념이란 자기 의식적 오성의 활동성이나 주관적 오성으로서 고찰되면 안 되고 즉자 대자적인 개념으로 고찰되어야 한다"고 말한다.[123)] 이 말을 토대로 우리는 『논리학』에서 고찰되는 개념의 의미를 칸트와의 대조 속에서 다음과 같이 정리할 수 있다. 즉 개념은 자기 의식적 오성으로 이해될 수 없기 때문에 대상 연관적 자기의식이 아니라는 점이다. 물론 개념이 대상 연관적 자기의식으로 이해될 수도 있다. 하지만 그 경우에는 조건이 붙는다. 이 조건에 대해 헤겔은 다음과 같이 말한다. "그 자체 자유로운 **실존**에 이르는 한, 개념은 자아 혹은 순수 자기의식과 다른 것이 아니다."[124)] 즉 개념이 "자유로운 실존"에 도달하게 될 때, 그때 비로소 자아 혹은 순수 자기의식이라 불리고, 이때 그 활동이 대상 구성적 활동으로 이해될 수 있다는 것이다. 여기서 개념이 실존에 이른다는 것이 무엇을 의미하는지 이 짧은 지면

---

122) Logik III, S. 19 31 – 37.
123) Logik III, S. 16 28 – 30.
124) Logik III, S. 12 26 – 28.

에서 상세히 논의할 수는 없지만, 적어도 다음과 같은 것은 말할 수 있다. 즉 개념이 실존에 이른다는 것은, 그것이 자연 혹은 자아로 이해된다는 것이다.[125] 여기서 '자유로운' 실존이라는 것을 고려하면, 그때 개념은 자아를 의미하게 된다. 왜냐하면 자연은 실존이기는 하나 자유로운 것은 아니기 때문이다. 이렇게 볼 때, 자유로운 실존에 도달한 개념을 고찰하는 것은 『정신철학』의 과제이며, 『논리학』의 과제는 아니다. 왜냐하면 『논리학』에서 다루어지는 개념이란 실존에 도달하기 전인 순수 논리적 추상물이기 때문이다.[126] 이런 이유로 헤겔은 논리학에서 고찰되는 개념을 "정신의 형식들의 토대이며, 내적인 구조"라 부른다.[127]

『논리학』에서 아직 실존을 부여받지 않은 개념은 논리 내재적으로, 다시 말해 즉자 대자적으로 고찰된다. 논리 내재적으로 개념은 "무규정적 직접자"로서 존재였으며, 반성으로서 본질이었고 그 둘의 통일로서 개념이었다. 이러한 개념은 스스로를 정립하는 한에서 "즉자 대자적 존재"이지만 동시에 "정립된 존재"(das Gesetztsein)이기도 하다. 그리고 정립된 존재일 때, 개념은 규정성(Bestimmtheit)으로 이해된다. 규정성으로서의 개념을 헤겔은 특수자(das Besondere)라 부른다. 규정되어 있지만 이 규정성 속에서 개념은 여전히 자기동일성으로 머문다. 따라서 개념은 보편자(das Allgemeine)로 이해된다. 그리고 규정성이며 동시에 보편자인 개념을 헤겔은 "개별자"라 부른다. 개별자란 자기와 관계하는 규정성이다. 이러한 개별자 속에서 이제 **하나의** 개별자에 대한 규정 문제가 해결된다. 왜냐하면 개별자란 규정성들이며 그런 한에서 특수자들이지만 동시에 동일성으로 드러나는 규정성들의 자기반성이므로 **하나의**

---

125) Enzy, § 20, 249.
126) Enzy, § 9.
127) Logik III, S. 16 17 – 18.

보편자가 되기 때문이다.

이처럼 "규정들의 총괄"(Totalität)이며 동시에 그 토대로서 "하나"(Eine)인 개념을[128] 헤겔은 개체(Individium)라 부른다. 개체가 규정들의 총괄로 이해되는 한, 하나의 개별자에 대한 규정 문제에 있어서 헤겔은 라이프니츠의 사상을 뒤따른다. 왜냐하면 라이프니츠에게 있어 실체란 모든 규정들을 자신 속에 포함하는 완전한 규정으로서의 단자(Monad), 즉 개별자를 의미하기 때문이다. 문제는 라이프니츠와 헤겔에게 있어서 과연 규정들의 총체가 '하나'로 묶일 수가 있는가 하는 점이다. 헤겔이 볼 때, 라이프니츠에게서 규정들의 총체는 '하나'의 개체로 이해될 수 없다. 왜냐하면 라이프니츠에게 있어서 총체란 단지 규정들의 복합물에 불과하기 때문이다.[129] 반면 헤겔에게 개념은 존재의 제 규정들을 포괄하는 토대(Grundlage)로서 그 규정들을 "스스로 정립하는" 주체이다. 따라서 정립된 규정들의 총체는 하나의 주체의 자기규정들이라고 말할 수 있다.

개념이 하나인 주체로 파악됨과 더불어 사실 존재론의 과제는 완성된다. 이때 완성된 존재론은 주관성을 전혀 고려하지 않는 전통적인 의미의 사물 범주론도 아니며 그렇다고 단순히 "오성 분석"에 머무르는 인식비판도 아니다. 그것은 한편 사유 구성이 존재 구성임을 보여주려는 근대 의식철학의 완성이며, 철학의 권리를 의식의 선험성으로부터 찾으려는 선험철학이 자신의 준거점을 해명한다는 의미에서 선험철학의 완성으로서의 사변철학이다. 다른 한편 주체가 존재와 본질을 생성의 계기로 포함하며 자신을 정립하는 한, 그것은 전통적 실체 존재론에 대한 근

128) Logik III, S. 11 26–28.
129) M. Wolff, "Der Satz vom Grundsatz oder was ist philosophische Argumentation?", in *Neue Hefte für Philosophie*, 26, S. 96–99 참조.

대적 재해석이며, 역으로 근대적 주체성에 대한 존재론적 기초 지음이다.

논의를 마치기 전 우리는 마지막으로 다음과 같은 물음을 던져볼 수 있다. 즉 개념에 대한 고찰과 함께 존재론이 완성된다고 한다면, '주체의 논리학(die subjektive Logik)'에서 계속적으로 이어지는 '객관성'과 '이념'의 부분은 존재론과 연관해서 어떤 의미를 가질 수 있는가? 사실 헤겔은 '주체의 논리학'에서 개념을 더 이상 존재론적으로 고찰하지는 않는다. 그렇기 때문에 헤겔은 '개념론'은 대상과 관계없는 순수 사유의 규정들을 고찰하는 일반적인 논리학과 다를 바 없다고 말한다.[130] 하지만 우리는 이미 그러한 개념이 존재의 진리임을 알고 있다. 그렇다면 개념이 사물의 본성을 이룬다는 것이 개념 내재적으로도 증명되어야 하지 않을까? 개념이 '주관성'에서 '객관성'으로 이행하고 그리고 다시 '이념'으로 통합되는 과정은 바로 개념의 존재론적 타당성에 대한 개념 내재적 증명 과정이다. 그렇기 때문에 헤겔은 '주관성'으로부터 '객관성'으로의 이행을 "존재론적 신 존재 증명"과 같은 것이라고 말한다. 왜냐하면 헤겔에게 "존재론적 신 존재 증명"의 핵심이란 개념이 그 존재를 자신 속에 포함하고 있다는 것에 대한 해명이기 때문이다.[131] 존재 그리고 본질을 통해 개념으로 자신을 드러낸 개념은 이미 그 자체 존재를 포함한다. 하지만 그러한 개념은 내재적으로 객관적 세계의 구성 원리로서 스스로를 "**제시한다**"(manifestieren). 따라서 우리는 존재로부터 개념에 이르는 과정을 발생적 과정이라고 한다면 주관성에서부터 이념에 이르는 과정은 생성된 개념에 대한 객관적 타당성 증명이라고 말할 수 있다.

헤겔은 『논리학』 초판 '서문'에서 칸트의 『순수이성비판』이 발간된 후 형이상학으로서의 존재론이 더 이상 철학의 주요 내용으로서 주목받

---

130) Enzy, § 162, Anm., Logik III, S. 29 13 – 17.
131) Logik III, S. 150.

을 수 없게 되었다고 말한다.[132] 따라서 헤겔의 과제는 새로운 시대에 부합되는 새로운 형이상학을 구성하는 것이었다. 그렇게 구성된 형이상학의 특성을 한마디로 말한다면 '근대적 의식철학 위에서 재해석된 전통적 존재론'이라고 할 수 있다. 다시 말해 헤겔의 존재론이란 존재와 사유의 동일성에 근거해서 재구성된 사유의 순수 논리적 해명인 것이다. 이러한 해명으로부터 얻어지는 존재론의 특성을 지금까지의 논의를 토대로 정리하면 다음과 같다.

첫째, 『논리학』의 원리인 존재란 사유와 존재의 동일성에 근거한 '진리존재'로 이해된다. 따라서 그로부터 도출되는 범주들이란 판단 속에서 주어와 술어가 결합되는 방식으로서의 진리존재의 내용이 된다.

둘째, 존재의 진리인 본질이 반성이라는 것은 진리존재로서의 사유가 활동 속에서 대자적으로 됨을 의미한다. 이 과정에서 나오게 되는 반성규정들은 직접성으로서의 사유규정들인 존재의 범주들에 대한 반성적 통찰이 된다.

셋째, 존재와 본질의 통일이 개념이라는 것은, 반성 속에서 사유가 스스로 그러한 존재론적 원리였음을 파악한다(begreifen)는 것을 의미한다. 그리고 그런 개념이 주체로 이해된다는 것은 존재와 본질로 전개되는 전통적 존재론이 근대적 주관성 속에서 새롭게 구성됨을 의미한다.

132) Logik I, S. 3-4.

제4장

사변철학의 방법과 자연철학에 대한 관계

1...

모순율과 의미론적 논리학

1. 모순과 모순율에 대한 이해

대부분의 철학자가 합의하는 의미 있는 진술의 첫 번째 조건이란 어떤 진술이 자기 모순적이지 않아야 한다는 것이다. 왜냐하면 자기 모순적인 진술은 아리스토텔레스가 말하듯이 언어의 일의성뿐만 아니라 의사소통 자체의 가능성을 말살하기 때문이다.[1)] 이렇게 볼 때, 언어를 통해 이루어지는 우리의 일상과 학문은 근본적으로 모순의 배제를 주장하는 모순율에 근거한다고 할 수 있다. 그런데 포퍼(K. Popper)에 의하면 이러한 모순율을 부정하는 일군의 철학자들이 있다. 그들은 다름 아닌 헤겔을 중심으로 하는 변증법론자들이다. 그에 따르면, 변증법론자들은 어떤 이론에 대해 모순을 지적하고 제거함으로써 지적인 발전을 이룰

---

1) Aristoteles, *Metaphysik*, 1006 b 5–10.

수 있다는 것에 착안하여 모순을 생산적이며, 회피할 필요가 없는 것으로 결론을 내린다. 하지만 이것은 중대한 오류이다. 왜냐하면 모순되는 진술을 인정한다는 것은 곧 어떠한 진술도 인정하지 않을 수 없다는 것을 의미하게 되는 것이며 그렇게 되면 결국 합리적인 비판과 토론 및 모든 지적인 진보는 종말을 고하게 될 것이기 때문이다.[2)]

건전한 상식을 지닌 사람이라면 변증론자들에 대한 포퍼의 비판은 정당한 것이라고 생각할 수 있다. 그렇기 때문에 헤겔을 우호적으로 바라보는 철학자들조차 모순에 대한 헤겔의 논의를 고찰할 때, 포퍼의 비판이 일단 정당하다는 것을 암묵적으로 받아들인 후, 헤겔의 논의가 성립될 수 있는 측면을 찾으려고 노력한다. 이러한 노력은 크게 두 가지로 나누어볼 수 있는데, 그 하나는 변증법적 모순과 형식논리적 모순은 구분되어야 하며, 포퍼의 비판은 이러한 구분을 하지 못한 것에 기인한다는 주장과,[3)] 다른 하나는 모순율에 대한 다양한 해석을 통해 헤겔 논의가 어떤 측면에서 합리성을 가질 수 있는지를 보여주려는 태도이다.[4)]

하지만 볼프(M. Wolff)가 말하듯이 모순에 대한 헤겔의 논의는 변증법적 모순을 말하려는 것도 아니고 모순의 다양한 해석을 말하는 것도 아니라 단지 모순의 본질이 무엇인지를 밝히려는 것이라면[5)] 헤겔 논의의

---

2) K. R. Popper, Conjectures and Refutations, London 1963, 『추측과 논박』, 이한구 역, 민음사, 2001, S. 142.

3) I. S. Narski, "Die Kategories des Widerspruchs in Hegels Wissenschaft der Logik", in *Hegels Wissenschaft der Logik*, hrsg. D. Henrich, Stuttgart 1986, S. 178–197 참조.

4) V. Hösle에 의하면 '배제되어야 할 모순'을 말하는 모순율은 다양하게 해석될 수 있다. 그것은 첫째, 논증론적(argumentationslogisch)으로, 둘째, 논리학 체계 내재적으로, 셋째, 존재론적으로 각기 이해될 수 있다. 만일 헤겔이 모순율을 부정한다면, 그는 이때 단지 존재론적으로 이해된 모순율만 거부하는 것이며 논증론적으로 이해된 모순율을 거부하는 것은 아니다. *Hegels System*, Hamburg 1988, Bd.1, 156–179 참조.

합리성을 찾기 위해서는 포퍼의 비판에 대해 어떤 반론이나 혹은 새로운 해석 가능성을 찾기보다는 먼저 그 논의 자체를 꼼꼼히 살펴보는 것이 필요하다. 헤겔의 논의에 대한 반성적 고찰을 통해 우리는 모순이란 무엇이며, 헤겔은 그 모순을 인정하는지 그리고 모순에 대한 인정은 곧 바로 모순율의 부정으로 이어지는지 혹은 모순율이 타당성을 지닌다면 그 타당성은 어디에 근거하는지 등에 대한 해명을 얻고자 한다. 이러한 해명이 주어질 때, 우리는 모순을 말하는 헤겔 '논리학'이 궁극적으로 어떤 의미를 지니는지 알 수 있을 것이다. 이러한 고찰을 위해 우리는 먼저 논리학사 속에서 모순과 모순율이 어떻게 이해되었으며, 모순율의 타당성이 현대의 논리학에서는 어떻게 주장되고 있는지 살펴보자.

모순과 모순율은 논리학사에서 다양하게 해석되어왔다. 특히 그 가운데 아리스토텔레스와 칸트의 해석은 일반적으로 알려져 있다. 따라서 그 둘의 견해를 간단히 정리해보는 것은 의미가 있다. 먼저 아리스토텔레스에 의하면, 모순율이란 "동일한 속성이 동일한 사물에 대해 동일한 관계에서 귀속되면서 동시에 귀속되지 않는 것은 불가능하다"는 것을 주장하는 명제이다.[6] 이 명제에 근거할 때, 모순이란 주어와 술어 사이에서 성립되는 관계로서 어떤 속성이 동일한 사물에 대한 규정이면서 동시에 규정이 아닌 관계를 의미한다. 아리스토텔레스에 의하면 우리는 이러한 모순적 관계에 의해 사물을 규정할 수 없을 뿐만 아니라 그러한 방식으로 사태를 생각하거나 진술할 수도 없다.[7] 다시 말해 어떤 사물도

---

5) M. Wolff에 따르면, 헤겔은 '모순'이란 항상 '변증법적'이라고 말하지 결코 형식논리적인 것과 구분되는 의미에서의 '변증법적 모순'을 말하지는 않는다. M. Wolff, "Über Hegels Lehre vom Widerspruch", in *Hegels Wissenschaft der Logik*, hrsg. D. Henrich, Stuttgart 1986, S. 108–109.

6) Aristoteles, *Methaphysik*, 1005 b. 9–10.

7) Aristoteles, *Metaphysik*, 1006 b.

그러면서 동시에 그렇지 않을 수는 없으며, 또한 어떠한 사람도 하나의 사물을 그러면서 동시에 그렇지 않다고 생각할 수는 없다. 만일 누군가 사물에 대해 모순적으로 말한다면 그것은 전혀 무의미한 발화일 뿐이다. 이렇게 볼 때 아리스토텔레스에게 있어서 모순율이란 '모순은 불가능하다', 즉 '존재할 수도 없고 사유될 수도 없다'는 것을 주장하는 명제로서 존재와 사유의 근본이 되는 원리이다.

칸트도 모순을 하나의 대상과 그 술어 사이에 성립되는 관계라고 보는 점에서 아리스토텔레스와 근본적으로 다르지 않다. 하지만 그는 아리스토텔레스의 규정을 좀더 보완하고자 한다. 왜냐하면 그가 볼 때, 모순율은 논리적인 원리임에도 불구하고 아리스토텔레스의 표현 속에는 논리 외적인 규정, 즉 '동시에'라는 시간규정이 들어 있기 때문이다.[8] 따라서 칸트는 모순율을 시간규정 없이 새롭게 다음과 같이 표현한다. 즉 "어떤 사물에도 그와 모순되는 술어가 귀속될 수 없다."[9] 여기서 "그와 모순되는 술어"란 한 대상의 인식 속에 이미 놓여 있는 것으로 생각되는 술어가 부정되는 경우를 의미한다. 그렇기 때문에 모순이란 대상에 대한 인식 속에 "그 대상의 개념으로서 이미 놓여 있는 것으로 생각되는"[10] 하나의 술어에 대한 부정으로 이해될 수 있다. 이것을 판단 사이의 관계로 보자면 모순이란 어떤 대상에 대해 이미 그 대상의 개념으로 생각되는 술어를 귀속시키는 판단과 바로 그것을 부정하는 판단 사이의 관계이며, 전자를 분석판단이라고 한다면 모순이란 분석판단의 부정이라고 말할 수 있다. 따라서 이러한 칸트의 모순 이해 속에는 이미 분석판단과 종합판단의 구분이 전제된다. 이처럼 칸트가 모순율을 아리스토텔레

---

8) KdrV, B 192.
9) KdrV, A 151, B 190.
10) KdrV, A 151.

스와는 다른 방식으로 표현하지만, 모순에 대한 이해에 있어서 그 둘은 근본적으로 다음과 같은 공통점을 지닌다. 즉 존재론적으로 모순은 사물의 규정이 될 수 없으며, 인식론적으로 우리는 전혀 모순적으로 생각할 수 없다. 이것은 아리스토텔레스에게서처럼 칸트에게서도 모순적인 사물은 전혀 불가능한 것, 즉 "무"인 그런 것이며,[11] 전혀 "사유될 수 없는 것"(nihil negativum)임을 의미한다.[12] 그렇기 때문에 만일 어떤 경우에 모순이 발생한다면 그것은 오류 혹은 가상이며, 그 오류 및 가상의 근원은 대상에 있는 것이 아니라 주관적 사유에 있게 된다.

현대 논리학에서 모순은 아리스토텔레스나 칸트에게서처럼 하나의 대상과 그 대상의 규정 사이의 관계로 이해되기보다는 진리 함수적인 복합명제로 이해된다. 예를 들어 만일 누군가가 '그 책은 책상 위에 있다'고 말하면서 동시에 '그 책은 책상 위에 있지 않다'고 말한다면 그는 모순을 범하는 것이다. 이때 전자를 P라 하고 후자를 −P라 한다면 그의 진술은 (P∧−P)의 형식을 띠게 된다. 모순이란 바로 이러한 형식에 근거해서 하나의 명제와 그 명제에 대한 부정명제의 결합으로 이해되며, 모순율이란 그렇게 결합된 복합명제는 논리적 거짓임을 말하는 명제 −(P∧−P)로서 '어떤 명제와 그 명제의 부정이 동시에 참인 것은 불가능하다'로 해석될 수 있다. 이렇게 볼 때 현대 논리학에서의 모순이란 '논리적 근거로부터 거짓인 진술'이다. 이때 '논리적 근거로부터 거짓'이라는 것은 그 진술이 내면적 모순에 근거해서 거짓이라는 것이 아니라, 그 **형식에 따를 때** 긍정과 부정이라는 부분 진술의 연언으로 이루어졌기 때문에 거짓이라는 것을 말한다.

여기서 우리는 다음과 같은 물음을 던져볼 수 있다. 즉 현대 논리학은

11) KdrV, B 348.
12) KdrV, B 348.

왜 순수 논리적 원리인 모순율을 정의하는 데 있어서 의미론적 개념인 '참'과 '거짓'을 도입하는가? 이 물음에 대한 답을 우리는 칸트의 논의에서 쉽게 찾을 수 있다. 칸트는 변증법적 대립과 모순적 대립의 구분을 설명하는 가운데 어떤 명제 P에 대해 단순히 부정기호를 덧붙인다고 해서 그 명제가 반드시 P와 모순적 대립이 되지는 않는다는 것을 보여준다. 그에 따르면 P와 −P는 형식적으로는 서로 모순적인 듯이 보인다. 하지만 실제로는 반대 관계일 수 있다. 왜냐하면 "물체는 냄새가 좋다"(körper sind wohlriechend)는 명제와 "물체는 냄새가 좋지 않다"(Körper sind nicht wohlriechend)는 명제에서[13] 이 두 명제는 P와 −P로 기호화되고 서로 모순되는 명제들로 보이지만, 만일 우리가 냄새가 나지 않는 물체를 고려하게 된다면 −P와 P는 모순적인 명제가 아니라 반대명제가 되기 때문이다. 즉 두 명제는 모두 참일 수는 없지만 모두 거짓일 수는 있게 된다. 따라서 형식화된 진술 P와 −P의 연언적 결합 속에서 실제로 −P가 P의 반대인 경우를 배제하려면 부정을 거짓으로 해석할 필요가 있다. 왜냐하면 −P를 P가 거짓일 때 그때만 참이 되는 명제로 이해한다면 우리는 형식적으로 아무 어려움 없이 반대인 경우를 제외시킬 수 있기 때문이다.[14]

아리스토텔레스, 칸트 그리고 현대 논리학에서 말하는 모순에 대한 논의를 고려할 때, 모순과 모순율은 우리에게 분명히 이해되는 것처럼 보인다. 하지만 정작 어려운 문제는 아직 제기되지 않았다. 그것은 다름 아닌 배제되어야 할 모순을 말하는 모순율에서 **그 모순 배제의 필연성은 어디에서 성립하는가**라는 점이다. 물론 이 문제에 대해 합리적인 언어 생활을 위해서 모순은 배제되어야 한다고 말하는 것은 올바른 답이 될 수

---

13) KdrV, A 503−504.

14) E. Tugendhat/U. Wolff, *Logisch−semantische Propädeutik*, Stuttgart 1993, S. 52.

없다. 왜냐하면 이러한 주장의 근저에는 모순은 현실적으로 가능하지만 단지 의미 있는 언어 사용을 위해서 우리가 배제해야 한다는 생각이 놓여 있는데, 이러한 생각은 애초에 모순이란 존재할 수도 또한 사유될 수도 없다고 주장한 아리스토텔레스나 칸트의 생각과는 부합되지 않기 때문이다. 그렇다면 우리는 모순 배제의 필연성에 관한 문제를 그 자체 이미 정당한 것으로 간주되는 모순율이 어떻게 우리의 언어 생활에 적용될 때 타당성을 가질 수 있는가라는 문제로 이해할 것이 아니라[15] 어떤 논리적 근거에 의해서 모순은 배제되어야 하는가라는 모순율 자체의 내적인 논리적 정당성에 관한 문제로 인식해야 한다. 아쉽게도 모순율의 이러한 내적인 논리적 정당성에 관한 물음은 아리스토텔레스와 칸트에게서 제기되지 않았을 뿐만 아니라 제기될 수조차 없었다. 왜냐하면 아리스토텔레스와 칸트에게 모순이란 '생각조차 할 수 없는 것'인데,[16] 이러한 물음은 모순의 '본질'을 묻는 것이기 때문이다.

모순율의 내적이며 논리적인 정당성에 관한 물음이 제기되지 않기는 현대 논리학에서도 마찬가지이다. 현대 논리학에서 모순이란 하나의 명제와 그 명제의 부정이 결합된 것으로서의 '논리적 거짓'이며, 모순율이란 '어떤 명제가 참이며 동시에 거짓일 수 없음'을 주장하는 명제라고 할 때, 모순율의 내적인 정당성에 관한 물음은 '논리적 거짓'이 도대체 무엇을 의미하는가라는 물음으로 환원될 수 있다.[17] 하지만 단지 형식적 언어 속에서 그 형식만을 고찰하는 현대의 논리학이 의미론적 개념인

15) 모순율의 외적인 타당성에 관한 아리스토텔레스의 증명에 대해서는 졸고 「철학의 원리」 참조.

16) 따라서 아리스토텔레스와 칸트에게 모순율은 그 자체 정당한 것으로 단적으로 전제될 수밖에 없었다.

17) 현대 논리학에서 모순은 '논리적 거짓'의 의미로 받아들여진다. F. R. Berger, E. Cliffs, *Studying Deductive Logic*, N. J. Prentice-Hall, 1977, 『논리학이란 무엇인가』, 김영배 역, 서광사 1988, S. 36.

'참'과 '거짓'을 설명할 수 없다는 것은 당연하다.[18] 그런 이유로 모순율은 현대 논리학에서 증명을 필요치 않는 첫 번째 공리로서 단적으로 전제된다. 이처럼 현대 논리학이 모순의 본질을 설명하지 못하고 전제한다는 것은 모순율에 대한 정의 속에서도 단적으로 나타난다. 왜냐하면 모순율이 '어떤 명제가 참이며 동시에 거짓일 수 없다'는 말로 정의될 때, 이러한 정의 속에는 이미 진리개념에 적용된 모순이 다시 전제되기 때문이다.[19] 이러한 상황 속에서 우리가 얻게 되는 교훈은 다음과 같다. 즉 우리는 모순을 진리개념에 선행하여 그 자체로 해명해야 한다는 것이다. 투겐타트(E. Tugendhat)에 따르면 현대 논리학자 중 스트로슨(P. F. Strawson)은 바로 이러한 의미에서 모순율의 정당성을 해명한다.[20] 따라서 우리는 스트로슨이 정말 이 문제를 해결하는지 살펴볼 필요가 있다.

2. 모순율의 정당성에 대한 스트로슨의 설명

스트로슨은 자신의 저서 *Introduction to logical Theory*에서 모순율의 필연성이 어디에서 성립하는지 서술한다.[21] 그에 따를 때, 우선 모순

---

18) M. Wolff가 이미 적절하게 지적했듯이 현대 형식논리학에서는 이 작업이 불가능하다. 왜냐하면 현대 형식논리학은 말 그대로 언어의 순수 형식만을 고찰하는 반면 모순의 개념에 대한 해명은 내용과 관계되기 때문이다. M. Wolff, "Über Hegels Lehre vom Widerspruch", in *Hegels Wissenschaft der Logik*, Stuttgart 1986, S. 109.

19) V. Kraft, *Mathematik, Logik und Erfahrung*, Wien, New York 1970. S. 8-10 참조. V. Kraft에 의하면 논리적 명제들은 참 혹은 거짓이라고 말할 수 있지만 논리적 규칙들에 대해서는 참 혹은 거짓을 말할 수 없으며, 단지 타당성과 구속성을 말할 수 있을 뿐이다. 모순율은 논리적 규칙으로서 참 거짓을 나타내는 논리적 명제 속에 이미 전제된다.

20) E. Tugendhat/U. Wolf, *Logisch-sematische Propädeutik*, Stuttgart 1993, S. 51.

은 "그것이 그렇다 그리고 그것이 그렇지 않다"(it is the case and it is not the case)라는 두 명제의 결합으로 이해된다. 현대 논리학에서 P∧−P로 형식화될 수 있는 이러한 표현은 하지만 모순을 완전히 설명하지는 못한다. 왜냐하면 화자의 상황과 시점이 고려될 때, 그 두 개의 진술은 서로 모순되지 않을 수도 있기 때문이다.[22] 따라서 스트로슨은 모순을 완전히 설명하기 위해서 우리는 언어적 표현뿐만 아니라 화자의 상황에 대해서도 고려해야 한다고 말한다. 이때 우리는 화자의 상황이 모순과 어떻게 연관되는지를 이해하기 위해 언어의 본래적 기능을 상기할 필요가 있다.

그에 따르면 언어의 본래적 기능이란 어떤 사물을 보고하거나 기술하는 것이다. 이때 어떤 사물을 기술한다는 것은 그 사물을 다른 사물과 "비교하고 구분하는 것"을 말하는데,[23] 이 기능을 수행하기 위해서 언어적 표현들은 먼저 서로 구분되며 제한된 의미를 가져야 한다. 여기서 언어에 구분되며 제한된 의미를 부여하는 것은 바로 언어를 사용하는 우리 자신이다.[24] 우리는 언어에 제한된 의미를 부여하기 위해 언어에 의미 경계선을 긋는다. 일단 경계선이 그어지면 그 선을 기준으로 서로 다른 영역에 있는 술어들은 동일한 시점에서 동일한 대상의 술어로 사용될 수 없다. 스트로슨은 경계선을 기준으로 서로 다른 영역에 있는 용어들을 "양립할 수 없는 술어들"(incompatible predicates)이라 부른다.[25] 물

21) *Introduction*.

22) *Introduction*, S. 7. 물론 이러한 주장은 새로운 것이 아니다. 왜냐하면 이미 아리스토텔레스가 모순율을 이해함에 있어서 '동시에'라는 수식어구를 덧붙였기 때문이다. 하지만 중요한 것은 아리스토텔레스에게 언어는 그 자체 닫혀진, 즉 확정된 고유한 의미를 지니는 반면 스트로슨에게 있어 언어의 의미는 사용자와 분리해서 생각될 수 없다는 점이다.

23) *Introduction*, S. 5.

24) *Introduction*, S. 5 그리고 9.

론 이때 어떤 술어들이 경계선을 기준으로 다른 영역에 있다고 해서 모두 다 양립 불가능한 것이 아니다. 그것들이 양립 불가능하기 위해서는 "양립 불가능성의 동일한 영역"(the same incompatibility-range) 내에 있어야 한다. 예를 들자면 키에 대한 용어로서 '170 이상'이라는 표현과 '170 이하'라는 표현은 서로 양립 불가능하지만, '170 이상'과 성격을 나타내는 '온유한'이란 표현은 양립 불가능하지 않다. 이때 키에 대한 용어라는 것이 "양립 불가능성의 동일한 영역"이다.

이렇게 양립 불가능한 술어들이 확정되면 이제 모순에 대하여 진술하는 것이 가능하게 된다. 스트로슨은 다음과 같이 말한다.

"우리가 어떤 술어를 사물에 적용할 때 같은 양립 불가능성 영역에 있기는 하지만 적용되는 술어의 경계선 밖에 놓여 있는 술어를 그 적용에서 함축적으로 제외시킨다. 이것은 곧 우리가 그러한 경계선 외부에 놓여 있는 술어들 중 하나를 동시에(in the same breath) 그 사물에 적용한다면 우리는 스스로 모순을 범하게 되는 것이고 아무것도 말하는 것이 없게 된다는 것을 의미한다."[26]

이에 따르면 모순이란 화자가 의미 경계선을 중심으로 서로 다른 영역에 있는 술어들, 즉 양립 불가능한 술어들을 하나의 대상에 동시에 적용할 때 성립된다. 따라서 스트로슨에게 모순이란 술어를 사용하여 대상을 규정하려는 화자의 **주관적 오류**로 이해된다. 이때 그것이 오류인 이유는 화자가 술어를 그러한 방식으로 사용하면 술어들은 그 본래적인 언어적 기능을 전혀 수행할 수 없기 때문이다. 이것을 그는 다음과 같이 표현한다.

"언어적 진술의 일반적이면서도 표준적인 목적은 정보를 교환하고 사

---

25) *Introduction*, S. 6 그리고 17.
26) *Introduction*, S. 6.

태를 보고하는 것이다. 그러나 우리가 거짓 진술을 하게 되면 이 목적이 좌절되듯이 또한 누군가 스스로에게 모순되는 방식으로 말하게 되면 이 목적은 좌절된다."[27)]

인용문에서 알 수 있듯이 스트로슨에게 모순이 주관적 오류가 되는 결정적 근거는 결국 논리적인 것이 아니라 언어 기능의 수행 여부인 '실용적인 관점'으로부터 주어진다. 다시 말해 모순적인 진술은 그 언어적 기능을 수행할 수 없기 때문에 모순은 배제되어야 한다는 것이다. 이러한 스트로슨의 생각은 모순의 배제를 주장하는 모순율의 타당성이란 내적인 논리적 필연성을 갖는 것이 아니라 단지 외적인 우연성만을 주장하는 것으로서 실용적 정당화라 불릴 수 있다. 앞서 말했듯이 실용적 관점에서 모순율의 타당성을 주장하는 것은 모순의 현실적 가능성을 인정하고 그와 더불어 모순 배제의 모순율을 단지 언어 사용을 위한 규범적 원리로 간주하는 태도였다. 스트로슨도 마찬가지로 모순의 현실성을 인정하고 그와 더불어 모순율을 규범적 원리로 간주한다. 하지만 문제는 여기서 발생한다. 왜냐하면 모순이 그 자체 가능할 수 있는가라는 문제가 제기되기 때문이다. 아리스토텔레스나 칸트에게 모순은 논리적으로뿐만 아니라 현실적으로 가능하지 않다. 반면 스트로슨에게 모순은 현실적으로 가능하다. 그가 모순이 현실적으로 가능하다고 생각하는 이유는 우리가 양립 불가능한 술어들을 동시에 하나의 대상에 적용할 수 있다는 데 있다. 하지만 이러한 설명은 모순개념, 즉 **양립 불가능성**을 이미 전제한다. 따라서 모순과 모순율의 논리적 타당성에 대해 설명하려고 한다면 무엇보다 먼저 모순의 논리적 본질을 설명하고 모순율의 타당성을 실용적 관점에서가 아니라 내재적이며 논리적 관점에서 해명하여야 한다. 유감스럽게도 우리는 스트로슨에게서 더 이상 이 부분에 대한 설

---

27) *Introduction*, S. 22–23.

명을 찾아볼 수 없다. 따라서 이제 우리의 시선을 헤겔에게 던져볼 필요가 있다. 왜냐하면 헤겔은 자신의 '논리학'에서 바로 모순의 본질에 대해 논리적으로 설명하려고 하기 때문이다. 우선 헤겔의 논의를 고찰하기 전에 예비적으로 스트로슨에게서 언급되지 않고 남겨진 양립 불가능성의 논리적 의미를 생각해보자.

3. 모순의 논리적 구조를 이해하기 위한 예비적 고찰[28)]

스트로슨이 말하는 양립 불가능한 두 개의 술어를 P와 Q라 하고 그 적용 대상을 G라 한다면, 우선 P와 Q가 양립 불가능하기 위해서는 스트로슨이 말하는 것처럼 그 둘은 의미 경계선을 기준으로 서로 다른 영역에 놓여야 한다. 이때 그 둘이 서로 다른 영역에 놓인다는 것은 서로 구분되며 내포적으로 서로 배제된다는 것을 의미한다. 하지만 그 둘이 서로 구분되고 배제된다는 것만으로는 아직 양립 불가능성이 충분히 설명되었다고 할 수 없다. 왜냐하면 두 술어가 서로 배제하는 경우, 그 둘이 어떤 대상에 적용되었을 때 동시에 참일 수는 없지만 동시에 거짓일 경우는 가능하기 때문이다. 예를 들면 흡연자와 비흡연자는 서로를 배제하는 개념이지만, 사람 이외의 다른 동물에 대해 적용될 때는 어느 경우도 타당치 않은 술어들이 될 수 있다. 따라서 P와 Q의 양립 불가능성을 설명하기 위해서는 반드시 그들이 적용되는 대상 G와의 관계가 고려되어야 한다.

28) 이 부분은 헤겔의 Logik II, S. 58–59와 M. Wolff의 논문 "Der Satz vom Grund, oder : Was ist philosophische Argumentation?", in neue Heft für Philosophie 26, *Argumentation in der Philosophie*, 99–104 쪽을 중심으로 재구성한 것임.

P와 Q의 대상 G와의 관계에 있어서 우선 P와 Q가 술어로서 G에 귀속되는 한, G는 P와 Q를 자신 속에 포함하는 그런 것이어야 한다. 물론 이때 G가 자신 속에 P와 Q를 포함한다는 것은 그것들이 단순히 G의 부분집합이라는 것이 아니라 G가 전체로서 P 아니면 Q로 규정될 수 있다는 것을 의미한다.[29] 이러한 경우에만 P와 Q의 관계는 논리적으로 서로 배타적인 것(territum non datur)일 수 있다. 또 다른 한편 P와 Q에 대한 G의 관계를 G의 입장에서 보면 G는 사실 P도 아니고 Q도 아닌 제3자여야 한다. 왜냐하면 G가 제3자가 아니라면 G는 애초부터 그 자체 P 혹은 Q로 규정되어 있는 것일 테고, 그렇다면 P나 Q가 G를 '규정한다'는 것 자체가 전혀 무의미한 말이 될 것이며, 또 그렇게 되면 결국 P와 Q가 동시에 참일 수 없다는 말 자체도 도대체 무슨 의미인지 이해될 수 없을 것이기 때문이다.[30] 뿐만 아니라 G가 P와 Q에 대해 제3자가 아니라 P혹은 Q와 동일한 것이라고 한다면, P와 Q의 양립 불가능성을 위해서 다시 새로운 G′를 찾아야 할 것이며, 그 새로운 G′도 G와 마찬가지가 되므로 결국 G′를 찾는 과정은 무한히 되풀이될 수밖에 없기 때문이다.

따라서 P와 Q가 양립 불가능하기 위해 필요한 조건을 다음과 같이 요약할 수 있다.

첫째, P와 Q를 자신 속에 포함하는 G가 전제되어야 한다.(논리적 진술 세계의 확정)

둘째, G는 전체로서 P 혹은 Q로 규정될 수 있어야만 한다.(배중율)

셋째, G는 그 자체 P도 아니고 Q도 아닌 제3자여야 한다.

---

29) P와 Q가 전체로서가 아니라 부분적으로 G에 대한 규정일 때, P와 Q는 피히테가 말한 것처럼 양적인 것으로 환원된다. J. G. Fichte, *Grundlage der gesammten Wissenschaftslehre* (1794), Hamburg 1988, S. 25–34.

30) 다시 말해 G가 A 혹은 B로 규정될 수 있는 가능성이 있을 경우에만 그 둘의 진리 차이에 대해 말할 수 있을 것이다.

이러한 조건에 따르면 G는 자기 모순적인 개념이다. 왜냐하면 그것은 P 혹은 Q여야 하며, 동시에 P도 Q도 아니어야 하기 때문이다. P와 Q의 양립 불가능성을 설명하기 위해 전제되는 G가 자기 모순적인 개념이라는 것은 두 술어의 양립 불가능성을 설명하기 위해서는 이미 자기 모순적인 개념이 전제되어야 함을 의미한다. 다시 말해 서로 양립 불가능한 개념들이 있다는 것은 이미 서로 다른 개념들을 하나이며 동일한 관점에서 전적으로 포함하고 배제하는 그런 어떤 개념이 있다는 것을 함축한다. 그렇다면 모순이 무엇인지를 설명하기 위해 이미 모순적인 개념을 전제해야 하는 우리에게 모순의 본질을 해명한다는 것이 가능한 일인가? 만일 모순이 무엇인지를 설명하기 위해 이미 자기 모순적인 개념을 전제해야 하는 우리에게 모순의 본질을 설명하는 길이 있다면 그것은 아마도 순환적인 방법이 될 것이다. 그리고 그러한 방법이 하나의 설명이 되기 위해서는 순환의 과정 자체가 설명되어야 할 모순의 본질을 드러내는 과정이어야 할 것이다. 헤겔이 모순을 설명하는 방식은 바로 이러한 순환적인 방법이다. 헤겔은 P와 Q의 관계를 설명하는 가운데 어떻게 G가 전제되며 동시에 G의 자기 모순적 내용이 어떻게 P와 Q의 관계를 통해 드러나는지를 보여줌으로써 모순의 논리적 구조를 설명한다. 그렇다면 헤겔이 『논리학』, '반성' 장에서 시도하는 이러한 설명을 고찰해보자.

4. 모순에 대한 헤겔의 이해

우선 헤겔이 볼 때, 두 개의 술어 P와 Q가 서로 양립 불가능하기 위해서는 그 둘이 '상이한'(verschieden) 것이어야 한다. 하지만 두 술어가 완전히 다른 것이라면 그 둘을 다른 것이라고 말할 이유조차 없게 된다. 왜냐하면 그 둘은 각자 자신과 동일한 것으로서 타자와는 아무 관계없이 그 자체로 머물러 있을 것이며, 그 경우 그 둘을 비교할 수 있는 잣대조차 가능치 않을 것이기 때문이다. 그럼에도 불구하고 누군가가 그 둘이 서로 다른 것이라고 말한다면, 아마 그 다름의 기준은 그 둘의 내재적 규정과는 전혀 상관이 없는 어떤 외적인 것이 될 것이다. 상이한 두 술어를 그 술어의 내재적 규정과는 상관없이 외적인 제3자의 관점에서 평가하는 것을 헤겔은 "외적 반성"(äußerliche Reflexion)이라고 부른다. 이 "외적 반성"은 보통 대상에 대한 술어들을 외적으로 비교하고 구분하는 인식 주체로서의 우리 자신인데, 이것은 스트로슨의 경우에도 마찬가지이다. 왜냐하면 스트로슨이 양립 불가능한 두 술어를 설명하기 위해 끌어들이는 의미 경계선이란 바로 그 술어들의 내적인 규정과는 상관없이 단지 제3자로서의 우리가 그은 것이기 때문이다. 이러한 외적 반성에서 모순은 당연히 주관적인 오류로 간주된다. 왜냐하면 그 둘을 비교하고 구분하는 행위가 비교되는 술어들의 내재적 규정과는 아무런 상관이 없기 때문이다.

그러나 이제 헤겔에 따를 때, 두 술어 P와 Q의 차이를 말하기 위해 우리는 단순히 외적 반성에만 머물러 있을 수는 없다. 왜냐하면 두 술어가 외적 반성에 의해 서로 구분된다고 할지라도 그 구분됨 속에서 각각은 자기동일성을 유지할 것이며, 결국 각각은 그 구분됨을 자신의 내재적 규정으로 갖게 될 것이기 때문이다. 구분됨이 자신의 규정이 된다는 것은 곧 그 규정을 각각 타자와의 구분됨 속에서 획득한다는 것을 의미한다. 그렇다면 각각의 규정은 타자에 의존해서 자기 자신과 동일한 것이 된다. 이렇게 이해된 술어 P와 Q를 헤겔은 차이(Unterschied)의 규정들이라고 부르며 다음과 같이 말한다.

"둘은 차이의 규정들이다. 둘은 서로에 대한 관계들이다. 즉 하나인 것은 다른 것이 아닌 것이다. 다시 말해 동일한 것은 동일하지 않은 것이 아니며 동일하지 않은 것은 동일한 것이 아니다. 그리고 둘은 본질적으로 이러한 관계를 갖게 되며, 이 관계 외에서는 어떠한 의미도 지니지 않는다. 차이의 규정들로서 각각은 자신의 타자와 구분되는 것으로서 각각의 것이다."[31]

이때 자신의 동일성을 타자가 아닌 것으로부터 얻게 되는 술어 규정들을 설명하기 위해 헤겔은 '부정성'(Negativität)이라는 개념을 도입하는데, 이 '부정성'이란 단순한 논리적 부정이 아니라 동일성의 특별한 관계로서 다음과 같이 이해된다. 즉 P는 Q가 아닌 것과 동일하고 Q는 P가 아닌 것과 동일하다. 이것을 형식화시켜 Q가 아닌 것을 X라 하면, P는 X여야 하며 동시에 Q는 X를 기준으로 P가 아닌 것이어야 하고, 역으로 P가 아닌 것을 X라 하면 Q는 X여야 하며 동시에 P는 X를 기준으로 Q가 아닌 것이어야 한다. 이렇게 볼 때, P와 Q는 서로 동일한 것이면서 구별되는 것인데, 이 둘을 동일한 것이면서 또한 구별되게 하는 것은 하나의 관점 X이다. 이 하나의 관점 X는 헤겔이 볼 때 더 이상 P와 Q에 대한 '외적 반성'이 아니다. 그것은 오히려 P와 Q가 스스로를 그러한 것으로 "규정하는 반성"(bestimmende Reflexion)이다. 이것을 헤겔은 다음과 같이 표현한다.

"이처럼 서로 무관하게 보이는 관점 혹은 외적인 차이는 이제 스스로를 지양하며, 자기 자체의 부정성이 된다. 그러한 차이는 〔두 술어를〕 비교할 때 비교하는 주체에게 귀속되던 그런 부정성이었다. 그때 비교하는 주체는 〔두 술어에 대해〕 동일한 것(Gleichheit)에서 동일하지 않은 것(Ungleichheit)으로, 그리고 이 동일하지 않은 것에서 다시 저 동일한 것으로 나아갔었고 결국 그 하나를 다른 것 속에서 사라지게 하였던 것이지만 실제로는 그 둘의 부정적 통일이다. 이러한 부정적 통일은 우선 그 비

31) Logik II, S. 385 11.

교되는 것들, 즉 비교의 계기들의 외부로서의 피안에 놓이는 주관적인 행위이다. 그러나 이러한 부정적 통일은 사실 〔그 두 술어인〕 동일한 것과 동일하지 않은 것의 본성이다." [32]

스스로를 "규정하는 반성" 인 X는 "부정적 통일" 이다. 이러한 통일인 X로부터 이제까지의 논의를 다시 살펴보면 다음과 같다. 우선 P와 Q는 서로 대립한다. 즉 그 둘은 본성상 '대립적인 것들'(Entgegengesetze)이다. 이에 반해 X는 '대립적인 것'과는 무관하다. 그렇기 때문에 X는 '비대립적인 것'(Nichtentgegengesetztes)이다. 그렇다면 X에 대한 P와 Q의 관계는 '비대립적인 것'에 대한 '대립적인 것'의 관계가 된다. 여기서 X가 '비대립적인 것'(Nichtentgegengesetztes)이라는 것은 그것이 '대립적이지 않은 것'(nicht entgegengesetzte)을 의미하므로 X는 −P 혹은 −Q와 동일하다고 말할 수 있다. 하지만 여기서 비대립적인 X가 '대립적이지 않은 것'과 동일하다는 것은 바로 X가 어떤 '대립적인 것'임을 의미한다. 따라서 X는 스스로 '비대립적인 것'으로 규정되는 바로 그 관점에서 '대립적인 것'으로 규정된다. 즉 X가 대립적인 것과 동시에 비대립적인 것으로 규정되는 것은 하나이며 동일한 관점이다. 그렇다면 X는 자기 모순적인 개념이다.

X가 자기 모순적인 개념이라는 것에서 더 중요한 것은, 이 하나이며 동일한 관점인 X가 P와 Q를 포함하면서 동시에 배제하는 운동은 사실 P가 Q를 혹은 Q가 P를 포함하면서 동시에 배제하는 운동과 다른 것이 아니라는 점이다. 왜냐하면 X의 그러한 운동은 애초에 P와 Q가 서로에 대해 자기를 규정하는 반성 외에 다른 것이 아니었기 때문이다.[33] 이렇게 볼 때 P와 Q는 각기 전체이며 동시에 전체의 계기이다. 즉 부정적 통

32) Logik II, S. 38 17 − 27.
33) Logik II, S. 38 23.

일 X의 계기이며 동시에 전체로서의 X이다. 그렇기 때문에 헤겔은 "이러한 계기들 각각은 그 규정성 속에서 전체이다"라고 말한다.[34] P와 Q가 전체이며 동시에 계기라는 것은 X에서 일어나는 모순은 이제 P 혹은 Q에서 성립된다는 것을 의미한다. 이때 X의 모순이 P와 Q를 자신 속에 포함하면서 동시에 배제한다는 데서 성립했다면, 모순적인 X는 P와 Q가 양립 불가능한 술어들로서 각기 자기를 정립하는 활동 외에 다른 것이 아니게 된다. 왜냐하면 자기 모순적인 개념 X의 성립 과정은 P와 Q가 서로 양립 불가능한 술어들로 스스로를 규정하는 과정이기 때문이다. 따라서 모순적 개념 X는 양립 불가능한 술어 P와 Q가 각기 그러한 것으로 정립되는 '근거'(Grund)이다.

헤겔은 이런 까닭에 모순이란 어떤 규정이 그 규정으로 드러나는 '근거'라고 말한다. 즉 모든 규정들이 그러한 규정들로 정립되는 것은 동시에 그러한 규정으로서 스스로를 지양하는 것이다. 이렇게 볼 때 모순은 아리스토텔레스, 칸트 및 스트로슨이 생각하는 것처럼 단순히 '주관적 오류'가 아니다. 그들이 모순을 단순히 '주관적 오류'라고 말하는 것은 어떤 술어가 하나의 규정으로 정립되는 가운데 스스로 그 규정을 지양한다는 것에 대한 전도된 표현이다. 왜냐하면 모순의 본질을 해명할 수 없었던 그들은 스스로를 지양하는 규정의 모습만을 보고 모순은 비정상적인 것이며, 지나가는 질병과 같은 것이라고 생각했기 때문이다.[35] 하지만 모든 규정들은 모순 속에서 그 고유한 규정으로 정립된다. 따라서 헤겔은 모순을 **객관적인 사물의 규정 혹은 존재론적 규정**이라고 말한다.

이때 모순이 객관적 혹은 존재론적 규정이라는 것은 그것이 의식 외적으로 있는 존재자의 규정이라는 것이 아니라 이제까지 설명하였듯이

34) Logik II, S. 42 30 – 31.
35) Logik II, S. 60 20 – 24.

술어 자체의 **내적이며 논리적인 관계**라는 것을 의미한다. 왜냐하면 객관적이라는 것은 헤겔에게 심리적이며 우연적인 것에 대립되는 의미에서의 "보편성과 필연성"을 의미하며 그런 한에서 논리성을 의미하기 때문이다.[36] 모순이 객관적 규정이라면 그것은 또한 존재론적 규정임을 의미하게 된다. 왜냐하면 헤겔 존재론의 과제란 사유 속에 파악된 사물로서의 **개념의 본성을 논리적으로 해명하는 것** 외에 다른 것이 아니기 때문이다.[37] 헤겔이 이처럼 모순을 '주관적 오류'로 간주하지 않고 객관적으로 설명한다면 이제 다음과 같은 물음이 제기된다. 헤겔은 모순의 본질에 대한 해명과 함께 모순을 인정하고 그럼으로써 배제되어야 할 모순이라는 의미의 모순율을 부정하는 것인가?

5. 모순율의 타당성에 대한 헤겔의 설명

스트로슨에게 모순율이 타당한 이유는 언어의 표준적인 목적인 의사소통이 달성되어야 한다는 데 있다. 즉 그가 볼 때, 자기 모순적인 진술이란 칠판 위에 무엇인가 쓰고 다시 지움으로써 결국 아무것도 쓰지 않는 것처럼 아무것도 말하지 않는 것이며, 그렇기 때문에 의미 있는 언어사용을 위해서 모순은 배제되어야 하고, 모순 배제를 말하는 모순율은 타당한 것으로 전제되어야 한다. 모순율이 전제되지 않으면 의미 있는 의사소통이 가능치 않다는 데서 모순율의 타당성을 확보하는 것은 스트로슨뿐만 아니라 아리스토텔레스와 칸트에게서도 마찬가지이다. 아리

36) Enzy, § 41.
37) '객관적'이라는 의미와 '논리적'이라는 의미의 동일성에 대해서는 Enzy, § 41 참조. 헤겔 존재론의 과제에 대해서는 졸고, 「헤겔 논리학, 범주론인가 아니면 신지학(Theosophie)인가?」, 『哲學』, 제 65집, 2000년 겨울, 112－122쪽 참조.

스토텔레스에 의하면 모순율의 타당성이 전제되지 않는 한 우리의 언어 생활 자체는 부정되며,[38] 칸트에 의하면 "모순율을 어긴다는 것은 곧 인식 자체를 무화하는(vernichten) 것"이 된다.[39]

모순율이 타당하다는 것은 모순의 본질을 설명하는 헤겔에 있어서도 마찬가지이다. 그러나 그 타당성의 근거는 그들과 다르다. 왜냐하면 헤겔에게 모순율의 타당성은 단순한 외적 기준, 즉 언어의 기능을 수행해야 한다는 실용적 기준에서 주어지는 것이 아니라 모순은 "스스로를 해체시킨다(sich auflösen)"는 데서 성립하기 때문이다.[40] 즉 헤겔이 볼 때, 자기 모순적인 규정은 "스스로 소멸한다"(zugrunde gehen). 그리고 그 결과는 '무'(Nichts 혹은 Null)가 된다. 그렇기 때문에 모순 배제를 주장하는 모순율은 타당하다. 모순적인 규정이 스스로 소멸하고 그 결과가 무라는 것은, 스트로슨이 모순이란 아무것도 말하지 않는 것과 같다고 말하는 것과 동일한 의미인 것처럼 보인다. 하지만 여기서 헤겔은 스트로슨과 다르다. 스트로슨에게 모순은 그 결과가 무이기 때문에 배제되어야 하지만 헤겔에게 모순의 결과인 무는 단순한 무가 아니다.[41] 왜냐하면 무인 것처럼 보이는 그 결과는 사실 대립적 규정들의 '근거'(Grund)이기 때문이다. 이것을 이해하기 위해 모순에 대한 헤겔의 설명을 다시 생각해보자.

두 개의 대립적 술어가 양립 불가능하기 위해서는 첫째, 그 술어가 각기 자신과 동일해야 하며, 둘째, 그 동일성을 타자의 배제로부터 획득해야 한다.[42] 하지만 타자의 배제로부터 획득한 동일성은 곧 그 동일성의

---

38) 졸고, 「철학적 증명에 관하여 – 칸트로부터 헤겔로의 전개를 중심으로」, 『哲學研究』, 제45집, 1999년 여름, 참조.

39) KdrV, B 191.

40) Logik II, S. 52.

41) Logik II, S. 53 1 – 2.

상실이다. 왜냐하면 그때 그 동일성의 조건이 타자였기 때문이다. 이런 이유로 헤겔은 하나의 규정으로서의 동일성의 성립을 스스로 "몰락하는"(zu grunde gehen) 모순으로 간주한다. 이때 양립 불가능한 규정들이 모순 속에서 몰락한다는 측면만을 본다면 모순의 결과는 무(Nichts)이다. 하지만 그 "몰락"은 동시에 그 규정들을 그러한 규정들로 만드는 '근거'(Grund)이다. 왜냐하면 그 속에서만 그 규정들은 그러한 규정들로 정립될 수 있기 때문이다. 따라서 헤겔은 대립적 규정들의 정립은 스스로 몰락하는 것이면서 동시에 "**근거로 드러남**"(zu Grunde gehen)이라고 하며,[43] 동시에 "스스로 모순을 일으키는 자립적 대립은 이미 그 자체에서 근거였었다"고 말한다.[44]

아리스토텔레스 이래 대부분의 논리학에서 배제되어야 할 모순을 말하는 모순율은 무제약적으로 타당한 첫 번째 공리로서 전제되었으며, 그 모순율의 타당성에 대한 논리적이며 내재적인 증명은 불가능한 것처럼 보였다.[45] 하지만 헤겔이 볼 때, 모순율은 무제약적으로 타당한 것이 아니다. 모순율은 모순이 "스스로를 해체하는"(sich auflösen) 한에서 타당하며, 또한 모든 모순은 스스로를 해체한다. 이렇게 본다면 모순율을 주장함에 있어 논리적이며 그 내적인 필연성에 대한 이해 없이 단순히 '피해야 할 모순'을 말하는 것은 사실 "모순은 스스로를 해체한다"(der

42) Logik II, S. 53 10－15.

43) '근거'란 타자의 정립된 존재의 지양 속에서 스스로를 다시 정립시키는 본질로서 "지양된 정립된 존재"이다(Logik II, S. 53 30, S. 54 28－29). 이 지양된 정립된 존재가 '근거'인 이유는 그 속에서 애초의 대립적 규정들인 A와 B가 성립하기 때문이다. S. 54 24－30.

44) Logik II, S. 55 17－19, 그리고 이 C가 곧 "반성의 통일"로서 근거이다(S. 59 20－25).

45) 아리스토텔레스는 형이상학에서 모순율을 증명한다. 하지만 그 증명은 외적인 타당성에 대한 증명이다. 졸고 「철학의 '원리'(Prinzip)에 관하여－아리스토텔레스와 헤겔을 중심으로」, 『한국서양고전철학학회지』 4집 및 『플라톤 철학과 그 영향』, 서광사, 2001 참조.

Widerspruch löst sich auf)는 것에 대한 무반성적 표현 외에 다른 것이 아니다.[46] 헤겔은 모순의 본질을 해명함으로써 바로 이러한 무반성적 태도를 비판하고자 했다. 그렇다면 대부분의 논리학처럼 모순율을 첫 번째 공리로 전제하지 않고 그 내적인 타당성에 대해 해명하려고 하고 또한 그 해명을 내용으로 하는 헤겔의 '논리학'은 여타의 논리학과 비교할 때 어떤 의미를 지니는가?

6. 의미론적 논리학으로서 '논리학의 학'

논리학은 오늘날 올바른 논증의 원리들에 관한 이론으로 이해될 수 있다.[47] 모든 논증은 항상 언어로 표현된다. 따라서 올바른 논증과 그렇지 못한 논증을 구별하는 기준을 제시하려는 현대 논리학자들에게 논리학을 다루는 것은 곧 '언어형식'을 체계화하는 것이다. 이때 언어형식은 논리학자들에 따라 다양하게 이해될 수 있다. 첫째, 그것은 일상에서 사용하는 언어들의 약식 표현인 기호로 간주될 수 있는데, 이러한 견해는 아리스토텔레스 이래 전통 논리학에서 많이 보인다. 둘째, 언어형식은 일상 언어에 대한 반성을 통해 드러나는 논리적 구조로 이해될 수 있는데,[48] 이러한 입장에서 볼 때, 논리학은 일상 언어로부터 추상된 순수 의미들의 연관을 다루는 논리적 구문론으로 이해될 수 있다. 셋째, 언어형식은 일상 언어와는 구분되며, 그 자체로서는 결코 구체적인 의미를 지니지 않는 순전히 인공적인 기호 체계로 이해될 수 있는데,[49] 이러한 견

46) Logik II, S. 52.

47) W. Stegmüller, *Das ABC der modernen Logik und Semantik*, Heidelberg & New York 1969, S. 2.

48) *Introduction.*

해는 일상 언어의 논리적 엄밀성에 대해 불만족을 나타낸 논리실증주의자들에 의해 대변되었다. 그들에 따르면 논리학이란 기호들의 사용을 위한 최소한의 규칙들이 공리로 전제되고 수학적 엄밀성을 토대로 하는 공리 연역적인 계산 체계이다.

하지만 언어형식이 어떻게 이해되든 상관없이 논리학의 근본적인 문제는 먼저 논리적 형식들의 의미가 주어져야 한다는 점이다. 즉 논리 상수들(logical constants)의 의미가 먼저 고정되어야 한다. 이것은 언어형식을 그 자체로는 전혀 의미를 갖고 있지 않는 단순히 인위적인 기호 체계로 간주하는 세 번째 견해에 있어서도 마찬가지이다. 왜냐하면 그 경우 순수 기호들의 체계는 그 자체가 목적인 것이 아니라 의미 있는 명제들과 그 관계를 표시하기(bezeichnen) 위해 있는 것이며, 그 기호 체계는 단지 의미 있는 명제들을 통해서만 해석될 수 있기 때문이다. 한 예로 (A ∨ −A)라는 복합 기호에 있어서 기호 ∨가 배타적 선접으로 이해된다고 할 때, 우리는 이미 기호 ∨에 대한 의도적 해석을 전제하게 된다. 이것은 공리 체계로 구성된 논리학이 타당성을 갖기 위해서는 해석된 계산 체계로서의 논리학이 먼저 구성되어야 한다는 것을 의미한다. 따라서 논리학의 가장 근본적인 문제는 기호 체계를 해석하는 명제들과 논리 상수들의 의미를 고정시키는 작업이다.

기호 체계들을 해석하는 명제들 중 가장 근본적인 것은 모순율에 대한 이해이다. 왜냐하면 논리학의 근본 명제들은 그 부정이 자기 모순적이기 때문에 필연적으로 참이어야 한다면 이미 여기에는 모순율이 전제되고 있기 때문이다. 물론 기호 체계를 해석하는 근본 명제들에는 모순율만 있는 것이 아니다. 거기에는 '동일률', '형식', '내용', '가능성', '현

49) R. Carnap, *Introduction to symbolic Logic and its applications*, New York 1958, S. 1 참조.

실성' 등 다양한 논리적 근본 개념들이 있다. 이렇게 많은 논리적 근본 개념들의 의미가 형식논리학에서는 고정된 것으로 전제된다. 문제는 여기서 그 의미 고정의 객관성이다. 이 경우 다양한 체계 이전의 논리적 개념들의 의미들을 고정하고 그 타당성을 문제 삼는 논리학을 V. 크라프트(V. Kraft)는 "의미론적 논리학"(die sematische Logik)이라 부른다.[50] 우리가 만일 크라프트의 용어를 받아들인다면 지금의 논의를 다음과 같이 정리할 수 있다. 즉 기호논리학을 포함한 모든 형식논리학은 이미 의미론적 논리학에 근거하고 있다.

헤겔은 자신의 논리학이 다양한 논리학들 중 하나의 형태이기를 거부한다. 왜냐하면 그는 자신의 논리학 속에서 "논리적인 것"(das Logische) 자체의 의미를 해명하고자 하기 때문이다.[51] 따라서 그는 자신의 논리학을 단순히 '논리학'(Logik)이라 부르지 않고 '논리학의 학'(Wissenschaft der Logik)이라고 부른다. 이 '논리학의 학' 속에서 그는 다양한 순수 논리적 범주들의 의미를 경험과 무관하게 순수 이론적으로 즉 '사변적'으로 고정시키고 그 타당성을 검토한다.[52] 그런 논리적인 것들에는 질, 양, 현존(Dasein) 및 반성개념들인 동일성, 상이성, 차이, 모순 및 형식, 내용 등의 개념들이 있다. 이러한 순수 논리적인 것의 의미를 해명하는 것이 헤겔 논리학의 과제인 한 그의 논리학은 이제 기호논리학을 포함한 모든 형식논리학의 토대인 '의미론적 논리학'이라 불릴 수 있다.

지금까지 고찰한 것으로부터 이제 우리는 다음과 같은 몇 개의 결론을 도출할 수 있다.

---

50) V. Kraft, *Mathematik, Logik und Erfahrung*, Wien, New York 1970, S. 2-7.

51) Logik II, S. 10-11.

52) 헤겔에게 '사변적'이라는 것은 '순수 이론적'임을 의미한다. 이에 대한 설명은 졸고, 「철학적 증명에 관하여-칸트로부터 헤겔로의 전개를 중심으로」, 『哲學硏究』, 제45집, 1999년 여름 참조.

첫째, 헤겔은 모순율의 타당성을 의미 있는 언어 사용이라는 실용적 근거에서가 아니라 그 자체 내적이며 논리적인 근거로부터 밝히고자 한다. 이를 위해 먼저 헤겔은 모순의 '본질'을 설명한다.

둘째, 헤겔에게 있어 모순이란 주관적 오류가 아니라 어떤 규정이 그 규정으로 스스로를 정립하면서 동시에 해체하는(auflösen) 활동이며, 그런 한에서 그 규정의 '근거'이다.

셋째, 헤겔에게 모순은 의식 외적으로 있는 존재자의 규정이라는 의미에서가 아니라 사물을 규정하는 술어 자체의 내적이며, 논리적인 관계라는 의미에서 객관적이고 존재론적인 규정이다.

넷째, 모순은 스스로를 해체한다. 따라서 '배제되어야 할 모순'을 말하는 모순율은 무제약적으로 타당한 것이 아니라 모순이 "스스로를 해체하는"(sich auflösen) 한에서 타당하다.

다섯째, 형식논리학에서 단적으로 전제되는 모순율과 여타의 순수 논리적 규정들의 의미와 타당성을 해명하는 헤겔 '논리학의 학'은 형식논리학의 토대인 '의미론적 논리학'(semantische Logik)이라 불릴 수 있다.

2...

'논리학'의 체계 내 위상과 자연철학과의 관계

1. '논리학'에 대한 셸링의 비판[53)]

우리는 헤겔의 '논리학'을 큰 무리 없이 형이상학으로 이해할 수 있다.[54)] 하지만 이때 형이상학이 정확히 무엇을 의미하는지는 그렇게 분명치 않다. 왜냐하면 우리는 형이상학 아래에서 한편으로는 범주적 존재론을 이해할 수도 있으며, 다른 한편으로는 모든 존재자의 근원으로서의 참된 존재자, 즉 신에 대한 탐구를 이해할 수도 있기 때문이다. 이러한 상황은 이미 아리스토텔레스가 형이상학을 '존재자로서의 존재자'

53) 셸링은 '논리학'에 대한 비판을 GnP 속에서 체계적으로 전개하며, *Die Philosophie der Offenbarung*(Schellings Werke Bd. 6. Erster Teil, München 1954)에서는 부분적으로 각 상황에 따라 제시한다. 여기서 우리는 GnP의 내용을 기초로 검토하고자 한다.

54) 이때 '논리학'이란 *Wissenschaft der Logik*와 *Enzyklopädie der philosophischen Wissenschaften* 속의 논리학 둘 다를 지시한다.

(to on he on)에 대한 탐구로 규정했을 때도 마찬가지이다.[55] 왜냐하면 이때도 '존재자로서의 존재자'에 대한 탐구는 한편에서 존재자를 그것이 존재자라는 측면에서 고찰하는 범주론으로 이해되기도 할 뿐만 아니라, 다른 한편에서 그것은 존재자 자체로서 모든 존재자의 근원인 신에 대한 탐구로 이해되기도 하기 때문이다. 특히 존재자(ens)를 탐구하는 헤겔의 '논리학'이 존재자의 근거로서 신에 대한 탐구로 이해될 수도 있다는 것은 우리의 자의적인 해석에 따른 것이 아니라 '논리학' 자체에서 나타나는 여러 가지 표현들, 즉 "신에 대한 정의" 및 "신에 대한 서술" 등에 근거를 두고 있다는 점에서 올바른 해석처럼 보이기도 한다.

그렇다면 여기서 우리는 다음과 같은 물음을 던져볼 수 있다. 즉 헤겔 '논리학'은 어떤 의미에서의 형이상학인가? 헤겔은 '논리학' 속에서 존재자의 규정들인 범주를 고찰하고자 하였는가 아니면 신에 대한 서술을 하고자 하였는가? 만일 우리가 이러한 두 측면을 모두 발견할 수 있다고 한다면, 이것은 서로 화합될 수 있는 해석인가? 만일 그런 해석이라면 어떤 점에서 그러한가? 사실 이러한 물음들은 간단히 대답될 수 있는 성격의 것들이 아니다. 왜냐하면 '논리학'에 대한 올바른 해석은 단순히 '논리학' 내의 문제가 아니라, '체계' 내에서, 그 뒤에 이어지는 '자연철학' 더 나가서는 '정신철학' 간의 관계를 함축하고 있기 때문이다.[56] 따라서 '논리학'이 형이상학이라고 할 때 그 의미를 체계 전체와 정합적으로 해석하기 위해서는 신중한 접근이 필요한데, 우리는 이러한 접근을 위해 '논리학'에 대한 셸링의 비판을 우선 살펴볼 필요가 있다. 왜냐하면 그의 비판은 '논리학'에 대한 해석의 문제뿐만 아니라 그 해석에 따라 귀결될 수 있는 자연철학과의 연관성 문제까지도 보여주기 때문이다. 셸

---

55) Aristoteles, *Metaphysik*, 1003 a.

56) 여기서 '체계'란 단적으로 *Enzyklopädie der philosophischen Wissenschaften*의 체계를 의미한다.

링은 '논리학'에 대한 비판을 근대 철학사에 대한 강의 속에서 체계적으로 그 '시원'과 '방법' 그리고 자연철학으로의 '이행' 등의 문제로 나누어 전개한다. 우리는 여기서 이러한 비판을, 특히 '논리학'을 체계와 정합적으로 해석할 때 결정적으로 영향을 미칠 수 있는 핵심 사항을 중심으로 검토해보고자 한다.

먼저 셸링 비판의 핵심적인 내용에 따르면, '논리학'은 두 가지 서로 다른 관점에서 해석될 수 있다. 즉 '논리학'은 한편에서는 범주론, 다른 한편에서는 신론으로 이해될 수 있다. 하지만 문제는 그것이 어떤 식으로 해석되든 상관없이 모두 심각한 결핍을 지니게 되며, 그 결과 '논리학'에서 헤겔이 하고자 하는 작업은 실패로 돌아가게 된다.

우선 '논리학'이 범주론으로 고찰될 수 있다는 측면을 살펴보자. 셸링에 따르면 '논리학'은 "개념으로서의 개념"에 대한 고찰로 이해될 수 있다. 이때 개념들이란 사유의 "단순한 형식"(die schlechte Form)을 넘어서 존재자의 규정들인 범주로 생각된다. 따라서 이러한 범주들을 고찰한다는 것은 결국 '논리학'이 전통 형이상학의 첫 번째 부분인 일반 형이상학(metaphysica generalis)으로서의 존재론으로 이해될 수 있다는 것을 의미한다.[57] 이에 대해 셸링은 다음과 같이 말한다. "서로 다른 학문들로부터 성립되는 이전의 형이상학은 개념으로서 개념을 내용으로 하는 학문, 즉 존재론을 그 일반적 토대로 하고 있다. 헤겔이 논리학에서 볼프 철학의 개념들이 갖고 있던 단적인 형식을 극복하려고 했을 때 그는 바로 이러한 존재론을 염두에 두었던 것이다. 단지 볼프 철학에서는 범주들이 다소간에 우연적으로 혹은 병렬적으로 제시되고 다루어진 데 반해, 헤겔은 새로운 방법의 적용을 통해 그 우연성을 극복하고자 하였다."[58]

57) GnP, S. 121.
58) 같은 곳.

셸링의 주장을 간단히 정리하면 다음과 같다. 즉 '논리학'은 칸트의 비판철학 이전의 전통적 존재론의 반복이며, 단지 차이가 있다면, 헤겔은 체계적이지 못하고 우연적으로 나열되던 범주들을 '변증법적인' 방법에 의해 체계화했다는 점이다. 이때 문제는 셸링이 볼 때, 범주의 객관성에 관한 것이다. 다시 말해 헤겔은 '논리학'에서 다루어지는 범주들이 사물의 객관적 규정이라고 주장하는데, 과연 그 범주들이 객관적 규정일 수 있는가라는 물음이 제기된다는 점이다. 왜냐하면 만일 헤겔이 주장하는 것처럼 '논리학'의 범주들이 객관적 규정일 수 있다면, 그것은 '논리학'이 칸트의 비판철학 이전의 존재론으로의 회귀인 한에서, 범주들이 현존하는 대상들로부터 '추상된 개념들'이기 때문이다. 셸링은 다음과 같이 말한다. "개념들 그 자체는 실제로는 의식 속에서 실존한다. 따라서 그 개념들은 자연 **이전**이 아니라 **이후에** 받아들여질 때만 객관적일 수 있다." 다시 말해 "추상된 것들은 당연히 현실성으로 간주될 수 있지만, 결코 그것으로부터 추상되는 것이 있기 전에 먼저 현존할 수는 없다."[59]

그러나 헤겔은 범주들을 결코 의식 외적인 사물들로부터 추상에 의해 얻어진 것으로 간주하지 않는다. 오히려 그는 철학이란 "순수 사유 속으로 되돌아감"과 더불어 시작되므로 외적 대상 이전의 선천적인 것으로서의 사유규정들을 고찰해야 한다고 주장한다. 이에 대해 셸링은 다음과 같이 말한다. "한갓 개념들을 내용으로 하는 사유를 헤겔과 그 추종자들은 **순수** 사유라 부른다 (……) 그러나 일반적으로 그러한 사유를 결코 현실적 사유라고 부르지는 않는다. 현실적 사유란 사유에 대립되는 것이 극복되는 곳에만 있을 수 있다. 하지만 단지 추상적 사유를 내용으로 갖는 그곳에서 사유는 아무것도 극복할 수가 없다."[60] 결국 셸링에 의

59) GnP, S. 122–123, 셸링 강조.

하면 '논리학'이 고찰하는 범주들이 선천적 사유규정이라는 이름으로 자연에 선행되는 한, 그것은 현실적 존재자에 대한 규정, 즉 객관적 규정이 될 수 없으며, 단지 주관적 규정일 뿐이다. 따라서 '논리학'이 의도하는 존재자 일반의 규정들에 대한 고찰이라는 일반 형이상학으로서의 존재론의 과제는 실패로 돌아가게 된다.

셸링의 이러한 비판에 대해서 물론 헤겔은 다음과 같이 반박할 수 있다. 즉 '논리학이 모든 철학의 실재적 토대'라고 하는 것은 달리 말하면 존재하는 모든 것(alles, was Ist)은 '이념 혹은 논리적 개념'에 의해서만 의미를 획득할 수 있다는 것을 말한다. 이렇게 본다면 개념들의 총괄로서의 '이념'이 모든 것의 진리이며 그 속에서 모든 것은 시작되고 또한 종결된다고 할 수 있다.[61] 하지만 셸링이 볼 때, 이러한 헤겔의 반박은 근본적인 오류추론에 기인한다. 왜냐하면 이념 없이는 어떤 것도 의미가 있을 수 없으며 의미 없는 것은 실존할 수 없다는 것으로부터 모든 것은 이념에 의해 **실존하게 된다**는 것이 도출되지는 않기 때문이다.[62] 그는 다음과 같이 말한다. "물론 그 어떤 것이 무엇인지 해명되지 않은 상태에서 그것이 논리적 이념 속에 있을 수는 있다. (……) 하지만 문제는 전체 세계가 논리적 개념들의 그물 망 속에 있다고 할 때, 그 세계가 어떻게 이 그물 망 속으로 나타나게 되었는가 하는 것은 논리적인 것으로부터는 설명될 수 없다."[63]

결국 이러한 표현을 통해 셸링이 하고 싶은 말은 세계의 '실존'은 헤겔이 생각하듯이 그렇게 논리적인 것을 고찰함으로써 설명되는 것이 아니라는 점이다. 그렇다면 순수 이념을 고찰하려는 '논리학'은 현실적인 세

---

60) GnP, S. 123.
61) GnP, S. 125.
62) 같은 곳.
63) 같은 곳.

계에 대한 설명이라고 할 수 없게 된다. 셸링에 의하면 사실 헤겔도 논리적 개념들은 그 자체 '현실적인 것'에 대한 인식일 수는 없으며 자신 외부에 실재적인 것들을 갖는다는 것을 잘 알고 있었다. 왜냐하면 헤겔은 '순수 사유에 관한 학'인 '논리학'의 종결점에서 이념은 다시 자연으로 외화된다고 말하기 때문이다. 헤겔은 바로 이 외화를 통해 실재성을 결핍하고 있는 논리적인 개념들에게 실재성을 제공하고자 했다. 하지만 셸링이 볼 때, 그럼에도 불구하고 추상적 이념은 실재성을 지닐 수 없으며 기껏해야 '가설적' 특성만을 지니게 될 뿐이다. 왜냐하면 논리적 과정에 의해 개념이 자연으로 이행하게 된다고 할지라도 그것은 결국 개념일 뿐 결코 '현실적인 것'이라고 말할 수는 없기 때문이다.[64] 결국 이렇게 본다면 '순수 사유에 관한 학'으로서 존재자의 객관적 규정 및 현

---

64) *Die Philosophie der Offenbarung*, Einleitung S. 65. 여기서 "현실성"이란 감각적 경험에 의해 도달되는 것을 의미하는데, '논리학'에 대한 셸링의 이러한 비판에는 사실 논리적인 것과 실존은 구분되어야 하며 이성은 그 자체로 결코 실존에 대해 언급할 수 없다는 생각이 놓여 있다. 논리적인 것은 단지 가능적인 것(Potenz)일 뿐이며, 그런 한에서 그것은 현실성에 대해 부정적일 뿐이다. 이러한 생각은 셸링의 후기 철학의 근본 입장이다. 셸링의 후기 철학은 본질(quod)과 실존(quid)이라는 스콜라적 구분과 더불어 시작된다(S. 57-58). 이 구분에 의하면 모든 사물들은 이성이 접근할 수 있는 본질의 측면과 경험(die empirische Erfahrung)에 의해서만 접근 가능한 사실적 실존이라는 측면을 지닌다. 이성은 그 본질을 개념 속에서 파악하는 반면, "현실적인 것의 현실성", 즉 존재자가 있다는 것(ob *Seiendes ist bzw.* daß es ist)은 전혀 인식할 수 없다. 그렇기 때문에 이성은 존재자 자체인 바에 대해서 존재하지 않을 수밖에 없다고 하는 단지 부정적인 개념만을 갖는다. 이런 이유로 이성이 원리가 되는 이성 학문은 단지 "부정 철학"일 뿐이다(S. 70). "부정 철학"은 "이성 학문"으로서 모든 사유규정들을 존재 규정들, 즉 범주로서 생각한다. 하지만 이성에게는 '존재하는 것'(was ist)이 아니라 '존재할 수 있는 것'(was sein kann)만이 접근 가능한 것이기 때문에 존재 규정들은 사유에게 단지 가능성(Potenz)으로서, 즉 "존재할 수 있는 어떤 것"(etwas, was nur sein kann)으로 이해된다. 이러한 "부정 철학"의 대표적인 모습이 셸링에 의하면 "개념" 속에서 사물의 본질을 파악하고자 하는 헤겔의 '논리학'이라는 것이다. 그렇기 때문에 '논리학'은 단지 가능성으로서의 존재에 대해 말할 수 있을 뿐이지 현실적인 존재자에 대해서는 말할 수 없다.

실적 인식의 근거를 제공하려는 '논리학'은 어느 경우든 실패로 돌아가고 만다.

다른 한편 셸링에 의하면 '논리학'은 '사변적 신학'으로도 해석될 수 있다. 사실 셸링이 보다 적극적으로 주장하려는 점은 바로 이 측면이다. '사변적 신학'으로서의 '논리학'은 절대자 혹은 신의 이념에 대한 구성이 된다.[65] 다시 말해 이 경우 '논리학'은 헤겔 스스로 말하듯이 "자연과 유한한 정신의 창조 이전에 그 영원한 본질 속에 있는 신에 대한 서술"이 된다.[66] 이러한 관점에서 '논리학'을 살펴본다면, 우선 신의 이념은 처음에는 순수존재를 포함하지 않는다. 하지만 그 이념은 개념규정들을 통해 존재를 획득하게 되고 급기야는 존재를 완전히 자신 속으로 흡수해 버리게 된다. 이렇게 해서 도달된 이념이 바로 '실현된 이념'(die verwirklichte Idee)이다.[67] 하지만 이러한 이념도 논리적인 것 내에서는 한계에 도달하게 된다. 즉 그 이념은 '논리학' 내에서는 더 이상 앞으로 나아갈 수가 없게 되므로 그 자체 정지하든가 아니면 이 한계 외부로 나가든가 해야 한다. 여기서 이념은 그 필연적 진행으로부터 완전히 벗어나 무한한 자유 속에서 자신을 '달리 있음의 형식'인 '자연으로 방면'(entlassen)하기로 결정한다. 체계 내에서 볼 때, '논리학'으로부터 '자연철학'으로의 이행으로 나타나는 이러한 방면은 결국 신의 '자유로운 세계 창조'를 의미하게 된다.[68]

셸링이 볼 때 문제는 결국 신은 이러한 세계 창조를 통해 아무것도 얻질 못하며, 오히려 상황은 이전보다 훨씬 악화된다는 점이다. 왜냐하면 자신을 세계로 외화(Entäußerung)하기로 **자유롭게** 결정한 신은 바로 그

65) Gnp, S. 125.
66) Logik I, S. 33-34.
67) GnP, S. 131.
68) GnP, S. 137-138.

자유로운 외화 속에서 자신의 자유를 상실하게 되기 때문이다. 그는 다음과 같이 말한다. "신은 그 외화와 더불어 자연 속에서 고통을 받게 되고, 더 이상 벗어날 수 없는 과정으로 휘말려 들어가게 된다. 결국 신은 세계로부터 자유로운 것이 아니라 세계의 짐을 떠안게 될 뿐이다."[69] 또한 자신을 자연으로 방면함으로써 자유를 보존하려는 신의 생각은 하나의 망상이 되고 만다. 왜냐하면 신은 그 외화의 끝에서 다시 그 영원한 이념의 형식으로 복귀하게 되며 그 과정 속에서 자연과 정신의 실재성은 다시 지양되어버리기 때문이다.[70] 이렇게 본다면 신이 자신을 자연으로 방면하는 것은 스스로를 체계의 중심에 세우기 위한 행동일 뿐이며 결코 현실적 발생(Geschehen)과는 무관한 것이 된다. 결국 신이 자신을 자유롭게 자연으로 방면한다는 것은 신이 그 외화를 통해 자유를 상실하거나 아니면 현실적 발생은 하나의 망상이 되든가 둘 중 하나이다. 그리고 그 어느 경우이든 사변적 신학은 모순으로 귀결된다.

이제까지 서술된 셸링의 비판에 따르면 '논리학'은 어떤 식으로 해석되든지 상관없이 결국 철학사에서 좌초될 수밖에 없는 하나의 "에피소드"로 남게 된다.[71] 그렇다면 이제 우리는 다음과 같이 물어볼 수 있다. 헤겔 '논리학'은 정말로 셸링이 말하듯이 그렇게 모순으로밖에 귀결될 수 없는 사변의 산물인가? 이 물음에 답하기 위해 헤겔 스스로 '논리학'에서 어떻게 말하는지 좇아가볼 필요가 있다.

69) GnP, S. 137.
70) GnP, S. 138.
71) GnP, S. 110.

2. 범주적 존재론으로서 논리학

헤겔은 『논리학』 재판 '서문'에서, 그 다루어질 내용들이란 전통 형이상학에는 없었던 새로운 것이 아니라 철학에서 늘 고찰되던 것으로서 '사상'(Gedanke) 혹은 '사유 형식들'(Denkformen)인 범주들이라는 점을 지적한다.[72] 일단 '논리학'에서 고찰되는 재료가 전통 형이상학의 그것과 동일하다는 것은, 셸링이 지적했듯이 '논리학'은 어느 정도 존재론으로서의 전통 형이상학과 일치한다는 것을 의미한다. 그 일치의 내용은 다름 아닌 다음과 같은 것이다. 즉 전통 형이상학에서 범주들이 단순히 주관적 규정이 아니라 '사물들의 근본 규정'이듯이,[73] '논리학'의 범주들도 '사물들에 대해 낯선, 주관적이며 임의적인 형식'이 아니라 사물의 본질(Sache)을 이루는 '객관적 사상'들이라는 점이다.[74] 뿐만 아니라 '개별적 존재자'로서의 사물을 고찰하는 전통 형이상학이 '사물 일반에 관한 학'으로서의 존재론이 되듯이[75] '논리학'도 마찬가지로 '개별적 존재자'(Ens)를 고찰하는 존재론으로 이해될 수 있다. 그렇기 때문에 헤겔은 "논리학은 **사물의 본질들**(Wesenheiten der Dinge)을 표현하는 것으로 간주되는 **사상들(Gedanken) 속에서** 파악된 사물에 관한 학으로서의 **형이상학**과 일치한다"고 말하며,[76] 특히 "객관적 논리학은 직접적으로 전통 형이상학의 첫 번째 부분인 존재론의 자리에 위치한다"고 말한다.[77]

하지만 '논리학'이 전통 형이상학의 첫 부분인 존재론과 일치한다고

72) Logik I, S. 9
73) Enzy, § 28.
74) Logik I, S. 16, 그리고 18 38 – 19 1, Enzy, § 21, § 24.
75) A. G. Baumgarten, *Metaphysika*, Halle 1783, § 4.
76) Enzy, § 24. 헤겔 강조.
77) Logik I, S. 50.

할지라도 범주를 고찰하는 방식에 있어서는 커다란 차이를 보인다. 헤겔에 의하면 전통 형이상학은 범주들을 '철학적으로', 즉 "그 고유한 내재적 활동성 속에서 혹은 같은 말이지만 그 필연적 전개 속에서" 다루지를 못하고[78] 단지 "경험적이고 우연적인 방식으로" 나열했을 뿐만 아니라,[79] 더 나아가 "그것들의 진리치를 항상 타당한 것으로 전제"하였다.[80] 따라서 전통 형이상학은 범주들을 하나의 체계로 완성하지 못했을 뿐만 아니라 진리의 체계로 제시할 수도 없었다. 이에 반해 '논리학'은 "무질서 속에 해골의 생명 없는 뼈들처럼 서로 흩어져 있는" 범주들을 "체계적인 연관" 속에서 그 "형식들의 가치"가 드러나게 한다.[81] 다시 말해 '논리학'은 범주들을 필연적이며 진리인 체계로 서술하고자 한다.

그렇다면 여기서 우리에게 문득 떠오르는 것이 있다. 그것은 다름 아닌 '논리학'이란 근본적으로는 전통 형이상학과 같지만 단지 새로운 방법을 통해 범주에 대한 체계를 제시하려는 것이 다를 뿐이라는 셸링의 해석이다. 이와 함께 이어지는 것은 결국 '논리학'에 대한 그의 비판도 타당한 것이 아닌가 하는 생각이다. 하지만 문제는 여기서부터 시작된다. 왜냐하면 '논리학'의 고찰 방법이 전통 형이상학의 그것과 다르다는 것은 결국 범주 자체에 대해서도 다른 이해를 제공하게 되며 더 나아가 '논리학' 전체에 대한 해석에 있어서도 새로운 방향을 제시하게 될 것이기 때문이다. 따라서 우리는 헤겔이 범주를 새롭게 고찰하는 방식이 어떤 것인지 먼저 살펴보아야 한다.

헤겔에 의하면 사유 형식인 범주는 우리의 **언어생활** 속에 이미 녹아 있다. 즉 우리는 일상 속에서 사상으로서의 범주들을 별 생각 없이 이미

78) Logik I, S. 9.
79) Enzy, § 33.
80) Enzy, § 28.
81) Logik I, S. 9 32－34 그리고 Logik III, S. 27 18－19.

자연스럽게 사용한다. 그렇기 때문에 우리의 일상적인 언어활동은 논리적일 수가 있는 것이다. 이때 언어생활 속에서 이렇게 생각 없이 전개되는 범주들의 적용을 헤겔은 '자연적 논리학'(die natürliche Logik)이라 부른다.[82] 하지만 문제는 그에 따르면 '자연적 논리학'에서는 범주들이 이미 사용되고 있기 때문에 "알려져"(bekannt) 있기는 하지만 "인식되어"(erkannt) 있지는 않다는 점이다.[83] 따라서 범주들이 지니는 가치를 인식하기 위해서는 일차적으로 '자연적 논리학'에 대한 '학문적 반성'이 필요하다.[84] 왜냐하면 '학문적 반성' 속에서만 일상적 경험을 구성하고 있는 범주들은 그 모습을 분명하게 드러내기 때문이다. 학문적 반성 속에서 드러난 범주들은 다음으로 순수 사상의 형태 속에서 '재구성'(Rekonstruktion)되어야만 한다. 왜냐하면 반성을 통해 드러난 사유 형식인 범주들은 일단 주관적이며 내용에 대해 외적인 형식들로 파악되어 있기 때문이다. 헤겔은 다음과 같이 말한다. "논리의 학(die logische Wissenschaft)은 그것이 본능적으로 그리고 생각 없이 우리의 정신을 관통하고 있으며 언어 속에 녹아서 대상으로 고찰되지 않고 남아 있는 사유규정들을 다루는 한에서, 사유규정들에 대한 **재구성**이 될 것이다. 이 사유규정들은 반성을 통해서 드러나게 되지만 아직 반성에 의해서는 주관적이며 재료나 내용에 대해 외적인 것으로 파악될 뿐이다."[85]

만일 사유규정들인 범주가 주관적이며 내용에 대해 외적인 형식들로 파악된다면, 그 범주들의 의미는 외적인 내용에 의존하게 된다. 이미 우리가 알고 있다시피 범주를 이와 같은 방식으로 고찰하는 것이 칸트의 비판철학이다. 하지만 헤겔이 볼 때 범주들의 의미는 그것에 대해 외적

82) Logik I, S. 14 1–5.
83) Logik I, S. 11 37–38.
84) Logik I, S. 14 4–5 그리고 19 33.
85) Logik I, S. 19.

인 내용에 의존하는 것이 아니라 그 자체 내재적 규정에 의해 결정된다. 이 내재적 규정이 바로 '형식들의 가치'이다. 그렇다면 '형식들의 가치'인 범주의 의미가 드러나기 위해서는, 범주들은 대상 연관적이 아니라 그 자체 내재적으로 "서로서로의 관계 속에서" 고찰되어야 한다.[86] 헤겔은 바로 이렇게 범주들을 대상 연관적이 아니라 "그들 자체에 있어서 고찰하는 것"을 순수 사상의 형태 속에서 '재구성'하는 것으로 이해한다.[87] 이러한 '재구성' 속에서 범주들은 어떻게 유한하며 어떤 경우 비진리가 되는지 드러나게 되고 궁극적으로는 그 진리로서 개념이 제시된다.[88]

조금 더 자세히 말하자면, 절대적으로 타당한 것으로 생각되던 어떤 형식의 범주는 '재구성' 속에서 그렇게 절대적으로 타당한 것이 아니라 오히려 그 내재적 규정에 있어서 자신과 대립되는 것으로서 드러나게 되며, 그 과정에서 애초에 갖고 있던 형식규정은 의미를 상실하는 것으로 나타난다. 물론 그렇다고 해서 애초의 그 규정이 완전히 지양되는 것은 아니다. 왜냐하면 그 규정은 대립과의 통일 속에서 하나의 계기로 파악되며 단지 그러한 계기로서만 그 타당성을 확보하게 되기 때문이다. 여기서 그 규정을 하나의 계기로 포함하는 통일이란 바로 유한한 것으로 밝혀지게 되는 처음 형식의 진리로서 그 형식의 '개념'이 된다. 따라서 헤겔은 '개념'을 일반적으로 생각하듯이 "추상적인 것"이 아니라[89] "어떤 규정의 그 대립 속에서의 동일성"으로 파악한다.[90] 다시 말해 개념

86) Logik I, S. 50 2.
87) Logik I, S. 19, 24, 26 그리고 S. 49 30 – 50 3.
88) Logik I, S. 19 26 – 28.
89) Enzy, § 9, Anm., § 164, Anm.
90) Enzy, § 162, Anm. 구체적으로 설명하면 우선 동일한 것으로 드러나는 범주 x(예, 존재)와 y(예, 무)는 각각의 의미를 세 번째 범주인 z(예, 생성)의 계기로 포함됨으로써 갖게 된다. 그렇다면 범주 z는 x와 y의 의미규정의 근거로서 그 '개념'이 된다.

이란 하나의 형식이 그 대립적 규정에 의해 제한되며 동시에 이 제한에 의해 서로를 규정함으로써 이루게 되는 통일이다. 이렇게 제시된 '개념'은 다시 유한한 것으로서 보다 높은 형식의 계기로 드러나게 되고, 이 보다 높은 형식이 앞선 개념의 개념이 된다.

헤겔은 범주들의 재구성 속에서 이처럼 하나의 범주가 어떻게 그 대립적 규정들에 의해 제한됨으로써 의미를 획득하게 되는지 그리고 보다 높은 규정의 계기로 파악됨으로써 새로운 규정의 가능성이 열리게 되는지를 서술한다. 하지만 이러한 규정들의 타당성 요구가 무한히 진행될 수는 없다. 범주들의 의미규정들이 하나의 체계로 완전성을 형성하기 위해서는 이제까지의 모든 과정을 자신 속에 포함하는 통일로서의 마지막 형식이 있어야 한다. 헤겔은 이 형식에 대하여 다음과 같이 말한다. "하나의 개념(ein Begriff)은 우선 그 자신의 측면에서 개념 자체(der Begriff)이다. 그리고 이 개념 자체가 실체적 토대이다. 그러나 다른 한편에서 이 개념 자체는 특정한 규정된 개념이다. 그 규정성이 바로 그 개념에 있어서 내용으로 현상하는 그러한 것이다. 그러나 개념의 규정성들이란 개념 자체인 실체적 통일의 형식규정이 된다. 즉 총체성으로 특정한 개념들의 토대를 이루는 개념 자체의 계기들이 된다."[91]

이 말에 따르면 모든 규정들은 재구성 과정 속에서 실체적 토대인 개념 자체의 계기로 드러나게 된다. 이때 개념 자체란 그 과정의 종결점에 놓이는 것으로서 "자신 속으로 귀환된 것이며 자신과 동일하게 되는 전체"(das in sich gegangene und mit sich identische Ganze)로서의 총체성이다. 헤겔은 이러한 총체성을 '절대적 이념'이라 부른다.[92] 이때 과정의 종결점에 놓이는 이념이 "자신 속으로 귀환된 것"인 한, 재구성적 과정

91) Logik I, S. 19 8–16.
92) Logik III, S. 299.

전체는 이 이념의 내적 규정들의 전개로 드러난다. 따라서 헤겔은 범주들을 순수 논리적 영역에서 재구성하는 '논리학'을 "스스로 발전해나가는 사유의 고유한 규정들과 법칙들의 총체성으로서의 이념"에 관한 학이라고 규정한다.[93)]

'논리학'의 범주들이 이처럼 순수 사상의 형태 속에서 재구성된 것이라고 한다면, 그것은 전통 형이상학의 범주들과는 큰 차이를 지니게 된다. 우선 전통 형이상학에서 범주란 "추상적인 개념들"로서 사물의 "술어들"(Prädikaten)이다.[94)] 이때 범주가 "추상적인 개념들"이라는 것은 그것이 대상에 대해 추상적 일반화를 통해 얻어진 것임을 의미하며 동시에 그것들이 사물의 "술어들"이라고 하는 것은 그것이 규정될 주체로서의 대상을 전제하며 그 대상과 관련해서만 의미를 얻게 되는 어떤 특정한 유형의 개념들이라는 것을 말한다. 따라서 헤겔은 범주들이 추상적 일반화에 의해 얻어지는 한에서, 또한 주어에 대해 외적인 것인 한에서 "경험적이며 우연적인" 것이라고 말한다.[95)]

이에 반해 '논리학' 속에서 재구성된 범주들은 더 이상 대상 연관적으로 해명되는 어떤 특정한 유형의 개념들, 즉 '술어들'이 아니다. 그것은 오히려 반성을 통해 순수 논리적 차원에서 드러나는 특정한 유형의 **개념들의 의미들**이다. 헤겔은 이 의미들을 "내용의 고유한 반성"을 통해 드러나는 "형식들"이라고 말한다.[96)] 그리고 이러한 형식들이 순수 논리적 차원에서 드러나는 한, 그는 이 형식들의 체계를 "모든 감각적 구체성으로부터 해방된 그림자의 왕국, 단적인 본질들의 세계"라고 표현한다.[97)]

만일 우리가 전통 형이상학의 범주인 어떤 특정한 유형의 개념들로서의 '술어들'과 '논리학'에서 서술되는 범주인 그 특정한 유형의 개념들의

93) Enzy, § 19, Anm.
94) A. G. Baumgarten, *Metaphysika*, Halle 1783, § 1, § 4.
95) Enzy, § 33.

의미들을 현대적 표현에 따라 구분해본다면, 아마 '술어들'(Prädikaten)과 '술어화적 방식'(Prädikationsweise)의 구분으로 설명할 수 있을 것이다. 이때 범주가 술어들이라는 것은 곧 그것이 대상에 대한 직접적인 규정으로서 술어화적 명제 Fa에 있어 F자리에 대치될 수 있는 것임을 말한다. 예를 들어 '실체', '사물', '원인' 등이 범주로서 장미라는 대상을 규정한다고 한다면, 이때 이 장미는 '이 장미는 실체다', '이 장미는 사물이다', '이 장미는 원인이다' 등으로 표현될 수 있다. 반면 범주가 술어화적 방식이라는 것은, 그것이 대상을 서술하는 '언어적 표현들을 진술(Aussage)로 결합하는 방식'임을 의미한다. 다시 말해 술어적 명제 Fa에서 '술어화적 방식'으로서의 범주란 a도 아니고 F도 아니라 a와 F의 결합 방식을 의미한다.[98] 예를 들면 '이 꽃잎은 푸르다(dies Blatt ist grün)'라는 진술에서 '꽃잎'과 '푸르다'는 것은 여러 방식으로 결합될 수 있다. 우선 그것은 '실체와 속성'(Substanz－Akzidens), '사물과 성질'(Ding－Eigenschaft), '내용과 형식'(Inhalt－Form), '개별자와 보편자'(Einzelnes－Allgemeines) 그리고 '어떤 것과 타자'(Etwas－Anderes) 등의 방식으로 결합될 수 있다. 따라서 '실체와 속성'이라는 범주가 대상을 규정한다는 것은 이 범주가 술어 자리에 놓인다는 것이 아니라 '이 꽃잎'이라는 주

96) Logik I, S. 6 25－29. "Der Satz vom Grund, oder : Was ist philosophische Argumentation?", in *Argumentation in der Philosophie*, *Neue Hefte für Philosophie*, Hefte 26, S. 109－110 참조. "특정한 유형의 개념"으로서의 범주 이해는 전통 형이상학뿐만 아니라 칸트에게도 해당된다. 왜냐하면 칸트에게서 범주란 "대상 일반의 개념들"(B 128) 혹은 "사물들 일반의 개념들"(A 242)로 이해되기 때문이다. 다만 전통 형이상학에서는 추상적 일반화를 통해 얻어진 범주를 비판 없이 사물의 근본 규정이라고 주장하는 데 반해, 범주를 주관적 규정으로 간주하는 칸트에게는 범주의 "객관적 타당성"에 대한 요구가 부과될 뿐이다.

97) Logik I, S. 44 13－15.

98) L. B. Puntel, "Transzendentalität und Logik", in *Zur Zukunft der Transzendentalphilosophie*, *Neue Hefte für Philosophie*, 14, S. 88－90.

어와 '푸르다'라는 술어를 실체와 속성이라는 관계로 결합한다는 것을 의미한다. 이러한 술어화적 방식으로서의 범주들은 당연히 대상에 대한 추상화를 통해 획득되는 것이 아니라 대상의 서술에 대한 반성을 통해, 즉 그 서술의 형식화를 통해 얻어지는 것으로서 **순수 논리적 형식들**이 된다.

'논리학'의 범주들이 이처럼 전통 형이상학의 범주들과 다르다고 할 때, 보다 중요한 것은 범주에 대한 이러한 이해가 '논리학' 전체를 모순 없이 일관되게 설명해줄 수 있다는 점이다. 그 이유는 다음과 같다. 즉 '논리학'은 한편에서 "스스로 발전해가는 사유규정들과 그 법칙들의 총체로서의 이념에 대한 학"으로 규정되는데,[99] 이 규정에 따르면 '객관적 논리학' 및 '주관적 논리학' 모두가 사유규정의 총체인 이념의 전개에 속하게 된다. 그런데 만일 사유규정으로서의 범주가 술어들, 즉 사물에 대한 특정한 유형의 개념들로 이해된다면 '주관적 논리학'에서 서술되는 '판단'과 '추론' 등이 어떻게 범주로 이해될 수 있는지가 설명하기 어려워지게 된다. 그리고 만일 '논리학' 전체를 범주론의 관점으로부터 설명하는 것이 힘들어진다는 것은 곧 사유규정 전체에 대한 체계적 서술이라는 '논리학'의 규정이 위협받게 됨을 의미한다. 왜냐하면 결국 '주관적 논리학'은 범주론에서 제외될 것이기 때문이다. 하지만 범주가 '술어화적 방식'으로 이해된다면 이러한 어려움은 사라진다. 왜냐하면 '판단'이나 '추론' 또한 일상적인 다른 범주들과 마찬가지로 주어와 술어의 결합 방식으로 이해될 수 있기 때문이다. 바로 이러한 이유로 헤겔은, 범주가 만일 대상에 대한 일반적 표상이라면 전혀 이해될 수 없는 표현들, 즉 "모든 사물은 하나의 판단이다",[100] 혹은 "모든 것은 추론이다"[101] 등의 표현들을 거리낌없이 사용한다.

---

99) Enzy, § 19.

다른 한편 범주들이 술어화적 방식이 아니라 술어들이라면 일반적으로 제기되는 문제, 즉 모든 범주를 총괄하는 범주가 과연 범주인가라는 문제가 제기된다. 다시 말해 마지막에 나오는 '절대적 이념'은 범주들을 포괄하는 것인데, 이것이 어떻게 다시 범주로 파악될 수 있는지가 문제시 된다.[102] 그러나 범주가 술어화적 방식으로 이해된다면 이러한 문제는 깨끗이 해결된다. 왜냐하면 범주들의 총괄인 '절대적 이념'은 모든 술어 규정들이 통일되는 방식을 의미할 것이기 때문이다.

하지만 '논리학'의 범주 이해가 전통 형이상학의 그것과 이처럼 다르다고 한다면, 이제 다음과 같은 물음이 제기될 수 있다. 즉 이 경우에도 '논리학'은 계속해서 존재론이라고 할 수 있는가? 존재론이란 기본적으로 대상 혹은 현실성에 대한 해명이어야 하지 않는가? 이러한 물음들은 사실 그렇게 날카로운 철학적 물음은 아니다. 왜냐하면 우리는 이 물음에 대해 '대상 혹은 현실성을 해명한다는 것' 혹은 '존재론적 과제를 수행한다는 것'이 도대체 무엇을 의미하는가라고 되물을 수 있기 때문이다. '논리학'의 존재론적 특성은 바로 이 되물음에 대한 고찰 속에서 주어질 수 있다.

대상을 존재론적으로 해명한다는 것은, 개별 학문이 하듯이 그렇게 구체적인 대상의 규정들을 진술하는 것이 아니라 대상의 대상성(die Gegenständlichkeit)을 이해의 차원으로 드러내는 것이다. 물론 이때 대상의 대상성이란 대상을 그러한 것이게끔 하는 '본질적인 것'(das

---

100) Enzy, § 167.

101) Enzy, § 181, Anm.

102) Logik III, S. 297 30–32. 사실 칸트의 『순수이성비판』의 '변증론'에서 제기되는 이율배반의 문제는 범주가 술어로서 이해될 때 제기되는 이러한 문제 외에 다른 것이 아니다. 왜냐하면 '변증론'에서 서술되는 모순들이란 바로 술어 규정들의 총체인 "이념"을 다시 규정적으로, 즉 범주적으로 이해하려고 할 때 나타나는 현상이기 때문이다.

Wesentliche)으로서 바로 '사상'이라 불리는 범주들일 것이다.[103] 그리고 이러한 범주들을 이해의 차원으로 드러낸다는 것은 그 범주들의 순수 논리적 의미들 혹은 형식들을 제시하는 것이다. 다시 말해 어떻게 하나의 범주가 다른 범주와 구분되는지 그리고 하나의 범주는 그 의미를 어디로부터 획득하는지 등을 순수 논리적 차원에서 해명하는 것이다. 그런데 이미 보았듯이 '논리학'의 내용이 바로 이러한 해명에 해당한다. 따라서 '논리학'이야말로 대상을 존재론적으로 해명하는 작업인 존재**론**(die Onto-**logie**)이다. 헤겔은 '논리학'의 이러한 존재론적 특성을 다음과 같이 표현한다. "논리학은 사태 자체(die Sache an sich selbst)인 한에서 사상(Gedanke)을 포함하며 혹은 순수 사상인 한에서 사태 자체를 포함한다. (……) 즉자 대자적인 존재자란 의식된 개념이고 개념 자체란 즉자 대자적인 존재자이다."[104]

여기서 "사태"란 사물들이 아니라 "사물들의 개념"(der Begriff der Dinge)이라는 것을 염두에 둔다면[105] 이 "사태"가 바로 대상을 그러한 것이게끔 하는 대상성이며, 따라서 순수 논리적 규정들로서의 "사상" 혹은 "개념"과 동일한 것이 된다. 그렇다면 이제 대상의 대상성을 해명하는 존재론적 과제는 "사태"인 "개념"의 **의미**를 드러내는 것이 된다. 이런 이유로 헤겔은 완전히 해명된 "즉자 대자적인 존재자"를 "**의식된 개념**"이라고 부른다. 이렇게 "의식된 개념"은 앞서 우리의 표현을 따르자면 순수 논리적 차원에서 밝혀지는 특정한 부류의 개념의 "형식들" 외에 다른 것이 아니다. 결국 존재론적 과제를 수행하는 '논리학'은 이러한 형식들에 대한 서술이라는 의미에서 '형식적 학문'(die formelle Wissenschaft)이

---

103) Enyz, § 21.
104) Logik I, S. 18-26.
105) Logik I, S. 18 38-19 1.

된다. 헤겔은 이에 대해 다음과 같이 말한다. "논리학 자체는 **형식적 학문**이다. 그러나 스스로에 있어서(in sich) 총체성이며 진리 자체의 순수한 이념을 포함하는 **절대적 형식**의 학문이다. 이러한 절대적 형식은 그 자체에서(an ihr selbst) 내용과 실재성을 지닌다. (……) 이때 내용이라는 것은 절대적 형식의 서로 다른 규정들 외에 다른 것이 아니다. 다시 말해 내용은 형식 자체를 통해 정립되고 그래서 그 형식에 부합되는 그런 것이다. 이 형식은 그렇기 때문에 일반적으로 이해되는 논리적 형식과 전혀 다른 본성을 지닌다. 이 형식은 이미 그 자체로(für sich selbst) **진리**이다. 왜냐하면 내용이 그 형식에 혹은 실재성이 그 개념에 상응하기 때문이다."[106)]

범주적 존재론으로서의 '논리학'이 '절대적 형식'의 학문으로 이해된다면 이제 우리는 이것을 토대로 앞에서 제기된 셸링의 비판에 대해 검토해볼 수 있다. 그의 비판은 다음과 같은 것이었다. 즉 '논리학'의 범주들이란 추상을 통해 획득된 얻어진 것임에도 불구하고 헤겔은 '순수 사유에 대한 고찰'이라는 명분 아래 이 범주들을 그것으로부터 추상되는 자연에 선행시키면서 객관성을 말하고자 하였다. 따라서 '논리학'의 범주들은 사물에 대한 객관적 규정이 될 수 없다. 셸링의 이러한 비판은 범주를 대상으로부터의 추상적 일반화를 통해 획득하고서도 여전히 선천적 규정으로 간주하는 전통적 존재론에는 적용될 수 있다. 하지만 이미 보았듯이 '논리학'의 범주는 추상을 통해 얻어진 사물 일반의 개념이 아니라 반성을 통해서 드러나는 그 특정한 개념들의 형식이다. 셸링의 근본적인 오해는 그 비판의 초점이 '논리학'의 문제 영역을 벗어나 있다는 데 있다. 왜냐하면 '논리학'의 과제는 셸링이 생각하는 것처럼 그렇게 대상적 존재자에 대한 구성이 아니라, 오히려 그 존재자를 의미 있게 드

---

106) Logik III, S. 23 34 – 24 11, 헤겔 강조.

러내기 위해 전제되어야 할 **이성적 사유에 대한 구성**이기 때문이다. 셸링이 '논리학'의 이러한 의도를 파악하지 못하는 이유는, 이성적 사유에 의해서는 결코 포착될 수 없는 '현실성'이 철학이 해명해야 할 궁극적인 과제라는 나름의 전제를 가지고 헤겔의 '논리학'에 접근하였기 때문이다.

'논리학'의 과제가 이처럼 대상적 존재자를 구성하는 것이 아니라 그 존재자를 의미 있게 드러내기 위해 전제되어야 할 이성적 사유에 대한 구성이라고 한다면, 셸링의 또 다른 비판인, '논리학' 끝에서 나타나는 절대적 이념의 자연으로의 이행 문제는 어떻게 설명되어야 하는가라는 물음이 남는다. 이 물음에 답하기 이전에 우리는 먼저 셸링의 또 다른 해석, 즉 '사변적 신학'으로서의 '논리학'에 대한 이해의 정당성에 대하여 검토해보아야 한다. 왜냐하면 여기서도 마찬가지로 신적 이념의 자연으로의 이행이 문제가 되기 때문이다.

3. 존재 신론으로서 '논리학'

셸링이 '논리학'을 '사변적 신학'으로 규정하고 그 내용을 신의 이념에 대한 구성으로 생각하는 것은 결코 자의적인 것이 아니다. 왜냐하면 헤겔 스스로 '논리학'이란 "자연과 유한한 정신의 창조 이전의 영원한 본질 속에 있는 신에 대한 서술"이며,[107] "신에 대한 존재론적 증명"(der sogenannte ontologische Beweis vom Dasein Gottes)이라고 말하기 때문이다.[108] 셸링에 의하면 영원한 본질 속에 있는 신의 이념은 처음에는 존재

107) Logik I, S. 33 39 – 34 2.
108) Logik III, S. 150.

를 포함하고 있지 않았으나 그 전개 속에서 존재를 획득하게 되고 급기야는 존재를 완전히 자신 속으로 삼켜버린다. 이렇게 해서 도달된 이념이 바로 '현실화된 이념'(die verwirklichte Idee)이며, 이러한 이념은 이제 논리적인 것의 한계 속에서 자신을 '자연으로 방면'하기로 결정한다. 이때 '자연으로의 방면'이란 곧 신의 '존재 정립'이다. 따라서 그 논리적 한계 속에서 자연으로 방면해나가는 신적 이념에 대한 서술은 신의 존재에 대한 증명으로도 이해될 수 있다. 왜냐하면 "자신을 자유롭게 방면하기로 결정하는 것은 단순한 개념이 아니라 현실적인 실존이어야 하기 때문이다."[109] 이때 스스로 자신을 자연으로 방면하기로 결정할 수 있는 존재자란 개체여야 하며 더 나아가 인격이어야 하기 때문에 '논리학'은 결국 기독교적 인격신에 대한 개념적 파악이며, 자연으로의 방면을 통한 신의 세계 창조에 대한 해명이다.[110] 이러한 해석을 가능케 하는 '논리학'은 결국 자연이 신으로부터 도출된다는 의미에서 사변적 신비주의의 일종인 '신지학'(der Theosophismus)으로 간주될 수 있다.[111]

셸링의 이러한 해석은 우선 "자연과 유한한 정신의 창조 이전의 영원한 본질 속에 있는 신에 대한 서술" 및 "신 존재에 대한 증명"이라는 헤겔의 표현에 부합되는 해석일 뿐만 아니라 '논리학'으로부터 '자연철학'으로의 이행을 무리 없이 설명해주는 것처럼 보인다. 하지만 문제는 '논리학'에서 전개되는 '신 존재 증명'이 과연 셸링이 주장하듯 그렇게 공간적 · 시간적 실재성으로서의 '실존 정립'인가 하는 점이다. 우리가 볼 때, '논리학'에서 전개되는 '신 존재 증명'이란 오히려 헤겔 스스로 "필연적 발전 속에서 전개되는 사상의 왕국"이라고 말하듯이 "필연적

---

109) GnP, S. 133.
110) GnP, S. 135.
111) Schelling, *Die Philosophie der Offenbarung*, S. 121–122.

본질"로서의 사상에 관한 것이다.[112] 사상이 필연적 본질이라고 하는 것은 그것이 그 존재를 타자 속에서가 아니라 자기 자신 속에서 갖는다는 것을 의미한다. 사상이 그 존재를 자신 속에 갖지 않는 경우 아마도 그 사상이란 사유의 임의적인 산물이거나 아니면 비록 그것이 참이라고 할지라도 그 척도를 외부에서 갖게 될 것이다.

이에 반해 사상이 그 존재를 자신 속에 갖는다는 것은 그 자체 선천적으로(a priori) 타당할 수밖에 없는 '필연적 본질'임을 의미하며 그런 의미에서 **진리**(das Wahre)임을 말한다.[113] '논리학'이 '신 존재 증명'이라고 할 때, 헤겔이 염두에 두는 것은 바로 이러한 "절대적 필연자라는 개념의 의미에 관한 문제"이며,[114] 증명되어야 할 존재란 바로 개념 혹은 사상의 절대적인 선천적 타당성(Geltung a priori)인 것이다.[115] 따라서 신에 대한 존재론적 증명이 수행된다는 것은 그 자체 진리인 '필연적 본질'로서의 사상이 이해된다는 것을 의미한다. 이러한 이해는 결코 대상 연관성 속에서 주어질 수 없으며 단지 순수 논리적 차원에서만 가능할 뿐이다. 그렇기 때문에 헤겔은 이러한 사상에 대한 서술을 극적인 표현을 써서 "자연과 유한한 정신의 창조 이전의 영원한 본질 속에 있는 신에 대한 서술"이라고 부르는 것이다. 우리가 여기서 선천적(즉 필연적) 사상의 타당성 증명을 '선험적 연역'의 방식으로 수행한 칸트의 작업을 되새겨본다면, 왜 헤겔이 그러한 사상으로서의 순수 논리적 규정들을 서술하는 '논리학'을 '신 존재 증명'이라 부르는지 이해할 수 있다.

우선 '논리학'에서는 "사유 외부에 놓여질 어떤 것에 대한 사유가 다

---

112) Logik I, S. 9 24–26.

113) U. Richli, "Wesen und Existenz in Hegels 'Wissenschaft der Logik'", in *Zeitschrift für philosophische Forschung*, 1974 Bd.28, S. 215. 참조.

114) D. Henrich, *Der ontologische Gottesbeweis*, Tübingen 1960, S. 202–208 참조.

115) 헤겔이 '존재' 혹은 '실존'의 의미를 '타당성'의 의미로 이해하는 문구는 Logik I, S. 35 5–11 참조.

루어지는 것이 아니라, 사유의 필연적인 형식들과 그 고유한 규정들이 내용이며, 최고의 진리 자체로서 다루어진다."[116] 만일 논리학 속에서 "사유 외부에 놓여질 어떤 것에 대한 사유"가 다루어진다면 그때 다루어지는 사유규정들이란 칸트가 생각하듯이 경험적 대상의 조건들로서의 선험적 원리들(die transzendentale Prinzipien)이 될 것이다. 이 경우 선험적 원리들로서의 사유규정들은 주관적 규정들이므로 그 타당성이 밖으로부터 주어져야 할 것이며, 따라서 그 타당성에 대한 증명은 '선험적 연역'의 형태, 즉 주관적 조건의 '객관적 타당성'에 대한 해명으로 전개될 것이다. 하지만 '논리학'에서 사유규정들의 타당성은 대상 연관적이 아니라 "서로서로에 대한 관계 속에서" 순수 논리적으로 획득된다.[117] 이러한 사유규정에 대한 서술이 경험 연관으로부터 독립되어 있다는 의미에서 헤겔은 그것을 "베일 없이 즉자 대자적으로 있는 바의 진리인 순수 사상의 왕국"에 대한 서술이라고 부른다.[118] 이 서술 속에서 전개되는 절대적 의미에서의 타당성에 대한 증명은 더 이상 인식의 객관성에 대한 것이 아니라 절대성에 관한 것이므로 '논리학'은 '비판'으로서의 '선험적 증명'이 아니라 필연적 본질로서의 '신 존재 증명'이라 불리게 되는 것이다.[119]

다른 한편 범주의 순수 논리적 차원에서의 재구성이 '신 존재에 관한

---

116) Logik I, S. 34 8-13.

117) 헤겔에 따르면 칸트는 사유규정들을 고찰함에 있어서 너무 "선험성"을 의식한 나머지 사유규정들을 "주관적 자아"로서의 자기의식에 귀속되는 것으로서만 이해하게 되었고, 그 규정들이 그 자체에 있어 서로서로에 대해 갖게 되는 관계와 규정들을 주목하지 못하였다(Logik I, S. 48-50). 결국 그렇게 됨으로써 사유규정들에 대한 존재(타당성) 증명은 주관 외부로부터 주어지는 가능한 경험과의 연관 속에서 수행될 수밖에 없었다. 반면 '논리학'에서 사유규정들은 서로의 관계 속에서 규정되며, 그 결과 그 자체에서 "형식과 내용의 일치"인 "진리"로 드러나게 된다(Logik III, S. 24).

118) Logik I, S. 33 34-38.

증명'으로 불릴 수 있다는 것은, 곧 '논리학'이 일반 형이상학으로서의 존재론뿐만 아니라 특수 형이상학으로서의 신학 또한 포함한다는 것을 의미한다. 이것을 헤겔은 『논리학』 '서론'에서 다음과 같이 밝힌다. "만일 우리가 이전 형이상학 발전의 마지막 형태를 고려한다면 우선 직접적으로는 존재자 일반의 본성을 탐구하는 존재론이 그 한 부분인데 그 위치에 객관적 논리학이 들어서게 된다. (……) 그러나 객관적 논리학은 나머지 형이상학도 자신 속에 포함한다. 이때 이 형이상학은 표상으로부터 받아들여진 특별한 기체(Substrate)들인 영혼, 세계, 신을 순수 사유 형식들로써 파악하려고 한다. 그래서 사유의 규정들이 고찰의 본질적인 것을 이루게 된다. 그러나 논리학은 이 〔사유의〕 형식들을 표상의 주체들인 저 기체들로부터 분리해서 즉자 대자적으로 그 본성과 가치를 고찰한다."[120)]

사실 이 인용문은 헤겔이 『철학강요』에서 '논리학'을 "신에 대한 형이상학적 정의"라고 규정하는 맥락과 일치한다. 왜냐하면 이때 헤겔은 "신을 형이상학적으로 정의한다는 것은 그 본성을 사상 자체에서 (in Gedanken als solchen) 표현하는 것이며, 논리학은 바로 사상들의 형식으로 있는 바의 모든 사상들을 포괄한다"고 말하기 때문이다.[121)] 여기서 중요한 것은 '논리학'이 사상의 형식들을 표상의 주체로부터 벗어나서

119) 선험적 증명으로 전개되는 칸트의 비판철학과 사변철학으로서의 헤겔 '논리학'에 대한 비교는 졸고 "철학적 증명에 관하여"(『哲學硏究』, 제45집, 1999년 여름, S. 305－327) 참조.

120) Logik I, S. 50 23－39. 헤겔은 여기서 존재론을 단지 '객관적 논리학'과 연관해서만 말한다. 하지만 우리가 '논리학' 전체의 내용을 사유규정의 재구성으로 이해하는 한 '주관적 논리학'도 넓은 의미에서 존재론적 규정을 담고 있는 것으로 이해할 수 있다. 다만 이 글에서는 불가능하지만 '객관적 논리학'과 '주관적 논리학'에서 전개되는 범주들의 차이는 해명되어야 할 것이다. 이러한 관점에서 졸고 "개념이란 무엇인가"(『哲學』 제59집, 1999년 여름, S. 119－140)는 도움이 될 것이다.

121) Enzy, § 85, 헤겔 강조.

고찰한다면 더 이상 일반 형이상학과 특수 형이상학의 구분은 무의미해진다는 점이다. 왜냐하면 전통 형이상학에서 다루어지는 특수 형이상학이란 범주들이 결합되는 주어에 따라 서로 다른 주제로 나타나는 것인데, 이에 반해 '논리학'은 표상의 기체들을 도외시하므로 더 이상 형이상학적 주제들이 무의미해지기 때문이다. 이러한 것은 역으로 만일 '논리학'이 특수 형이상학의 하나인 신학을 포함한다면, 그것은 더 나아가 범주를 순수 사상의 형식으로 고찰하는 한에서 특수 형이상학의 나머지 부분인 우주론(Kosmologie)과 심리학(Psychologie)도 포함한다고 할 수 있다.

'논리학'이 이렇게 일반 형이상학인 존재론이면서 동시에 특수 형이상학으로서의 존재 신론으로 모두 무리 없이 해석 가능하다고 한다면, 절대적 이념의 자연으로의 이행 문제는 어떻게 설명될 수 있는지 살펴볼 수 있다. 물론 이 '이행'은 '논리학'이 선천적 사상의 필연적 본질에 대한 서술인 한에서, 더 이상 셸링이 주장하듯이 그렇게 '실존 정립'으로서의 '세계 창조'일 수 없다는 점은 분명하다. 그렇다면 우리는 이 '이행'을 어떻게 이해해야 하는가? 사실 절대적 이념의 자연으로의 이행과 더불어 자연철학이 시작되는 한, 이 물음에 대한 대답은 '논리학'에 대한 '자연철학'의 관계를 함축한다.

4. '논리학'과 '자연철학'의 관계

절대적 이념의 자연으로의 이행에 관해 헤겔은 『논리학』 끝에서 다음과 같이 말한다. "이념이 스스로를 순수개념과 그 실재성(Realität)의 절대적 통일로서 정립할 때, 즉 그렇게 자신을 존재의 직접성 속으로 요약할 때, 총체성으로서의 이념은 자연이라는 형식으로 있게 된다."[122] 이 말에 따르면 우선 "사유규정들과 법칙들의 총체"인[123] 이념은 자연이라는 형식으로 있기 이전에는 아직 실재성을 갖고 있지 않는 것으로 이해된다. 물론 이때 실재성이란 순수개념들이 '논리학' 속에서 재구성을 통해 갖게 되는 내용 혹은 규정을 말하는 것은 아니다.[124] 왜냐하면 이 내용으로서의 실재성이란 구체적 대상의 현존과는 무관하게 순수 논리적 차원에서 주어지는 것임에 반해,[125] 지금 말하는 실재성이란 자연으로서의 이념이 갖게 되는 것이기 때문이다. 그렇다면 이 실재성은 무엇을 의미하며 순수 이념은 왜 이러한 실재성을 획득해야 하는가?

'논리학' 끝에서 이념이 자연이라는 형식을 통해 얻게 되는 실재성을 우리는 감각이나 지각의 현존재에 부합되는 규정으로 이해할 수 있다. 왜냐하면 『철학강요』 § 248의 주석에서 헤겔은 "자연이란 외면성(die Äußerlichkeit)의 영역에 있는 이념에 대한 서술"이라고 말하면서, 이 외면성을 "감각적 의식에" 주어지는 것으로 설명하는데, 이 설명에 따른다면 결국 이 실재성은 외면성과 동일한 것이 되고 따라서 그것은 감각이나 지각의 현존에 부합되는 규정이 될 것이기 때문이다. 이렇게 이념이 얻게 되는 실재성이 지각의 현존재에 부합되는 규정이라면, 자연이란 바로 감각적 규정을 얻게 되는 이념이라고 말할 수 있다. 다시 말해 **자연**이란 이념과 다른 어떤 것이 아니라 감각적 대상에 적용되는 한에서의 **이념**이다.

순수 논리적 개념들의 총체인 이념이 구체적인 대상과의 연관 속에서 파악될 때 그 이념이 자연이라는 것은, 『철학강요』 § 247에서 자연이 "**달**

---

122) Logik III, S. 305 24－26.

123) Enzy, § 19, Anm.

124) Logik III, S. 24 1－5.

125) Logik III, S. 24 1－5, 헤겔은 여기서 개념의 '실재성'을 그 개념의 '규정들 혹은 내용'으로 이해한다.

리 있음의 형식 속에 있는 이념"(die Idee in der Form des Andersseins)이라고 표현되는 것과 일치한다. 왜냐하면 여기서 "달리 있음"이란 바로 순수 논리적 영역에 대해 달리 있다는 것을 의미하며, 그것은 결국 감각적인 대상의 영역에 있음을 의미하기 때문이다. 이런 이유로 헤겔은, 절대적 이념이 자연으로 이행하는 것은 곧 그 이념이 순수 논리적 형식으로 머무르는 것이 아니라 구체적 대상 영역에 적용됨으로써 그 "구체적인 직접성의 형식"(zur Form einer konkreten Unmittelbarkeit)이 되는 것이라고 말한다.[126)]

그렇다면 순수 논리적 이념은 왜 굳이 구체적 대상 영역에 적용되어야 하는가, 즉 왜 이념은 자연으로 이행해야 하는가라는 물음이 제기된다. 우선 '논리학'의 범주들은 이미 말했듯이 그 의미와 타당성에 있어서 구체적 대상들과 관련 없이 해명된다. 이것을 역으로 말하면 논리적 규정들은 아무리 완전하게 주어진다고 할지라도 그 규정에 부합되는 구체적 대상의 현존에 대해서는 아무것도 말하지 않는다는 것을 의미한다. 하지만 각 범주들이 진리일 때, 그 범주들이 그러한 진리로 인식되기 위해서는 인식 가능성의 객관적 조건을 이미 전제하고 있어야 한다. 우리는 이것을 M. 볼프의 표현을 빌려, "적어도 어떤 구체적 대상의 현존이란 논리학의 전제로부터, 즉 논리학 자체로부터는 이끌어질 수 없는 경험적 사실이지만, 진리란 대상들을 전제하며 진리가 있다는 것은 이미 논리학의 전제다"라고 말할 수 있다.[127)] 이러한 생각은 앞에서 우리가 '논리학'을 일상적인 '자연적 논리학'에 있어 사용되는 개념들에 대한 순수 논리적 차원에서의 재구성이라고 말했던 것과 일치한다. 왜냐하면

---

126) Logik III, S. 23 30－32.

127) M. Wolff, "Realitätsstufe oder Entwicklung? Hegels Realphilosophie und die Philosophie der Wissenschaften", in *Hegel－Jahrbuch*, 1989, S. 407.

재구성되어야 할 범주들이 반성에 의해 드러난다는 것은 이미 그 범주가 적용되는 구체적 대상이 전제된다는 것을 의미하기 때문이다. 이때 그 범주가 적용된 구체적 대상이 바로 "실재성과 결합된" 혹은 "존재의 직접성 속에 있는" 이념으로서 자연이다. 이렇게 본다면 순수 이념의 자연으로의 이행이라는 것은 반성을 통해 고찰된 순수 논리적 의미들로서의 범주들이 반성적 고찰의 전제로서 이미 현실적으로 구체적 대상에 대해 적용되고 있다는 것에 대한 재확인 외에 다른 것이 아니며, 그 이행의 필연성은 우리는 이미 진리로서의 순수 논리적 범주들을 '논리학'에서 고찰하고 있다는 데서 주어진다.

바로 여기서 우리는 논리적 이념이 자연으로 이행하는 것은 결국 "자연이 거기에 있기 때문"이라는 셸링의 비판이 적절하지 않은가라는 의문을 갖게 된다. 그러나 중요한 것은 '구체적 대상 영역이 거기에 있다'는 것으로부터 '그것이 순수 논리적 개념들의 근거이다'라는 것은 도출되지 않는다는 점이다. 하지만 셸링은 "자연이 거기에 있기 때문"이라는 말로 그것이 논리적 개념들의 진리 근거라고 주장하는 데 문제가 있다. 셸링이 그렇게 생각하는 이유는 결국 논리적 개념들이 구체적인 대상으로부터 추상된 것으로 이해되기 때문이다. 만일 그것이 셸링의 말대로 '추상된 것'이라면 그 개념들은 그것으로부터 추상되는 감각적인 것으로부터만 실재성을 얻을 수 있으며, 결국 구체적인 대상 영역에 대한 고찰인 '자연철학'이 '논리학'에 선행되어야 한다. 하지만 우리가 이미 보았듯이 '논리학'의 범주들은 비교와 추상을 통해서 구체적 대상 영역으로부터 주어지는 것들이 아니다. 이것은 곧 '논리학'의 범주들이 항상 구체적 대상들과 함께 주어진다고 할지라도 그 진리성이 대상 영역에 근거하고 있는 것은 아니며 오히려 그 범주들은 대상 영역에 대해 의미있게 말하기 위해서 전제되어야 할 선천적 조건들임을 말한다.[128] 따라서 '논리학'이 진리 인식의 객관적 조건으로서의 대상 영역을 전제한다고 할 때, 그것은 그 대상 영역에 의해 논리적 이념이 비로소 진리가 된다는 것이 아니라 이미 진리인 논리적 이념이 그곳에서 반성을 통해 진리로서 확증된다는 것을 의미할 뿐이다.

이렇게 본다면 결국 논리적 이념이 자연으로 이행해야 하는 필연성이란 이미 말했듯이 단지 우리의 철학적 사유는 항상 **반성과 더불어 시작된다**는 것에 대한 또 다른 표현 외에 다른 것이 아니다.[129] 그리고 헤겔이 이러한 이행을 자연으로의 '방면(entlassen)'이라고 하는 이유는 구체적 대상 영역에서 이미 적용되고 있는 범주들의 순수 논리적 의미에 대한 해명은 바로 **자유로운 반성** 속에서만 가능한 것임을 은유적으로 표현한 것 외에 다른 것이 아니다. 따라서 헤겔은 다음과 같이 말한다. "이러한 〔자연이라는〕 규정은 어떤 생성된 것(ein Gewordensein)이 아니다. 그리고 〔이념의 자연으로의 규정은〕 주관적 개념이 그 총체성 속에서 객관성으로 혹은 주관적 목적이 생으로 이행되었던 것처럼 그런 의미에서의 이행이 아니다. 순수 이념은 (……) 오히려 절대적인 해방이다." [130]

이념의 자연으로의 이행을 이처럼 순수 논리적 개념들의 구체적 대상 영역에 대한 적용으로 해석하는 것이 타당하다면, 우리는 이제 '논리학'과 '자연철학'의 관계란 순수 논리적 범주 체계의 **구체적 영역에의 적용**이라고 생각할 수 있다.[131] 이것을 헤겔은 다음과 같이 말한다. "자연과 정신에 관한 학문들이란 순수 학문 혹은 논리학과 구분해서 실재적인 혹은 특수한 학문들의 체계로서 순수 논리적 개념들의 **적용 학문**(die

---

128) M. Wolff, "Der Satz vom Grund, oder: Was ist philosophische Argumentation?", in *Argumentation in der Philosophie*, neue hefte für Philosophie 26, S. 113.

129) Enzy, § 2, Anm., § 7 참조. 이런 의미에서 헤겔은 철학의 수단은 "반성"이라고 말한다.

130) Logik III, S. 305 27 – 32, 헤겔 강조.

131) M. Wolff, "Realitätsstufen oder Entwicklung?", in *Hegel – Jahrbuch*, 1989, S. 406 – 407.

angewandte Wissenschaft)으로 고찰될 수 있으며 그 이유는 자연과 정신에 관한 학문들이란 자연과 정신이라는 형태로 있는 순수 학문의 체계이기 때문이다."[132)]

이런 이유에서 M. 볼프는 '논리학'과 '자연철학'의 관계는 칸트의 선험적 기획과의 연관 속에서 가장 쉽게 이해될 수 있다고 말한다. 즉 칸트의 선험철학에서 자연 일반의 형이상학과 특수 형이상학의 관계는 헤겔의 '논리학'과 '자연철학'의 관계를 이해하는 데 결정적인 이해를 제공할 수 있다는 것인데,[133)] 그 이유는 다음과 같다. 칸트에게 자연과학이 학으로서 정초되기 위해서는 그 원리가 선천적인(a priori) 것에 근거해야 한다. 이때 선천적 원리들이란 다름 아닌 『순수이성비판』에서 제시되는 범주들이다. 『순수이성비판』에서는 이 범주들이 자연 일반의 개념을 가능케 하는 법칙들로서 다루어지는 반면, '특수 형이상학적 자연학'(besondere metaphysische Naturwissenschaft)에서는 이 범주들이 감각의 대상인 물체에 적용되는 것으로 이해된다. 즉 특수 형이상학으로서의 자연학은 자연 일반의 개념인 범주들의 적용으로 이해되는 것이다.

이와 마찬가지로 '논리학'에서 범주들은 선천적 원리들로서 대상 일반에 대한 규정들인 데 반해, 자연철학과 정신철학에서는 이 범주들이 감각적 대상과 정신의 영역에 적용되는 것으로서 고찰된다. 따라서 자연철학이란 순수 논리적 개념들의 적용 학문으로 이해된다.[134)] 역으로 말하자면 자연철학이 구체적이며 경험적인 대상의 원리들인 개념들을 그 필연성 속에서 고찰하는 것이라고 할 때,[135)] 그 필연적 고찰이 가능하

132) *Philosophische Enzyklopädie für die Oberklasse*, § 11, Nürnberger Schriften, Furankfurt/M. 1970, S. 11. 헤겔 강조.

133) M. Wolff, "Realitätsstufen oder Entwicklung?", in *Hegel-Jahrbuch,* 1989, S. 401. B. Falkenburg, *Die Form der Materie*, Furankfurt/M. 1987, S. 120-122 참조.

134) Logik III, S. 305 19-22.

기 위해서는 먼저 개념들 자체의 순수 논리적 형식들이 선행되어야 하는데 바로 이렇게 선행되는 순수 사상들로서의 범주 체계를 다루는 것이 '논리학'이라는 것이다.

이제까지의 서술을 통해 드러난 '논리학'에 대한 이해를 우리는 다음과 같은 명제들로 요약할 수 있다.

첫째, '논리학'은 범주적 존재론이다. 하지만 이 범주적 존재론은 전통 형이상학의 존재론뿐만 아니라 칸트의 선험적 존재론과도 구분된다. 왜냐하면 '논리학'에서 서술되는 범주들이란 대상에 대한 특정한 부류의 개념들이 아니라, 이 특정한 부류의 개념들이 순수 논리적 차원에서 재구성됨으로써 획득하게 되는 '의미들' 혹은 '형식들'이기 때문이다. 따라서 '논리학'의 존재론적 과제는 대상적 존재자에 대한 구성이 아니라 그 존재자를 의미 있게 드러내기 위해 전제되어야 할 이성적 사유에 대한 구성이다.

둘째, 순수 논리적 차원에서 전개되는 개념의 재구성으로서의 '논리학'은 '필연적 본질'로서의 신에 대한 존재 증명이 될 수 있다. 왜냐하면 '필연적 본질'로서의 신에 대한 존재 증명이라는 것은 결국 '선천적 형식'의 '절대적 타당성'에 대한 해명이기 때문이다.

셋째, '자연'이란 구체적 대상 속에서 파악된 한에서의 순수 논리적 범주들의 총체인 '이념'이다. 따라서 '자연철학'에 대한 '논리학'의 관계는 순수 논리적 범주 체계의 구체적 영역에의 적용으로 생각될 수 있다.

이제까지의 고찰은 '논리학'은 더 이상 셸링이 주장하듯 그렇게 신지학(Theosophie)으로서의 초월적 형이상학(die transzendente Metaphysik)으로 이해될 수 없다는 것을 말한다. 이제까지의 고찰은 오히려 '논리학'이 우르스 리흘리(Urs Richli)가 주장하듯이 "칸트 이후 순수 타당성의

135) Enzy, § 246.

영역을 주장하는 많은 철학적 이론들보다 훨씬 덜 신화적으로" 이성적 사유의 필연성을 제시할 뿐만 아니라[136] 현대 철학적 논의의 많은 문제들에 대해서는 훨씬 더 형이상학적 전제 없이 전개될 수 있는 설득력 있는 이론일 수 있음을 보여준다. 왜냐하면 개념의 형식들로서의 범주들에 대한 고찰인 '논리학'은 현대적 의미의 존재론인 "형식적 의미론"(die formale Semantik)의 이념을 포함할 뿐만 아니라,[137] 신 존재에 대한 증명으로서의 '논리학'은 주관성이 완전히 배제된 한에서 주어질 수 있는 참된 인식의 최후 정초(die Letztbegründung) 문제에 대한 해결일 수 있으며, 마지막으로 '논리학'으로부터 '자연철학'으로의 이행은 형이상학적 사변이 제거되고 난 후에 성립될 수 있는 특정한 영역의 학문에 대한 필연적 기초 지음의 한 형태로 간주될 수 있기 때문이다.

---

136) U. Richli, "Wesen und Existenz in Hegels 'Wissenschaft der Logik'", in *Zeitschrift für philosophische Forschung*, B. 28, 1974. S. 215.

137) "형식적 의미론"에 대해서는 E. Tugendhat의 저서 *Vorlesung zur Einführung in die sprach-analytische Philosophie*, Frankfurt/M. 1994의 세 번째와 네 번째 강의 참조.

약어표

참고 문헌

찾아보기

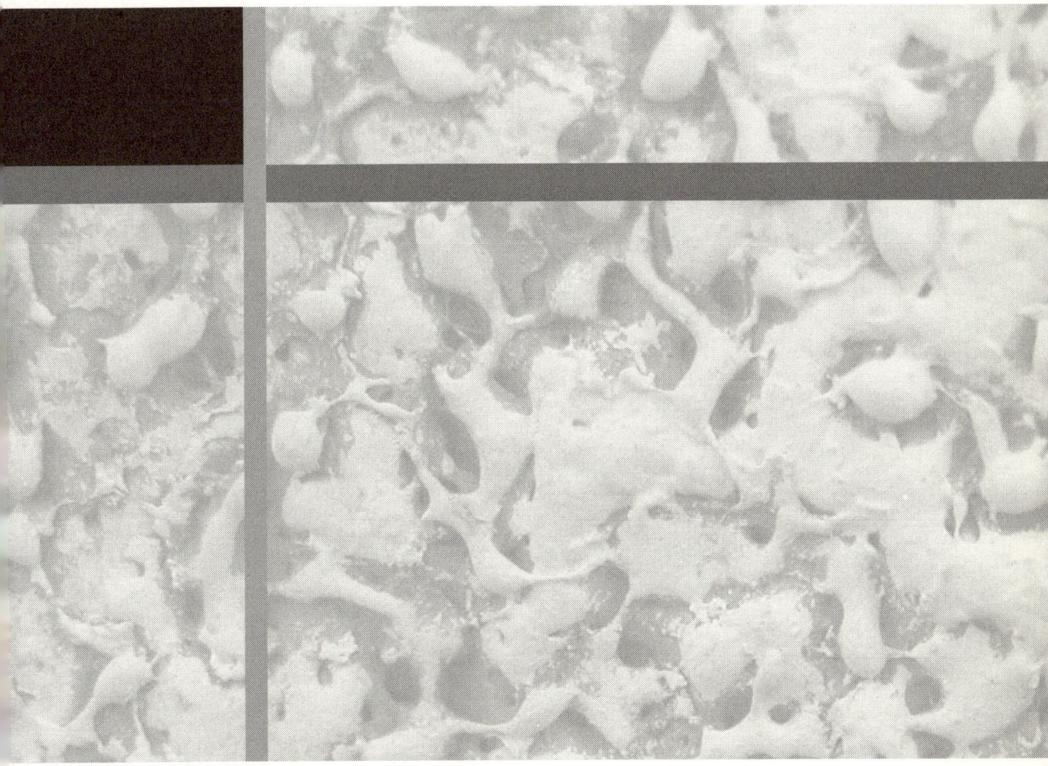

약어표

• 아리스토텔레스

Z. A – *Lehre vom Beweis oder Zweite Analytik*, Übers. E. Rolfes, hrsg. O. Höffe, Hamburg 1990.

• 칸트

KdrV – *Kritik der reinen Vernunft*, hrsg, R. Schmidt, Hamburg 1993.

MAdN – *Metaphysische Angfangsgründe der Naturwissenschaft*, Kant Werke, Bd. 8, Darmstadt 1983.

• 헤겔

Logik I – *Wissenschaft der Logik, Die Lehre vom Sein*, hrsg. H. J. Gawoll, Hamburg 1990.

Logik II – *Wissenschaft der Logik, Die Lehre vom Wesen*, hrsg. v. H. J. Gawoll, Hamburg 1992.

Logik III – *Wissenschaft der Logik, Die Lehre vom Begriff*, hrsg. v. H. J. Gawoll, Hamburg 1994.

PhdG – *Phänomenologie des Geistes*, hrsg. v. H.–F. Wessels und H. Clairmont, Hamburg 1988.

Enzy – *Enzyklopädie der philosophischen Wissenschaften*, hrsg. v. F. Nicolin und O. Pöggeler, Hamburg 1991.

• 셸링

GnP – *Zur Geschichte der neueren Philosophie*, Darmstadt 1974.

• F. 스트로슨

Introduction – *Introduction to logical Theory*, John Dickens & Co Ltd, Northampton 1971.

참고 문헌

Albert, H., *Traktat über kritische Vernunft*, Tübingen 1991.

Appel, K.O., Das Problem der philosophischen Letztbegründung, in *Sprache und Erkenntnis*, hrsg. v. B. Kanitsschneider, Insbruck 1976.

Apsalons, E., *Das Problem der Letztbegründung und die Rationalität der Philosophie*, Bremen 1955.

Bauer, L., *Metaphysik*, München 1923.

Berger, F. R. / Cliffs, E., *Studying Deductive Logic*, N. J. Prentice-Hall, 1977.(김영배 역, 『논리학이란 무엇인가』, 서광사, 1988.)

Aquin, T., *De esse et essentia, Über Seiendes und Wesenheit*, übersetzt, von H. Seidl, Hamburg 1988.

Aristoteles, *Lehre vom Beweis oder Zweite Analytik*, Übers. E. Rolfes, hrsg. O. Höffe, Hamburg 1990.

_____, *Metaphysik*, Übers. H. Bonitz, hrsg. U. Wolf, Hamburg 1994.

Aschenberg, R., *Sprachanalyse und Transzendentalphilosophie*, Stuttgart 1981.

Baumgarten, A.G., *Metaphysika*, Halle 1783.

Bondeli, M., *Das Anfangsproblem bei K. L. Reinhold*, Frankfurt/M. 1995.

Brentano, F., *Von der mannigfachen Bedeutung des Seienden nach Aristoteles*, Freiburg 1862.

Brinkmann, K., Hegels Critique of Kant and Pre Kantian Metaphysics, in *Hegel Reconsidered*, edited. H. T. Engelhardt und T. Pinkard, London 1994.

Broecken, R., *Das Amphiboliekapitel der Kritik der reinen Vernunft*, Köln 1970.

Carnap, R., *Introduction to symbolic Logic and its applications*, New York 1958.

Ende, H., *Der Konstruktionsbegriff im Umkreis des Deutschen Idealismus*, Meisenheim / G. 1973.

Fichte, J. G., *Grundlage der gesammten Wissenschaftslehre* (1794), Hamburg 1988.

Beiser, F. C., *The Fate of Reason*, Harvard 1987.

Gilson, E., *Being and some Philosophers*, Toronto 1952.(정은해 역, 『존재란 무엇인가』 서광사, 1992.)

Giovanni, B. / Sala, S. J., Die transzendentale Logik Kants und die Ontologie der deutschen Schulphilosophie, in *Philosophisches Jahresbuch*, Bd.95, 1988.

Günther, G., *Gründzüge einer neuen Theorie des Denkens in Hegels Logik*, Hamburg 1978.

Hackenesch, C., *Die Logik der Andersheit*, Frankfurt / M. 1987.

Hartmann, K., *Die ontologische Option*, Berlin / New York 1976.

Hartnack, J., *Hegels Logik, Eine Einführung*, Frankfurt / M. 1995.

Hegel, G. W. F., *Wissenschaft der Logik, Die Lehre vom Sein*, hrsg. H. J. Gawoll, Hamburg 1990.

____, *Wissenschaft der Logik, Die Lehre vom Wesen*, Hamburg 1992.

____, *Wissenschaft der Logik, Die Lehre vom Begriff* (1816), Hamburg 1994.

____, *Enzyklopädie der Philosophischen Wissenschaften* (1830), hrsg. F. Nicolin und O. Pöggeler, Hamburg 1991.

____, *Phänomenologie des Geistes*, Hamburg 1988.

____, *Vorlesung über Logik und Metaphysik* (Heidelberg 1817), hrsg. von K. Gloy, Hamburg 1992.

____, *Vorlesung über die Beweise vom Dasein Gottes*, Werke17, in zwanzig Bände, Frankfurt/M. 1974.

_____, *Über die Construktion in der Philosophie*, in Hegels Gesammelte Werke 4, Hamburg 1968.

_____, *Philosophische Enzyklopädie für die Oberklasse*, § 11, Nürnberger Schriften, Furankfurt / M. 1970.

_____, *Logik für Mittelklasse* [50 / 82], in Heidelbergschen Schriften, Werke 4, in zwanzig Bänden, Frankfurt 1970.

Henrich, D., *Der ontologische Gottesbeweis*, Tübingen 1960.

Hösle, V., *Hegels System*, Hamburg 1988.

Iber, C., *Metaphysik absoluter Relationalität*, Berlin, New York 1990.

Kant, I., *Metaphysische Angfangsgründe der Naturwissenschaft*, Kant – Werke Bd.8, Darmstadt 1983.

_____, *Kritik der reinen Vernunft*, Hamburg 1993.

Kopper, M., *Die Systemfrage in der transzendentalen Methodenlehre der Kritik der reinen Vernunft und ihre Bedeutung für die Reflexion des Wissens in sich bei Hegel*, Würzburg 1991.

Kraft, V., *Mathematik, Logik und Erfahrung*, Wien / New York 1970.

Lesher, J. H., *The Meaning of Nous in the Posterior Analytics* (Phronesis, 18, 1973).

Niebel, E., *Untersuchung über die Bedeutung der geometrischen Konstruktion in der Antike*, Köln 1959.

Pippin, R. B., *Hegel's Idealism*, New York 1989.

Popper, K. R., *Conjecture and Refutation,* London 1963. (이한구 역, 『추측과 논박』, 민음사, 2001.)

Puntel, L. B., Hegels Wissenschaft der Logik – Eine systematische Semantik? in *Ist systematische Philosophie möglich*, Hegel Studien Beihefte 17, hrsg. D. Henrich.

_____, Transzendentalität und Logik, in Zur Zukunft der Transzendental – philosophie, Neue Hefte für Philosophie.

Raggio, A. R., *Zur ontologischen und transzendentalphilosophischen Begründung der Logik*, Zürich 1955.

Richli, U., Wesen und Existenz in Hegels 'Wissenschaft der Logik', in

Zeitschrift für philosophische Forschung, Bd.28, 1974.

Ros, A., *Begründung und Begriff*, Hamburg 1989.

Schelling, F. W. J., *Die Philosophie der Offenbarung*, Schellings Werke, Bd.6, Erster Teil, München 1954.

____ , *Zur Geschichte der neueren Philosophie*, Darmstadt 1974.

Schick, F., *Hegels Wissenschaft der Logik – metaphysische Letztbegründung oder Theorie logischer Formen?*, München 1994.

Stegmüller, W., *Das ABC der modernen Logik und Semantik*, Heidelberg / New York 1969.

Strawson, P. F., *Introduction to logical Theory*, John Dickens & Co Ltd, Northampton 1971.

Taureck, B., *Das Schicksal der philosophischen Konstruktion*, München 1975.

Tugendhat, E., *Vorlesung zur Einführung in die sprach – analytische Philosophie*, Frankfurt / M. 1994.

Tugendhat, E. / Wolff, U., *Logisch – semantische Propädeutik*, Stuttgart 1993.

Weissmahr, B., *Ontologie*, Stuttgart 1985.

Wolff, C., *Deutsche Metaphysik*, Halle 1725.

____ , *Zur Geschichte der neueren Philosophie*, Darmstadt 1974.

Wolff, M., *Abhandlung über die Prinzipien der Logik*, Frankfurt / M. 2004.

____ , *Der Begriff des Widerspruchs*, Hain 1981.

____ , Realitätsstufe oder Entwicklung? Hegels Realphilosophie und die Philosophie der Wissenschaften, in *Hegel – Jahrbuch*, 1989.

____ , Über Hegels Lehre vom Widerspruch, in *Hegels Wissenschaft der Logik,* hrsg. D. Henrich, Stuttgart 1986.

____ , Die Momente des Logischen und der Anfang der Logik in Hegels philosophischer Wissenschaft, in *Skeptizismus und spekulatives Denken in der Philosophie Hegels,* S. 226 – 242.

____ , Der Satz vom Grund oder : Was ist philosophische Argumentation?, in *Argumentation in der Philosophie*, *Neue Hefte für Philosophie* 26, S. 1.

____, Der Satz vom Grund, in *Argumentaion in der Philosophie*, Göttingen 1986.

Wundt, M., *Die deutsche Schulmetaphysik des 17. Jahrhunderts*, Tübingen 1939.

____, *Kant als Metaphysiker*, Hildesheim, Zürich / New York 1984.

이광모, 「이성의 한계로부터 종교철학으로」, 『헤겔연구』 9호, 2000.

____, 「자연, 자립적 주체인가 아니면 이념의 외화인가?」, 『헤겔연구』 16호, 2004.

____, 「자유와 체계」, 『헤겔연구』 18호, 2005.

찾아보기

ㅅ

ㅇ

ㅊ

ㅋ

지은이 이광모

성균관대학교 철학과 졸업
독일 빌레펠트대학교 철학박사.
논문 「자유와 체계」, 「자연의 원리로서 생명」,
「악에 관한 형이상학적 고찰」 등 다수.
현재 숙명여자대학교 리더십교양학부 교수,
한국헤겔학회 연구이사.

헤겔 철학과 학문의 본질

1판 1쇄 발행 2006년 6월 25일
1판 2쇄 발행 2007년 8월 5일

지은이 이광모
펴낸이 강영선
펴낸곳 용의 숲
주소 서울시 마포구 서교동 361-8 경서빌딩 402호
전화번호 02-338-5113
팩시밀리 031-914-5113
휴대폰 011-9177-8210
E-mail Dragonpc@hanmail.net
출판등록 2004년 3월 29일 제 313-2004-00078호

ISBN 978-89-956051-3-4 93160